五柱卦

原題: 八字時空玄卦

年月日時分의 干支를 점괘로 만들어서
지금이 순간의 상황에 대한 조짐을 풀어내어
神의 영역에 근접하는 해답을 얻어 내는 持法은
臺灣의 郭木樑 선생이 십여 년의 세월을 통하여

郭木樑 지음
홍수민
박주현 풀어 거듭

臺灣
和印
朗月

三命

```
국립중앙도서관 출판예정도서목록(CIP)

五柱卦 / 郭木樑 [지음] ; 홍수민 풀이. ─ 2판. ─ 논산 :
삼명, 2017
     p. ;   cm

원표제: 八字時空玄卦
중국어 원작을 한국어로 번역
ISBN 978-89-94107-15-8 03150 : ₩30000

명리학[命理學]

188.5-KDC6
133.3-DDC23                     CIP2016030306
```

五柱卦 (原題 : 八字時空玄卦)

원저 | 곽목량(郭木樑)
풀이 | 화인 홍수민
거듦 | 낭월 박주현

초판 | 2009년 7월 27일
2판 1쇄 | 2017년 11월 11일

....

펴낸이 | 홍순란
디자인 | 박금휘
펴낸곳 | 삼명

주소 | 32906 충남 논산시 상월면 상월로 664번길 95호
등록 | 제2011-000001호
전화 | 041-734-2583
팩스 | 041-736-1583
http://www.sammyeong.com

ⓒ 홍수민, 2009
ISBN 978-89-94107-15-8 03150

....

저자와의 협의에 의해 인지를 생략합니다.
잘못된 책은 바꿔드립니다.
이 책의 전부 또는 일부 내용을 재사용하려면 반드시 사전에
저작권자와 삼명의 서면동의를 받아야 합니다.

五柱卦
(原題:八字時空玄卦)

年月日時分의 干支를 점괘로 만들어서
지금 이 순간의 상황에 대한 조짐을 풀어내어
神의 영역에 근접하는 해답을 얻어 내는 技法은
臺灣의 郭木樑 선생이 십여 년의 세월을 통하여
만여 건의 사례로 확인한 후에 얻어낸 結晶體이다.

오주괘(五柱卦) 차례

- 박 선생 서문(朴序) ·· 10
- KK 군 서문(KK序) ··· 13
- 진 선생 서문(陳序) ·· 15
- 자서(自序) ·· 17
- 곽목량 선생님 축하말씀 ·· 20
- 한국 독자들에게 드리는 말씀 ·· 21
- 역자(譯者)의 일러두기 ··· 22
- 분주의 환산방법 ··· 23

1. 細說時, 分類化(세설시, 분류화)
   유형으로 분류하고, 상황에 따라 자세하게 말한다. ················ 24

2. 養兒防老(양아방로)
   자녀를 기르는 것은 노년을 대비하기 위함이다. ···················· 33

3. 損財護財論斷技法(손재호재논단기법)
   재물을 잃거나 지키는 것에 대하여 판단하는 기술 ················ 42

4. 忘記過去的傷痛(망기과거적상통)
   과거의 아픈 기억은 잊어버려라. ·· 53

5. 姓名學高手對談實錄(성명학고수대담실록)
   성명학의 고수와 이야기를 나누다. ·· 62

6. 淺談伏吟(천담복음)
   복음(伏吟)에 대해서 가볍게 살펴보자. ·································· 73

7. 卦理求眞莫存疑(괘리구진막존의)
   괘의 이치로서 진실을 추구함에 있어서 의심하지 마라. ········· 80

8. [失物-1] 遺失之苦(유실지고)
   잃어버린 후에 남는 고통 ··· 88

9. [失物-2] 尋獲之樂(심획지락)
   잃어버린 것을 찾았을 때의 즐거움 ································· 94

10. 求人不如求己(구인불여구기)
    다른 사람에게 부탁하는 것은 내가 하는 것만 못하다. ············· 102

11. 老鴇的內心世界(노보적내심세계)
    포주(抱主)가 품고 있는 속마음 ································· 110

12. 夢境似眞(몽경사진)
    꿈속의 세계가 마치 현실 같다. ································· 118

13. 時空卦與風水之呼應(시공괘여풍수지호응)
    시공괘와 풍수가 서로 호응한다. ································· 127

14. 親家冤家一線隔(친가원가일선격)
    사이좋은 사람과 원수가 되는 것은 선(線)하나 차이이다. ········· 136

15. 滿天神佛(만천신불)
    온 천지(天地)가 신불(神佛)이구나! ································· 143

16. 花前月下也偸期(화전월하야투기)
    달밤에 꽃밭에서 만날 것을 언약하다. ································· 152

17. 神乎其技(신호기기)
    그 기술은 귀신도 곡할 지경! ································· 174

18. 錯卦更靈驗之一(착괘갱영험지일)
    틀린 괘가 더 잘 맞는 경우 (1) ················184

19. 錯卦更靈驗之二(착괘갱영험지이)
    틀린 괘가 더 잘 맞는 경우 (2) ················190

20. 錯卦更靈驗之三(착괘갱영험지삼)
    틀린 괘가 더 잘 맞는 경우 (3) ················198

21. 感悟生死(감오생사)
    삶과 죽음에 대한 한 생각 ····················204

22. 抉擇(결택)
    선택에 대한 결정 ····························212

23. 嬰靈作祟惹的禍(영영작수야적화)
    태아의 영혼이 재앙을 가져온다. ················219

24. 別把自己當做神(별파자기당주신)
    스스로 신을 만들지 마라. ·····················226

25. 失而復得(실이복득)
    잃어버린 것을 다시 갖게 되다. ·················234

26. 一卦雙占觸靈妙(일괘쌍점촉영묘)
    괘 하나로 두 가지 점을 치니 더욱 신기하다. ·····245

27. 命卦合參基礎認知(명괘합참기초인지)
    오주괘는 사주의 기본지식을 바탕으로 한다. ······252

28. 我要離婚(아요이혼)
   남편과 이혼하려고 합니다. ……………………………261

29. 我好想結婚(아호상결혼)
   저는 좋은 사람을 만나 결혼하고 싶어요. ……………276

■ 역자 후기 …………………………………………………286

身家盛衰循環圖

이 도표는 명나라 말기의 여신오(呂新吾) 선생이 만든 것이다.
나와 가정의 위기가 계속 변화되는 것을 보여 주고 있다.

[困窮] 인생은 곤궁으로 시작을 하여,
[悔舊] 곤궁의 원인이 과욕에 있음 뉘우치면서,
[勤苦] 열심히 노력하지만 삶은 나아지지 않는다.
[節儉] 부지런히 살다 보니 절제와 검소함을 깨달아서
[積儲] 검소함으로 말미암아 저축을 할 수 있게 되고,
[富足] 저축을 하면서 점차로 부자가 되어 만족한다.
[驕滿] 그러나 만족을 한 다음에는 교만해지고.
[豪奢] 교만심과 더불어 호화롭고 사치스러움이 생겨나고,
[淫暴] 그러면서 난폭하고 음란한 것을 즐기게 된다.
[禍變] 그러다가는 예상치 못한 재앙을 만나서,
[困窮] 그로 인해서 다시 곤궁으로 돌아가게 된다.

이치가 심오하여 읽으면서 항상 자신을 경계하는 것이 좋겠다고 판단이 되어 여기에 소개를 한다.

■ 박 선생 서문(朴序)

　낭월이 곽목량(郭木樑) 선생님과 인연이 된 것은 그의 저서인 《八字神機妙卦(팔자신기묘괘)》가 이끄는 힘에 의해서였습니다.
　2006년 3월에 대만에서 팔자명리와 연계해서 서적을 보면서 지혜로운 학자를 찾고 있다가 지나는 길에 명리관련 좋은 책이 있는가를 보기 위해서 서점에서 책을 살펴보았습니다.
　당시에 낭월은 서점 안에서 매우 눈에 띄는 책의 이름을 접했는데 그 책 이름을 보면서 '희한하네!' 하는 생각이 들었습니다. 왜냐하면 팔자에 관한 책이라면 팔자라고 할 일이지 신기묘괘(神機妙卦)라고 하는 것은 도대체 무슨 말을 하려고 이렇게 이상한 이름이 붙어 있을까 싶었던 것입니다.
　혹시 호기심으로 사람을 속이고자 하여 이런 이름을 붙였을 수도 있겠다 싶기도 하고, 황당한 내용으로 호기심만 자극하고 내용은 없는 책일 수도 있겠다는 생각이 들었던 것입니다.
　일단 책을 보고 판단을 하자는 생각에 서점에서 잠시 읽어가는 과정에서 과연 제목에서 나타나는 묘한 내용이 그대로 전개가 되고 있는데, 얼른 봐도 자평명리학의 원리를 점술로 확대해서 대입한 것이라는 점을 알 수가 있었습니다.
　이러한 내용을 보면서 대단히 흥분이 되어 바로 책을 구입하였고 저자의 연락처를 확인한 다음에 곽목량 선생에게 전화를 해서 만날 약속을 하게 되었습니다. 다음날 대중으로 곽 선생님을 찾아가서 자세한 이야기를 듣고, 또 책에서 의문스러운 부분들에 대한 질문에 친절한 답변을 들을 수가 있었습니다.
　그렇게 두어 시간의 대화를 통해서도 얻음이 상당했는데, 이것만으로는 그의 진수를 얻기에 부족하다고 판단을 하고 일단 후일을 기약하고 헤어진 다음에 구입한 책을 몇 달 읽으면서 바로 실제의 상황에 대해서 대입을 하면서 확인을 하는 작업에 들어갔습니다.

낭월은 자평명리학에 대한 연구를 하면서 나름대로 깨달은 바를 정리하여 십여 권의 책을 출판하기도 했는데 좋은 책들과 스승님들의 가르침을 만나서 얻어진 수확이라고 할 수 있겠습니다.

그 중에서도 가장 큰 영향을 주었던 책은 하건충(何建忠) 선생의《八字心理推命學(팔자심리추명학)》과《千古八字秘訣總解(천고팔자비결총해)》라고 할 수 있을 것입니다. 그러나 안타깝게도 내용에서 다루고 있는 힌트를 구체적으로 배울 수가 없었던 것은 하건충 선생이 이미 세상을 떠나고 계시지 않았기 때문입니다.

책에서는 '가건신괘(可健神卦)'라고 하는 이름으로 간단하게 소개를 했는데, 어떻게 한다는 것은 없고 그냥 자평명리학의 이론으로 점괘를 만들어서 풀이를 하면 신기하게 잘 맞는다는 이야기만 간단하게 적혀 있는 것을 보면서 이것이 무슨 뜻인가를 알아 낼 도리가 없어서 갑갑하던 차에 곽 선생님의 이론을 접하자 눈앞이 시원해지고 가슴의 답답함이 완전히 녹아서 없어지는 희열감을 느끼게 되었습니다.

책의 내용을 어느 정도 파악한 다음에 다시 전화를 해서 일정을 잡았습니다. 이번에는 본격적으로 날짜를 며칠 잡아서 강의를 들으려고 했던 것이지요. 그렇게 일정을 맞춰서 2007년 1월과 7월의 두 차례에 걸쳐서 신기묘괘의 진수를 접하게 되었습니다.

책에서 일일이 말하지 못했던 내용들에 대해서도 자세하게 설명을 들을 수가 있었고, 활용하여 확인한 내용에 대해서도 질문과 답변을 주고받으면서 정리해 나갔습니다. 이렇게 해서 비로소 신기묘괘의 활용방안을 얻게 되었고, 그것을 다시 적용시키는 과정에서는 스스로 임상을 통해서 활용하는 시간이 필요했습니다.

2007년 여름의 찌는 듯한 대만의 더위에서 화인(和印)과 함께 학업에 전념하던 시간은 참으로 행복했었습니다. 이야기를 하면서 항상 불교의 선학

(禪學)적인 의미를 인용하여 간결하지만 핵심을 전달받을 수도 있었습니다. 이렇게 해서 곽 선생님의 오랜 시간을 두고, 연구와 임상을 거쳐서 깨달은 깊은 생극제화(生剋制化)의 이치를 비록 짧은 시간이지만 대략적인 내용을 전수 받을 수가 있었던 것은 낭월의 복이 넘쳐서라고 생각을 합니다.

그리고 강의를 다 마칠 때쯤에서 곽 선생님은 작성이 된 원고를 보여 주시면서 새로이 출간되는《八字時空玄卦(팔자시공현괘)》에 서문을 하나 써 줄 수 있겠느냐고 말씀하셨는데, 이것도 좋은 인연이다 싶어서 흔쾌히 그러마고 하고 저녁에 나름대로 생각을 정리하여 이렇게 서문이라는 이름으로 귀한 글에 낭월의 이름을 얹게 되었습니다.

팔자신기묘괘(八字神機妙卦)를 읽으셨다면 이 책에서 더욱 깊은 관찰법을 얻을 수 있을 것으로 봅니다. 그리고 '신기묘괘'에서는 분주에 대한 언급이 없었는데, 여기에서는 분주에 대해서도 활용하는 방법을 많이 심어 놓아서 기본적인 이론을 충분히 이해한 정도의 실력이라면 활용법을 깨닫는 데 큰 도움이 될 것입니다.

학자에게 복이 많은 것은 좋은 서적과 지혜로운 스승이라고 하겠는데, 이런 점에서 행복한 것은 당연하다고 하겠고, 앞으로 이 책을 통해서 더욱 많은 동호인들이 지혜로운 활용법을 얻으리라 믿으면서 곽목량 선생님과의 좋은 인연에 감사드립니다.

2007(丁亥)년 여름에
낭월(朗月) 박주현(朴珠鉉) 삼가 씀

■ KK 군 서문(KK序)

　2004년[甲申]에 역학을 공부하는 친구들과 함께 싱가포르에서 처음 개최한 곽목량 선생의 팔자신기묘괘(八字神機妙卦) 수업에 참가했습니다. 그때 나는 십성과 형충회합천(刑沖會合穿) 속의 오묘한 이치를 알지 못한 상태였습니다. 비로소 책을 펴고 대조한 후에야 겨우 그 원리를 이해할 수 있었기에, 오술(五術)을 비롯하여 많은 현학 분야의 지식을 쌓아야 될 필요성을 알게 되었습니다.
　오후에 두 번째 수업이 끝난 후, 곽 선생님과 여러 수강생들이 함께 저녁식사를 하기로 약속했습니다. 인원이 많았기 때문에 3대의 차에 나누어 타야만 목적지에 갈 수 있었는데, 첫 번째와 두 번째 차량은 먼저 현장에 도착했지만 곽 선생님께서 탄 차량은 길을 잘못 들었고 또 퇴근시간의 도로정체 때문에 10분을 기다려도 어디 쯤 오고 계시는지 알 수 없었습니다. 먼저 도착한 학우들은 무료한 가운데 갑자기 좋은 생각을 떠올렸습니다. 오늘 수업에서 배운 것을 이용하여 선생님께서 몇 분 후에 도착할지에 관해 토론해 보자고 제의한 것입니다. 결과는 학생들이 추단한 시간과 선생님께서 도착한 시간이 공교롭게 같았습니다. 20분 늦는다는 것을 신기하게도 정확하게 맞춘 것입니다. 이로써 나의 오주괘에 대한 믿음은 더욱 커지게 되었고, 선생님께서는 이것은 가장 기본적인 기초일 뿐이라며 앞으로 더욱 더 현묘한 이치들이 나타날 것이라고 하셨습니다.
　오주괘는 초학자들이 사용하기에 가장 편리하고 빠른 방법입니다. 기본적인 사주팔자 안에서 십성과 형충회합천(刑沖會合穿) 등의 상호작용과 대응을 통해 단서를 찾아내고, 동시에 다독(多讀), 다산(多算), 다상(多想), 다청(多聽), 다문(多問), 다기(多記)의 여섯 가지 다(多)로써 실전 연습을 많이 하면 반드시 실력이 향상 될 것입니다.

　丙戌년 홍콩의 전문가반 과정에서 곽 선생님께서는 오주괘의 오묘한 작용이 하나의 괘로부터 동시에 여러 명을 위한 서로 다른 문제의 해답을 낼 수 있을 만큼 무한하다고 말씀하셨습니다. 심지어 차반(借盤)을 운용함으로써 풍수에 이용해도 매우 세밀하고 정확하다고 하셨습니다. 선생님의 강의시간은 다른 수업들과는 달리 준비해 오신 자료와 사례들을 토론할 뿐 다른 부분에 대해서는 답변하지 않고, 이후의 질문에 대해서는 모든 질문에 반드시 답을 하되 절대 우물쭈물하지 않았습니다. 홍콩의 초급반과정 선생님께서 가르치는 많은 아마추어 학생들을 설복시킬 만큼 선생님의 오주괘 풀이는 사람들을 놀라게 하였습니다.

　돌이켜 보면 '명학(命學)'이 탐구하는 것은 바로 생명에 내포된 의미라는 것을 발견할 수 있습니다. 사실 모든 사람들의 사주팔자는 바로 각각의 마음속에 있는 진정한 생명의 가치라는 것이지요. 모든 사람들의 그 특성을 좋은 운 또는 나쁜 운으로만 구별할 수는 없습니다. 정말로 자신의 운명을 명확히 이해하고 싶으면, 자신의 내면세계에 나타나는 것을 잘 다루어야 된다고 보는데 그 중 곽 선생님의 팔자신기묘괘는 특히 모든 사람들이 자신을 바꾸고 난관을 돌파하여 새로운 경지로 끌어올릴 수 있도록 안내하고 있습니다. 최근 곽 선생님께서 전력을 기울여 새롭게 팔자시공괘의 사례들을 정리하여 책으로 만들었는데, 문장 곳곳에 그 광활한 포부와 넓은 생각이 느껴집니다. 실제 사례를 추론하는 원칙으로써 명확하고 분명하게 방법을 지적하고 있으며 한마디 한마디가 주옥같고 귀중한 말들입니다. 인연이 닿아 이 책을 읽게 된 독자라면, 이를 통해 실례를 연습하다 보면 반드시 저자의 고심을 이해할 수 있을 것입니다.

丁亥(2007)년 초여름 싱가포르 학생 KK

■ 진 선생 서문(陳序)

　2004년 초겨울 본사가 완공되고, 사장님이 회사의 양택 배치 계획을 설계함과 동시에 전국 각성에 체류하고 있는 일급 팀장들과의 좌담회를 열기 위해 특별히 곽 선생님을 심양으로 초청했습니다. 몇 년 전 명리학의 신비를 탐구하고 음양이 공간 속에서 작용하면서 인류에 끼치는 영향을 깨닫기 위해 나도 일찍이 명리학과 풍수의 학문을 접하였습니다. 그러나 지금까지도 여전히 명리학의 헤아릴 수 없는 신비한 경지를 깨닫지 못하였는데 우연한 기회에 참가하게 된 이 좌담회는 음양오행과 인류가 상호작용하는 친밀한 관계라는 것을 알게 되었습니다.
　선생님께서 일찍이 말씀하시길 음양이라는 것은 하늘과 땅, 해와 달, 남과 여, 정(正)과 부(負), 장(長)과 단(短)의 상호관계라고 하셨습니다. 예를 들어 사장과 직원의 관계에서도 음양을 이용하여 그 상호 작용이 어떠한지를 해석할 수 있고 사장과 직원을 다섯 개[오행]의 서로 다른 방향에 배치함으로써 각각의 자기장의 변동 관계를 불러일으켜, 서로 다른 결과를 만들어 낼 수 있다고 하셨습니다. 저는 이 수업을 들은 후부터 음양오행의 응용과 변화 속에서 나타나는 현묘한 법칙을 이해하는데 많은 도움이 되었습니다. 이러한 오묘한 상황 속에서 나는 또 의아스러움이 들게 되었습니다. 과거 연속극에서나 나왔던 줄거리가 뜻밖에도 곽 선생님의 강의 장소에서 그 그림자를 드러낸 것입니다.
　저녁 식사 시간에 좌담회의 남은 열기는 식탁 위에서까지 계속되었습니다. 대략 십여 명의 동료들은 계속해서 곽 선생님에게 질문을 했지만 이따금씩 손목시계를 보며 태연한 표정으로 편안하고 유머러스하게 하나하나 질문에 대한 답을 해 주셨습니다. 바로 그때 나는 멍해질 수밖에 없었습니다. 곽 선생님은 놀랍게도 동시에 여덟 명에 대한 점을 친 것입니다. 가장 신기한 것은 바로 어떠한 정보도 필요 없이 해석할 수 있었다는 것입니다. 그 조예의 깊음이 이미 절묘한 경지에 이르렀을 뿐 아니라 그 추론 내용의 범위도 아주 넓었습니다. 예를 들면 지점의 지리환경과 좌향 그리고 팀장의 성격과 동료들의 상호관계뿐만 아니라 지점의 경영실적 등까지 말이지요.

그래서 호기심이 생긴 나는 선생님께서 혹시 신통력을 갖고 있는 것은 아닌지 물었습니다. 질문에 곽 선생님은 부드럽게 말했습니다.

"신통력은 무슨 신통력입니까? 난 단지 점괘를 뽑으려는 마음이 생기면 현재의 시간을 괘상으로 바꾸고, 이에 질문자의 좌석 방향을 대입하고 질문한 시간의 계기점(契機占)을 파악하여 종합적으로 해석할 뿐입니다."

어느 덧 선생님과 인연 맺은 지도 벌써 4년째이군요. 비록 몸은 멀리 떨어져 있지만 선생님 가르침의 기본 정신은 멀리 떨어져 있어도 소홀했던 적이 없습니다. 때로는 동남아시아에서의 수업내용을 나에게 우편으로 보내주어 공부할 수 있도록 도와주셨습니다. 그래서 나는 더욱 명리학 변화의 논단기교를 이해할 수 있게 되었고, 또 천천히 그 속의 깊은 뜻을 알 수가 있었습니다.

이 책《八字時空玄卦(팔자시공현괘)》를 출판하시는데 책을 위해 서문의 부탁을 받고 삼가 이 소감문으로써 선생님에 대한 경의와 감사의 마음을 대신합니다.

丁亥(2007)년 여름
중국 심양(瀋陽)의 학생 진영림(陳玲琳) 근서

■ 자서(自序)

　명리철학의 그 중심사상은 오래된 지혜를 학습하고, 우주의 신비와 인류의 과거와 미래의 잠재력을 찾는 것입니다. 사람들은 늘 나에게 이렇게 묻습니다.
　"명리학은 수천 년 전의 낡은 사유(思惟)인데 현대인에게도 적합합니까?"
　최근 과학기술의 신속한 발전에 따라 사회구조 역시 끊임없이 바뀌고 개인의 이데올로기도 점점 강화되어 가고 있습니다. 그러나 인류 생활의 본질은 과거에 비해 그다지 큰 변화가 없습니다. 생로병사와 쓸데없는 잡념, 인간의 감정과 욕망, 사랑과 이별 등의 이러한 의혹은 고대부터 지금까지 변화된 것이 없으니 명리현학(命理玄學)도 오늘날 다변화 사회의 시련을 반드시 이겨낼 수 있을 것입니다.
　필자는 일찍이 알게 된 하얼빈의 김씨 부인은 웨딩회사를 운영하는데, 그 부인을 통해 중국에서 유명한 대만사람인 웨딩전문 사진가 한 명을 만난 적이 있습니다. 그녀의 소개로 필자가 대만에서 온 명리사라는 것을 알게 된 사진가는 그 말을 듣자마자 필자에게 말했지요.
　"운명이라는 건 점칠 필요가 없습니다. 인간의 지혜와 노력이 자연을 이길 수 있다는 마음가짐만 굳게 지킨다면 모든 어려움을 극복할 수 있습니다."
　계속해서 말을 이어갔습니다.
　"과거에 저는 대만 웨딩업계에서 한때 이름을 날렸었습니다. 그런데 인생이 참 변화무쌍하게도 몇 년 전에 어려움이 닥쳤습니다. 그래서 전 의욕을 잃은 채 중국으로 와서 하루하루를 살아왔습니다. 이제 겨우 열심히 노력하고 최선을 다한 결과로 마침내 약간의 성과를 얻을 수 있었습니다. 그리고 나서 알게 되었습니다. 최선을 다한다면, 인간의 노력으로 자연을 이길 수 있다는 의지가 생기고, 그렇게 되면 성공할 수 있다는 것을 말입니다."

필자는 이런 말을 듣고 나서 사진가에게 말했습니다.

"당신 생각이 맞습니다. 그러나 모든 것들이 인간이 자연을 이긴다는 마음가짐으로 결정되는 것은 아닙니다. 옛말에 3할은 하늘이 정하고 7할은 노력에 달려있다고 하였습니다. 사람의 일생 동안의 경험은 은연중에 전생의 인과순환의 법칙을 내포하고 있습니다. 쉬지 않고 노력만 한다고 해서 성공하는 것은 아닙니다."

인간이 자연을 이기기 위해서는 속세를 초월한 지혜와 굳센 의지를 고수하는 것이 필요합니다. 그렇지 않으면 당신이 어떻게 생로(生老)·만남·이별을 결정하겠으며 또 어떻게 병사(病死)와 욕망(慾望)을 이길 수 있겠습니까?

지혜로운 자는 반드시 자기 스스로를 알아야 하며,
남을 알아보는 것은 자신을 알아보는 것만 못하다.

명리학의 연구는 기본적인 이론을 기초로 삼고 다각적으로 살펴보아야 합니다. 모든 일은 객관적이어야 하며 고의로 신비한 것처럼 꾸며 신격화해서는 안됩니다. 길흉화복(吉凶禍福)을 논할 때에는 고전 명학의 글귀를 제시하면서 이해를 도와주는 것이 좋지만 요즘 사람들은 시간이 지날수록 고서를 이해하는 능력이 부족하다보니 때로는 전통적인 명리학이나 고대의 운문·시경들을 어렵고 이해하기 어려운 천서(天書)라고 간주하고, 그 속에 선현들이 끝까지 파고들어 고생스럽게 연구한 지혜가 있음을 분명히 알아가면서 서적을 보면서 그저 탄식하는 수밖에 없습니다.

고서는 수시로 읽으면서 스스로 책 속에 담겨진 의미를 깨달아야 할 뿐만 아니라 오랫동안 꾸준히 복습하고 응용하고, 기회만 있으면 반복적으로 살펴보고 사유하다보면 모르는 사이에 고전서적은 자연스럽게 자신의 영역으로 스며들 것입니다.

  이 책에서 가장 연구할 가치가 있는 내용은 바로 분주라고 할 수 있습니다. 이를 허진둔법(虛辰遁法)이라고 하는데, 이 분주의 해석 방법은 천년 이래 명리학 이론의 시공(時空)배경을 돌파한 것입니다. 필자는 전통적인 사주팔자추명학을 팔자시공괘 추론으로 진화시키고 또한 시간의 분을 괘국에 포함시켜 분주의 독보적인 해석방법을 만들어 냈습니다.

  책 속에 있는 각 시공괘의 신기한 해석의 실제 사례들은 모두 귀중하고 중요한 참고 자료입니다. 이 책을 읽게 되실 여러분들은 천천히 읽고 또 세세히 음미하여 이 안에서 깨달음과 안내를 얻을 수 있길 바라며, 역학을 공부하는 여러분들이 《오주괘[팔자시공괘]》를 통해 한층 더 깊은 깨달음을 얻게 되길 간절히 바랍니다.

                    丁亥(2007)년 늦여름에
              대만(臺灣)의 대중(臺中)에서 곽목량

■ 곽목량 선생님 축하말씀

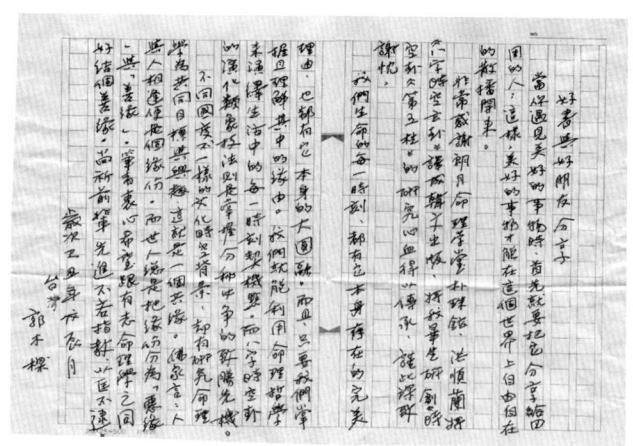

好書與好朋友分享

當作遇見美好的事物時, 首先就要把它分享給四周的寅; 這樣, 美好的事物才能在這個世界上自由自在的散播開來. 非常感謝朗月命理學堂朴珠鉉, 洪秀敏將《八字時空玄卦》譯成韓文出版, 將我必生研創時空卦《第五柱》的 研究心血得以傳承, 謹此深致謝忱. 我們生命的每一時刻, 都有它本身存在的完美理由, 也都有它 本身的大圓融. 以此, 只要我們掌握且理解其中的緣由. 我們就能利用命理哲學來演繹生活中的每一時刻契機點. 而八字時空卦的演化類象技法卽是掌握分秘必爭的致勝先機. 不同國度不一樣的文化時空背景, 却有研究命理學爲公同目標與興趣, 這就是一個共緣. 佛家言; 人與人相逢便是個緣分. 而世人總是把緣分爲 '惡緣' 與 '善緣'. 筆者衷心希望跟有志命理學之同好結個善緣, 尙祈前輩先進不吝指敎而匡不逮.

歲次 己丑年 戊辰月 臺灣 郭木樑

■ 한국 독자들에게 드리는 말씀

좋은 책과 좋은 친구는 함께 나눈다.

좋은 물건을 보게 되면, 우선 그것을 주변의 사람들과 나누고자 합니다. 이렇게 해야 비로소 이 좋은 물건을 이 세계에 자유자재로 널리 퍼뜨릴 수 있기 때문입니다. 낭월명리학당의 박주현 선생과 홍수민님이 《八字時空玄卦(팔자시공현괘)》를 한국어로 번역하여 출판하게 되어 매우 감사드립니다. 필자가 일생 동안 연구하여 얻어낸 시공괘[제오주]의 연구를 전승할 수 있게 됨에 삼가 깊은 감사의 마음을 전하고자 합니다.

우리 생명의 매 순간은 모두 그것 자체로 존재하는 완벽한 이유가 있으며 또한 그것 자체로 원만한 모습을 가지게 되므로, 우리는 그것을 장악하고 그 속마음을 이해하려고 합니다. 또한 그것에 대하여 명리철학을 이용하여 생활 속 매 순간의 계기점(契機占)으로 설명할 수 있습니다. 또한 팔자시공괘의 연화(演化)와 유상(類象)의 기법으로 촌각(寸刻)을 다투는 상황에서 승리의 중요한 시기를 장악할 수도 있습니다. 이러한 연구를 서로 다른 국적과 문화적인 차이가 있음에도 불구하고, 같은 목표와 흥미를 가지고 명리학을 연구하고 있으니 이것도 하나의 인연인 것입니다.

불가에서는 '인간과 인간의 만남은 인연이다.'라고 하였는데 보통 사람들은 늘 인연을 악연(惡緣)과 선연(善緣)으로 나눕니다. 필자는 명리학에 뜻이 있는 동호인과 선연을 맺기를 진심으로 희망합니다. 부디 선배님들께서 가르침을 아끼지 않고 부족한 점을 바로잡아 주시기 바랍니다.

己丑年 戊辰月에 대만에서 곽목량

■ 역자(譯者)의 일러두기

① 일반적으로 소저(小姐)는 결혼하지 않은 여성을 일컫는 말이지만 대만에서는 습관상 결혼을 했더라도 젊은 여성에게도 사용합니다. 한국말에서 적당한 용어가 없어서 '소저'는 그대로 사용하였습니다.

② 내용 중에 나오는 금전적인 액수에서 별도로 국가를 표기하지 않은 경우에는 대만화폐를 말합니다. 2006년경의 환율은 NT$ 1위안 = 한화 약 30원에 해당하고, 홍콩달러의 경우의 환율은 2009년 기준으로 HK$ 1달러 = 한화 약 160원 정도입니다. 내용에서는 환산하여 표기하지 않았으므로 참고하시기 바랍니다.

③ 괘에 따라서 분주가 표시되거나 생략이 되어 있는데, 이것은 원저작자의 의도가 담겨져 있다고 판단을 하여 그대로 따랐습니다.

④ 내용 중에서 오주괘와 무관한 불교관련 이야기의 경우에 실제적인 내용과 크게 관계가 없다고 판단이 되는 부분은 번역을 생략하였습니다.

⑤ 편집상의 오류로 보이는 연도숫자와 괘의 간지가 서로 다른 경우에는 역자가 임의로 괘의 간지 위주로 날짜를 수정하였는데, 그렇게 한 이유는 괘를 위주로 하여 설명하였기 때문입니다.

⑥ 중화민국의 연도로 표기된 경우에는 독자의 이해를 돕기 위하여 일괄적으로 서기의 연도로 환산하여 표기하였습니다.

⑦ 원서에서는 27, 28, 29화의 경우「명괘합참편(命卦合參篇)」이라고 하여 제2권으로 분리를 했지만 함께 묶어도 문제가 없을 것으로 봐서 별도로 나누지 않고 정리하였습니다.

⑧ 혹, 분주(分柱)의 환산방법에 대해서는 다음의 표를 참고하시기 바랍니다.

■ 분주의 환산방법

 분주(分柱)를 작성하는 기준은 홀수시 00분이다. 홀수시의 00분부터는 자(子)분이 되고 짝수시의 00분은 오(午)분이 된다. 이것만 알고 있으면 10분부터는 축미(丑未)분이 되고, 20분부터는 인신(寅申)분이 되며, 30분부터는 묘유(卯酉)분이 되고, 40분부터는 진술(辰戌)분, 그리고 50분부터는 사해(巳亥)분이 되는 것으로 익혀 놓으면 수월하게 분주(分柱)를 작성할 수가 있을 것이다.

각 時柱별 分柱 보기						
時	分	甲己時	乙庚時	丙辛時	丁壬時	戊癸時
홀수시간	00~10	甲子	丙子	戊子	庚子	壬子
	10~20	乙丑	丁丑	己丑	辛丑	癸丑
	20~30	丙寅	戊寅	庚寅	壬寅	甲寅
	30~40	丁卯	己卯	辛卯	癸卯	乙卯
	40~50	戊辰	庚辰	壬辰	甲辰	丙辰
	50~60	己巳	辛巳	癸巳	乙巳	丁巳
짝수시간	00~10	庚午	壬午	甲午	丙午	戊午
	10~20	辛未	癸未	乙未	丁未	己未
	20~30	壬申	甲申	丙申	戊申	庚申
	30~40	癸酉	乙酉	丁酉	己酉	辛酉
	40~50	甲戌	丙戌	戊戌	庚戌	壬戌
	50~60	乙亥	丁亥	己亥	辛亥	癸亥

1
細說時, 分類化
세설시, 분류화

유형으로 분류하고, 상황에 따라 자세하게 말한다.

 졸저《八字神機妙卦(팔자신기묘괘)》의 팔자신괘영험편을 읽었던 독자들이 관심을 가지고 있는 부분 중에서 가장 관심을 집중하고 있는 것은 바로 '허진둔법(虛辰遁法)'이다.
 최근에는 명리에 관심을 가지고 계신 분들에게서 '허진둔법(虛辰遁法)'의 '허둔(虛遁)'이라는 말이 이미 홍콩의 명리사이트에서 이론이 분분하게 일어나고 있다.
 호기심이 강한 어떤 독자들은 직접 전화를 해서 '허진(虛辰)'을 활용할 수 있는지에 대해서 묻기도 하고, 다른 어떤 독자들은 상대방을 현혹시키기 위해 열거해 놓기만 하고 그대로 미해결로 남겨둔 것이거나, 부합되지 않는 학문상의 원리나 법칙의 이름으로 유도하여 독자를 속이는 것이라고 나를 의심하기도 한다.
 사실 '허진둔법(虛辰遁法)'이라는 용어는《玉井奧訣(옥정오결)》이라고 하는 시가(詩歌) 속에서 한마디 전해지고 있는데 이 고문을 살펴보면 '시(時)에 앉아서 자세히 살피게 되면 다섯 가지 이치가 있는 것은 당연하며, 없는 것을 바꾸는 방법[허진둔법]은 삼술(三術)의 묘미가 있다.'라고 쓰여져 있다.
 필자는 옛 선인들의 가르침을 배우고 익히면서 그 올바른 도리를 깨달아가고 있다.「희기편(喜忌篇)」에서는 보이지 않는 형상들도 있듯이 항상 있는 형상이 아니라는 것이 대략 비슷하다고 하겠다.

　여기에서 처음으로 '허진둔법(虛辰遁法)'을 살펴서 풀이하는 방법을 공개하고, 간략하게 설명하고자 한다. 우선 사주 원국(原局)에 대해서 이론적으로 간단히 설명하면, 태어난 연월일시(年月日時)를 형상화한 간지(干支)에 의거하여 사주팔자를 만들어 한 평생의 길흉화복(吉凶禍福)과 부귀영화(富貴榮華)를 풀이해 왔다.

　명리학을 공부하신 분들이라면 거의 대부분 필자와 거의 같은 방법으로 사주풀이를 하였을 것이다. '과연 8글자로 한정되어 있는데 그 8글자의 영험력(靈驗力)은 도대체 얼마나 될 것이며, 어느 누가 진정으로 올바르게 이해를 하고 있는 것일까?'라는 의문은 끊임없이 필자의 마음속 깊은 곳까지 파고들어서 곤혹스럽게 하였다.

　제1편의 명리학 문장에서 비평한 부분을 다시 언급해 보면 같은 연도, 월, 일, 시간에 전 세계에서는 많은 신생아가 태어나지만, 같은 사주로 출생한 사람이라고 해서 앞으로의 인생여정(人生旅情)과, 생로병사(生老病死)와 부귀영화(富貴榮華) 모두가 같을 것이라고 말하기는 어려울 것이다.

　오주괘의 구성은 내가 실제로 임상을 통해서 얻은 것으로 10,000개 이상의 괘를 반복적으로 살피고 연구해 왔다. 그 결과 연월일시의 호응관계에서 아직까지 잘못된 점을 찾지는 못하였다. 하지만 연구하면서 드러난 '시주(時柱)'의 추론과 응용방법은 매우 복잡하였으며 나를 가장 혼란스럽게 만들었고, 이해하기도 너무 어려웠다. 시주의 진화이론을 찾기 위해서 많은 고서들을 살펴보았는데 그 중에는 분(分)의 분배에 대한 예는 기록되어 있었지만 대부분 문장 속에 같이 열거되어 있는 정도이고 상세하게 기록되어 있는 글이 없어서 시주(時柱) 안의 깊은 뜻을 연구하거나 이해하기에는 매우 어렵고 불가능할 것이라는 생각까지 하게 되었다.

　이런 가운데 우연한 기회에 '시주(時柱)'의 간단한 법칙을 발견하게 되었다. 1개의 시진(時辰)은 2시간으로 120분이 되니, 결과적으로 그것은 천간과 지지의 조합이라는 것이 매우 정확하게 드러났으며, 시진(時辰) 속에 숨겨져 있었던 것이 바로, 8글자 이외의 다른 간지의 현묘한 이치였던 것이다. 그러므로 필자는 대담하게 '시주(時柱)'는 시공괘(時空卦)의 기(氣)가 모여 있는 작은 우주라고 이야기 할 수 있게 된 것이다.

고인이 말씀하시기를 '연(年)이 좋은 것은 월(月)이 좋은 것만 못하고, 월(月)이 좋은 것은 일(日)이 좋은 것만 못하며, 일(日)이 좋은 것은 시(時)가 좋은 것만 못하다.'라고 하였다.

오주괘를 가지고 식물이 성장하는 과정으로 비유한다면 '근(根: 뿌리·연주를 의미함), 묘(苗: 싹·월주를 의미함), 화(花: 꽃·일주를 의미함), 과(菓: 결실·시주를 의미함)'라고 표현할 수 있다. 다시 위에서 살펴본 것을 확대해서 해석해 보면, 사람의 운명을 살펴보는데 있어서 뿌리에 해당하는 연주는 '조상'을 대표하고, 싹에 해당하는 월주는 '부모'를 대표하고, 꽃에 해당하는 일주는 '배우자'를 상징하며, 결실에 해당하는 시주는 '자녀'을 의미하게 된다.

이상으로 여러 가지에서 모두 내포하고 있는 것은 '시주'가 소우주라는 것을 넌지시 암시하고 있으므로 '허진둔법(虛辰遁法)'이란 시주 안에 있는 천간과 지지를 세분화 시켜서 자세히 추론한 것이라 할 수 있으며, 이러한 과정에서 종래와 다른 하나의 분주가 간지로 만들어지게 된 것이고, 우리는 이 분주를 '제오주(第五柱)'라고 한다.

아래의 표를 참고하면 쉽게 이해가 될 것이다.

分柱	時柱	日柱	月柱	年柱
○	○	○	○	○
○	○	○	○	○

이러한 방법으로 필자는 무수히 많은 사례들을 임상하고 연구하고 실험하고 인증하는 오랜 과정 속에서 현묘한 이치의 진수(眞髓)를 깨닫게 되었다.

[사례 1] 20세의 말레이시아 교포 여학생이 원하는 대학에 입학할 수 있는지를 질문한 것이다.

分柱	時柱	日柱	月柱	年柱	음력 2004년 5월 17일 10시 X분
偏官	正財	我	偏官	比肩	十星
庚午	己巳	甲申	庚午	甲申	干支
傷官	食神	偏官	傷官	偏官	十星

오주괘를 해석해 보자.

① 연주와 일주가 甲申 복음(伏吟)이다. 《四言獨步(사언독보)》에 이르길 '일주와 연주가 동일하면 대대로 내려온 모든 재산을 탕진한다.' 라고 하였으니, 이러한 경우에는 조상을 등지고 집을 떠나 이리저리 떠도는 운명이라고 해석한다.
② 월주와 분주가 庚午 복음이다. 월지는 심장으로 마음 깊은 곳을 대표하며, 분주는 현재의 상황을 말하는데, 이러한 경우에 두 개의 편관은 이성관계를 상징한다.
③ 일간 甲木은 편관인 申金에 앉아 있고, 월간과 분간에 두 개의 庚金이 투출되어 있으니 이러한 사람의 성격은 진취적이며, 강직하고 뜻을 굽힐 줄 모른다.
④ 甲木은 월지와 분지에 午火 상관을 얻었는데 이는 홍염도화(紅艷桃花)에 해당하므로 이 사람은 똑똑한 반면, 반항심도 가지고 있으며, 이성에 대한 인연이 유달리 좋다.
⑤ 형합(刑合)도 되고 복음도 있으니 이는 마음이 안정되지 않고 불안하다는 것을 의미한다.

오주괘를 자세히 살펴본 후에 교포 여학생에게 한마디 하였다.

"학생의 지금 마음이 불안정해서 둥둥 떠 있는 상태이네."

이는 甲申 일주가 연주와 복음이고, 월주 庚午가 분주와 복음이기 때문이다. 고서(古書)에서는 '복음반음(伏吟反吟)이면 눈물을 흘린다.'라고 하였으니 만약에 결혼 상대자를 구하거나 애정관계에 대한 일을 살핀다면, 마음이 안정을 찾지 못한 채 이리저리 망설이거나 혹은 결정짓지 못하고 주저하고 있는 상황이라고 말해 줄 수 있다.

"저는 지금 애정문제로 혼란에 빠져있습니다."

"지금 학생이 두 이성 친구와 교제를 하고 있으니 그렇지. 한 사람은 멀리 다른 나라에 있고, 다른 사람은 학교 친구이거나 직장 동료이겠는걸. 거기에다 두 사람은 서로 외모도 비슷하지, 성격도 매우 활발한 젊은이들이군."

오주괘에 나타난 것에 의거하면, 홍염도화(紅艷桃花)가 당령하고 지지는 형합(刑合)에 편관이 투출되었으니 동시에 두 이성 친구와 교제하는 것을 의미한다. 연지에 申金 편관이 있고, 월간은 과거를 나타내고 분주는 현재 상황을 의미하는데 여기에 庚金은 巳火가 있어서 장생을 얻었고, 시지와 일지는 형합(刑合)하여 水로 화(化)하니 이는 甲木의 인성이 되므로, 학교 혹은 직장의 동료를 의미하고 외모가 서로 닮았다는 것은 '간지독립분석법(干支獨立分析法)' 이론에서 현묘한 이치를 얻어내어 해석한 것이다.

교포 여학생이 여기에 대해서 이야기를 하였다.

"네, 저는 말레이시아에서 태어난 화교로 작년에 대만으로 와서 대입준비를 하고 있는 중이예요. 집 떠난 지는 오래되었고, 남자 친구도 다른 나라에 떨어져 있어서 많이 외롭고 허전했어요. 그러던 중에 학교 야유회에서 홍콩에서 온 교포학생을 알게 되었는데, 그도 저와 같은 처지였어요. 가까워지면 안된다는 것을 알면서도 감정은 마음처럼 되지 않고 더욱 깊어졌어요. 사실 이곳 생활은 너무 따분해서 달리 선택의 여지가 없기도 하구요."

"학생은 총명하고, 똑똑하며 재주도 있고 이성인연도 좋은데다가 표현능력도 매우 뛰어나네. 하지만 너무 지나치게 적극적이고 성격이 강해서 제멋대로 행동하고 뜻을 굽힐 줄 모르는 성격으로 타고났구먼. [상관이 당령하고, 편관이 투출되었기 때문이다.] 서로 간에 상처를 주거나 받으면 안되는데, 시간이 흘러 갈수록 서로 간의 믿음이 약해지니까, 지금 너무 마음에 담아 둘 필요는 없네."

교포 여학생이 얼굴에 잔뜩 미소를 머금은 채 말을 이었다.

"선생님께서는 제가 누굴 더 좋아하는지 알 수 있어요?"

"정확한 답을 얻기 위해서는 남자 친구 둘의 생일이 필요한데. 알고 있나? 생일을 가지고 오주괘에 대입시켜서 살펴본다면, 누가 학생의 마음속에 얼마만큼 차지하고 있는지 알 수 있지."

라고 필자가 말을 하고나니 교포 여학생이 가까이 다가와 말하길,

"말레이시아 남자 친구는 음력 1983년 6월생이고요. 홍콩 교포학생은 음력 1984년 2월생인데요."

"오주괘에 생일을 대입해보니, 학생은 옛날 친구인 말레이시아 남자 친구를 좀 더 좋아하고, 홍콩 교포학생은 그저 마음을 위로하는 친구로만 생각하고 있구먼."

이것은 허진둔법(虛辰遁法)과 간지독립분석법(干支獨立分析法)으로 얻어낸 것인데, 이를 설명하는 과정은 복잡하여 어떠한 방법으로 이러한 결과가 나왔는지 글로 자세히 설명하지 못하는 것을 이해해 주기 바란다.

"그는 나의 소꿉친구예요. 비록 우리가 서로 멀리 떨어져 있지만 여전히 그를 사랑하고 있어요."

교포 여학생이 잠시 창밖을 바라보면서 깊은 생각에 잠겨 있다가 다시 필자에게 물어 보았다.

"부모님께서 이혼하신 후로 저는 아빠와 함께 생활하게 되었습니다. 하지만 서로 의견충돌이 많이 생기고, 사소한 문제로도 자주 시끄럽게 다투다가 결국에는 도망치기 위해서 대만으로 공부하러 왔습니다. 지나간 일들을 돌이켜보면, 제가 정말 아빠께 이런 식으로 행동하면 안되는 거였는데, 왜 저는 끝내 이런 나쁜 버릇을 고치지 못했을까요? 혹시 운명에서 아빠와 저는 서로 극하는 관계라고 되어 있습니까?"

오주괘를 살펴보니 편재 戊土는 없으니, 월주 부모궁으로 끌어와서 아버지의 형상을 살펴본다. 편재성 戊土는 午월이니 득령 하였고, 甲木과 庚金

이 천간에서 식신제살의 형태를 취하고 있는 형상을 학생에게 설명해 주었다.

"자네의 아버님은 조건도 훌륭하며, 사업가로서 성공할 수 있는 분이라고 할 수가 있겠네."

"아빠는 쿠알라룸푸르의 유명한 건축가입니다."

"학생은 아버지랑 많이 닮았군. 그러다보니 성격이 서로 비슷해서 자신의 의견들만 고집하고 물러설 줄을 전혀 모르는거야. 그러니 부녀가 함께 생활하다 보면 서로에 대해서 존중하는 마음이나 이해하려는 마음은 사라지고 의사소통에 문제가 발생하게 되었던 거네."

필자는 계속 말을 이었다.

"학생은 농구 할 줄 알지? 학생이 힘껏 공을 치면 칠수록 그 공은 탄력을 받아서 더욱 높이 더욱 멀리 날아가지? 이 세상에 부모 없는 사람이 어디 있겠는가. 다만 중요한 것은 학생이 조금만 마음을 열고 이해하려고 하면서 같이 살아간다면 앞으로 아버지와 화목해 질 수 있을 것이네. 그리고 오주괘에서 서로 극(剋)한다고 하더라도 심리적인 원인으로 나타나는 방해 작용일테니 중요한 것은 학생이 진심을 다해서 아버님을 존경한다면 어떠한 일로 부딪치거나 의심하는 일은 생기지 않을 것이야."

이 말을 듣고 나서 다시 교포 여학생이 물었다.

"제가 이번에 대학 시험을 보았는데 합격할 수 있을까요?"

오주괘를 살펴보니 복음이 겹쳐서 나타나고, 일간 甲木은 己土와 합화(合化)되어 재가 되어 있을 때에는 시험에 합격하는 것은 어렵다고 해석하게 된다. 다만, 이 경우에는 식상이 당령 하였으니, 총명하고 이해력도 뛰어나다는 해석도 가능하다.

"쉽지는 않겠네. 그래도 교환학생에게 주는 가산점을 받는다면 다른 학생들보다 우세한 점도 있지? 이러한 근거로 살펴본다면, 조금 눈을 낮추어서 학생이 두 번째 마음을 두고 있는 학교에 응시하는 것을 권하네."

오주괘를 해석하는데 있어서 만약 분주의 庚午가 있다는 것을 참고하여 풀이할 수 없다면, 우리는 본 사주괘의 대략적인 것만 살펴서 시지와 일지의 巳申형합(刑合)만을 고려하여 해석할 것이니, 그 결과는 더욱 더 모호하여 판단하기 어려웠을 것이다.

이상의 내용은 싱가포르에서 강의한 것을 허성재(許成才) 수강생이 정리해 놓은 것을 다시 문장을 다듬어서 완성한 것이다.

[사례 2] 이 오주괘는 내가 「세설시(細說時), 분류화(分類化)」편의 내용을 정리하고 있을 때, 대만에서 유명한 자동차회사에서 근무하시는 분이 찾아와서 재물인연에 대하여 질문을 한 것이다.

음력 2007년 3월 15일 19시 X분					
分柱	時柱	日柱	月柱	年柱	
正印	傷官	我	劫財	食神	十星
壬辰	丙戌	乙未	甲辰	丁亥	干支
正財	正財	偏財	正財	正印	十星

앞의 내용에서 설명하지 못한 부분을 이 오주괘를 살펴보면서 분주에 대한 설명을 보충하고자 한다.

오주괘를 풀이해 보면,
① 정재인 辰土가 겁재인 甲木에게 개두(蓋頭)되어 손상 받고 있으므로 이러한 경우에는 재물의 손상이 우려된다.
② 오주괘에서 지지의 재성이 형충(刑沖)하면, 손해를 보게 된다.

여기에서는 겁재의 형상이 뚜렷하게 드러나 있고, 시주의 丙戌과 분주 壬辰은 천극지충(天剋地沖)하고, 게다가 재성도 서로 沖하고 있으니, 이러한 경우가 손재(損財)를 입을 수 있는 형태의 표준이라고 해석하게 된다.

"어디에서 무슨 일을 하고 계시는지요?"

"○○자동차회사에 근무하고 있습니다."

"자동차 영업사원입니까? 괘상에서 살펴보니 가진 돈도 없는 것이 분명한데, 갚아야 할 돈이 300만 위안이나 되다니! 당신 뭐하는 사람이요? 어디에다 투자했다가 이렇게 큰 손실을 본거요?"

젊은이가 놀라서 눈을 크게 뜨고 의아해하며 입을 열었다.

"주식을 매수하였는데 주가가 폭락하여 매매하지 못하고 오랫동안 보유하고 있다 보니 많은 손해를 보았습니다. 언제쯤 주가가 매수가격보다 상한가로 올라갈 수 있을까요?"

"주식으로 돈을 벌기 위해서는 전문지식도 필요하고, 주식시장의 동향과 추세를 분석하면서 시시각각(時時刻刻) 변화하는 상황을 전문적으로 연구해야만 가능성이 있다고 할 수 있는데, 이 분야에 전문적인 지식도 없으면서 너무 맹목적으로 돈을 투자해서는 불가능하지요. 본 오주괘에 의거하여 자세히 살펴보면 재다신약(財多身弱)으로 재성과 관살을 감당할 수 없으므로 당신이 주식시장에서 수익을 생각하거나 본전을 찾고자 하는 것은 어렵다고 밖에 해석할 수 없겠습니다."

여기에서 여러분들이 이해를 해야 할 부분은 오주괘를 해석하는 방법에서 가장 중요한 것은 시간의 계기점이라는 것이다. 대체로 오주괘에서의 분주(分柱)가 충극(沖剋)이 있는 경우에는 분주(分柱)로서 그 길흉화복(吉凶禍福)을 먼저 살피고 해석하는 것을 잊지 말아야 할 것이다.

2
養兒防老
양아방로

자녀를 기르는 것은 노년을 대비하기 위함이다.

　자녀를 키워서 노후를 대비한다는 말은 중국인들의 전통적인 가정의 가치관이었다. 다른 측면에서 살펴본다면, 부모들의 자녀에 대한 교육은 일종의 투자라고 할 수 있다. 그리고 자녀가 어느 정도 성장한 후에는 다시 그 보상을 기대할 수 있었다. 하지만 지금의 사회는 환경적인 구조가 많이 변하고 이러한 관념도 바뀌어 이제는 그냥 과거에 그랬던 적이 있었다는 정도로만 기억될 뿐 현실에서는 실현 불가능한 일로 기대해서는 안되는 일들이 되어 버렸다.
　노령과학연구소에서 조사하고 통계한 결과에 따르면 30% 정도의 성인은 경제가 불안정하여 오히려 부모에게 의지하여 생활하고 있는 현실이라고 한다. 나이가 들면 스스로 독립해야 함에도 불구하고 갖가지 이유를 들어 전과 다름없이 부모에게 기대어 생활하다 보니, 생활력은 매우 떨어져서 독립이 불가능한 실정이다. 방송에서는 이러한 사람을 '간노족(齦老族: 캥거루족 혹은 패러사이트라고 불리어지며, 나이가 들어서도 경제적 독립을 하지 못하고 부모에게 의지하여 생활하는 자녀를 말함)'이라고 부르고 있다.
　새로운 시대의 새로운 관념은 자녀들에게 의지하지 않고 스스로 노후생활을 계획해야만 한다. 최근에는 정부에서도 '노령수당'이라든가 '노령연금' 제도를 시행하고 있으며, 요양센터와 노인학교를 설립하여 재충전과 재교육의 기회를 제공하고 있다. 또한 학습 범위를 정신적인 측면까지 확대하여 동양화반, 서예반, 가요반, 댄스반, 태극권반등 다방면으로도 복지후생제도가 이루어지고 있다. 그렇지만, 이러한 복지후생제도는 고령인구가 급속하게 증가하고 있는 상황에서 이 수요를 근본적으로 따라 잡을 수가 없는 것이 현실이다.

고인의 말씀에 '곡식을 저장하는 것은 굶을 때를 대비하기 위함이고, 자녀를 기르는 것은 늙을 때를 대비하기 위함이다.' 라 하였으나, 지금의 시대에 적합한 노후를 대비하기 위한 새로운 방법으로는 신탁재산이나 의료보험제도나 저축제도를 이용하여 새로운 방향으로의 변화를 모색해야만 한다. 노후대비에 대해서 전문가들도 양아방로(養兒防老)적인 방법 보다는 국고채(國庫債)를 구매하거나 부동산을 임대하는 것이 더욱 더 현실적이라고 말하고 있다.

장마가 계속 이어지던 청명(淸明) 절기 중에 옛 직장동료였던 진 선생이 정신없이 들어오면서 말하기를,

"내 마누라가 또 임신을 했는데, 아들일까? 딸일까?"

진 선생의 말이 끝나자마자, 내가 바로 이어서

"아들이면 그냥 두고, 딸이면 어찌 하시려고?"

진 선생의 얼굴색이 어두워지면서 순간 목소리를 낮추어서 말을 이었다.

"당신도 알잖아. 큰 딸내미는 13살이고 둘째는 초등학교 3학년이야. 그렇지 않아도 지금 교육비가 너무 많이 들어가고 있는데 애가 또 생기면 경제적으로 매우 부담스러운 것은 당연하지.
그래도 어쩌겠어. 양아방로(養兒防老)적인 옛날 사고방식이 확고하신 아버지가 이전부터 나에게 무슨 기도를 해서라도 떡두꺼비 같은 아들을 낳으라고 강요하셨으니 그러지. 그래도 내 팔자에 아들인연이 있으면 얻어지겠거니 하고 말았는데, 뜻밖에 마누라가 임신을 했다고 하니 이 문제에 대해 어찌해야 하나 열심히 궁리만 하다가 도저히 어찌 해야 할지 방법을 찾지 못해서 결국에는 당신을 찾아왔으니 마누라의 뱃속에 있는 아이가 아들인지 딸인지 좀 봐 주게."

음력(윤) 2004년 2월 19일 X분					
分柱	時柱	日柱	月柱	年柱	
偏印	傷官	我	傷官	正印	十星
乙卯	戊申	丁巳	戊辰	甲申	干支
偏印	正財	劫財	傷官	正財	十星

  위의 오주괘를 살펴보면, 이 괘에서는 뱃속 태아의 성별이 자세하게 나타나 있지 않으며, 천간의 戊土 상관이 甲木 정인에게 바로 옆에서 극(剋)을 받고 있다. 어느 책에서는 '식상이 극(剋)받으면 출산하는데 불리하다.'라고 하였으니 지지의 巳, 申, 卯의 형합(刑合)으로 인하여 유산 혹은 낙태의 조짐을 읽어낼 수 있다.

  필자는 오주괘를 자세히 살핀 후에 괘의 상황을 진 선생에게 설명하였다.

  "뱃속 태아가 아들인지 딸인지가 중요한 것이 아니네. 이 괘에 나타나 있는 태아를 순조롭게 출산하여 건강하게 성장시킬 수 있는지의 여부가 더욱 더 중요한 부분이라고 이 사람아."

  이 말을 듣고 나더니 진 선생은 다급하게 물었다.

  "왜 무슨 문제라도 있나?"

  "뱃속 태아의 잉태문제에 대해서는 자네가 결정할 수 있는 힘이 없군. 오주괘에 의거하여 살펴보면, 당신 아내는 나름대로 다른 생각을 하고 있을 것 같은데 아무래도 낙태까지도 염두에 두고 있을지도 모르겠네."

  丁巳 일주가 스스로 제왕의 자리에 앉아 있으므로, 성격은 강직하다고 할 수 있으며, 상관이 투출되고 득령하였으니 이것은 자신의 견해를 굽힐 줄 모르고 자기 고집대로 생각하고 행동하며, 속박을 싫어할 뿐만 아니라 지는 것은 스스로 용납 못하고 이기려고만 하는 성격의 소유자이다. 시지 申金과 일지의 巳火의 형합(刑合)으로 자녀궁을 끌어당기므로 유산을 하거나 낙태의 조짐으로도 해석이 가능하다.

  좀 더 살펴보면 분주의 乙卯 편인이 투출되어 시간의 戊土 상관의 자녀성을 가까이에서 극하고 있는데, 이를 고서에서는 '梟神奪食(효신탈식), 主不利生産(주불리생산).'이라 하여 올빼미가 자기 새끼를 잡아먹는다는 의미도 있지만 여기에서는 편인이 식상을 극하면 자녀출산에 불리하다는 의미로 쓰인 것이다.

많은 독자들은 필자의 추론을 보고서 분명히 질문을 한 사람은 남자인데 왜 오주괘를 해석함에 있어서 일간을 남편으로 대입하지 않고 모두 여자 쪽에 의거하여 해석했는지에 대하여 혹여 의문을 가지게 될 것이다.

만약 여기에서 일반적인 방법으로 해석한다면, 처궁과 처성은 배우자의 성을 상징하니 편관성과 정관성에 의거하여 자녀를 살펴보는 것이 마땅하다. 하지만 오주괘는 방문자가 질문을 하는 그 순간의 시간으로 점기(占機)가 동하여 살펴보는 것으로서, 다시 십성과 육친을 대입하여 해석하게 된다. 진 선생 아내의 임신이 아들인지 딸인지를 물었는데, 내가 직접 괘를 뽑아서 해석하고 차반(借盤: 처음 득괘로서 풀이를 하고 다른 질문이 이어졌을 때 그 괘를 그대로 응용하거나, 괘에 사주명식을 대입하였을 때도 사용한다.)을 사용하지 않는 이유는 간단하다. 남자는 임신과 출산이 불가능하므로 이 오주괘는 자연히 질문자 아내의 괘상이 되는 것이다.

가령 예를 들어 진 선생이 먼저 사업에 대해 질문하여 그 사항을 살펴보고 난 후에 다시 아내의 임신에 대해서 질문하였다면, 그 때에는 해석하는 방법이 달라지므로 결과적으로 다른 풀이가 되고 답도 달라질 것이다.

다시 제자리로 돌아와서 진 선생이 괘의 해석과 더불어 긴 설명을 들은 후에 말을 이었다.

"나는 분명 아내와 뱃속의 아이문제에 대해서 의논 했어. 아내는 딸 둘이 모두 초등학생이고, 아내도 괜찮은 직장에 다니고 있는데, 이런 상황에서 아이가 생긴다면 가정생활도 그렇고 경제적인 부분도 그렇고 많이 부담스러워질 것이라는 말을 하더군. 거기에다 미래에 대한 계획까지도 큰 타격을 받게 될 것이라는 말까지 덧붙이긴 했어.

하지만 아내의 임신을 알고 나서부터 자꾸만 내 머릿속에 '효를 다하지 못하는 세 가지 중에는 아들이 없어 제사를 지내지 못함이 으뜸이다.'라는 말이 떠나질 않더군. 어쩌면 내 마음 깊은 곳에 아들을 얻고자 하는 욕망이 있었는지도 모르겠고, 심지어는 아들에 대한 환상까지 가지고 있었는지도 모르겠어. 이런 나의 마음을 자네는 겪어보지 않았으니 이해할 리가 없지."

"운명 속에 아들 인연이 있다면 언젠가 얻게 될 것이고, 아들 인연이 없다면 어떠한 방도를 찾더라도 얻기 어려울 것이야. 모든 일은 자연 순리를 따라가야지 강제로 되는 것이 아니라는 건 자네도 알지 않나?"

라는 말로서 진 선생을 달래주려 하였다.

한참을 지나고 나서 진 선생이 우물거리면서 말을 건넸다.

"만약에 아들을 잉태하였다면 난 정말 그 놈을 아내 뱃속에 두고 싶어. 하지만 딸이라고 한다면 낙태해야 할 것 같아. 그런데 그 일로 아내의 건강에 문제가 생길까봐 조금 걱정스러운데, 혹시라도 인과응보(因果應報)적인 사상이라든가 윤회사상(輪廻思想)으로 인한 영향을 받게 되었는지도 매우 걱정스러워 지금 이 상황에서 어떠한 결정을 해야 될지 도무지 모르겠으니 형님께서 한 수 알려 주소."

"고인 말씀에 '선함은 선으로 보답하고, 악은 악으로 보답할 것이다. 보답은 언젠가는 있는 것이기에 지금 보답이 없는 것은 아직 때가 되지 않았기 때문이다.' 라고 하였음에도 불구하고 재난이나 힘든 일이 눈앞에 닥쳤을 때에는 본인 스스로 마음속에 혼란이 발생하여 도무지 어찌할 줄도 모르고 쩔쩔매기 마련이지.

인과응보(因果應報)란 세상 사람이 경계하는 것이네. 모든 일은 마음이 스스로 움직이기를 기다려서 신중이 처신하고, 만물을 존중해야 하는 것은 당연하고 대자연의 모든 살아 있는 생명을 소중히 여겨야 할 것이네. 사실 낙태에 대해서는 내가 말하기는 곤란한 부분이고, 내가 읽었던 책 중에 영희(伶姬)님께서 지은 《如來的小百合(여래적소백합)》이라는 책이 기억이 나는데 이 속에 자네의 상황과 유사한 단락이 있어서 참고 할 수 있을 것 같아 이야기 해 주겠네."

지금부터는 여래적소백합(如來的小百合)에 대한 내용이다.

내 여동생이 임신을 하였다. 그러나 이미 두 아이가 모두 중학교에 들어갔으니 시기적으로 맞지 않았다. 여동생도 아이 낳을 생각을 하지 않았는지 필자에게 유산이 가능한지를 물었다. 나는 매우 능청스럽게 요리조리 돌려서 여동생에게 말했다.

"너도 내 성격을 알다시피, 난 하나의 생명이라도 소중히 생각하잖니. 난 너에게 절대로 낙태하라고는 할 수 없어. 결정은 네가 알아서 하렴. 만약에 그 아이가 전생에 너에게 은혜를 입어 은혜를 갚으러 왔는데 낙태시킨다면 정말 서운하겠지? 너에게 빚 받으러 왔다고 한다면 다음 생에 이자까지 계산해서 다시 올수도 있고. 내가 너한테 뭐라고 말해 줄 수 있겠니! 그 아이가 너에게 은혜를 갚으러 온 것이든, 빚 받으러 온 것이든 내가 너에게 말해 줄 수 있는 것은 너의 마음을 뱃속에 있는 아이에게 전해 주렴. '엄마가 우리 아이에게 빚을 졌던, 우리 아기가 엄마에게 빚을 졌던 관계없이 엄마에게 온 것을 진심으로 환영한다. 만약에 엄마가 우리 아기에게 빚을 졌다면, 엄마가 몇 배로 너를 더욱 사랑해 줄게.' 라고 말이지."

그러나 보름 후에 동생은 자궁출혈로 인하여 뱃속의 아이는 유산되고 말았다.

여기까지 이야기를 하자, 진 선생의 얼굴에서 먹장구름이 완전히 사라져 버렸다. 그러나 그는 약간 우울한 표정을 지어보였다.

"도움이 많이 되었어. 형님 고맙소."

라고 힘없는 목소리로 고마움을 전하였다.

그가 돌아가는 뒷모습을 바라보고 있노라니, 분명하게 들리지는 않았지만 아마도 뱃속의 아이에게 제발 은혜 갚으러 왔기를 바란다고 중얼중얼 거리는 것 같았다.

이 오주괘를 해석한 후 몇 주가 지난 것 같은데, 진 선생이 다시 나를 찾아왔다. 그가 소파에 털썩하니 앉았는데 그가 바라보는 창문사이로 오후의 햇살이 들어와 그를 환하게 비추어 주는 것이었다. 사실 형광등의 불빛보다는 이렇게 자연에서 주어지는 부드러운 햇살은 얼굴의 안색을 살피는데 아주 적합한 밝음이다.

　아마도 직업병인지도 모르겠지만, 상담 손님이 방문하였을 때 보통은 안색을 살피면서 몇 마디 말을 건네게 된다. 그런 후에 상대방의 대답으로 그들의 단전기운을 측정하고 조짐을 살피고 필자의 생각을 보태어서 한마디 던져 줌으로서 먼저 기운을 장악해버리곤 한다.

　오후의 부드러운 햇살이 진 선생의 얼굴에 비추어졌을 때, 얼굴의 자녀궁 부위에 하얀색이 넘치는 것이 갑자기 눈에 들어왔다.

　관상책 속의 내용을 살펴보면, 자녀궁은 눈 아래의 눈꺼풀이 되는데, 누당(淚當: 눈꺼풀이 움푹 들어간 곳)과 와잠(臥蠶: 눈 아래 부분)을 포함한다. 아래 눈꺼풀은 자율신경의 중추가 포함되어 있고, 신장기능과 아주 밀접한 관계가 있다.

　이러한 형식으로 관상학에서는 해당 부위로서 자손의 융성함이나 쇠퇴의 여부를 판단하다보니 자녀궁이라고 불리어지게 되었다. 가령 자녀궁이 푸르죽죽하다면 장기간의 수면부족이 원인이 될 수 있으며, 신경쇠약이거나, 과로한 피로로 인한 누적이거나, 혹은 성관계를 지나치게 가진 경우에 나타나는 증상이다.

　자녀궁의 안색으로도 임신한 여성의 경우에 태아의 성별까지도 오묘한 이치로서 얻어낼 수 있다. 여성이 임신 가능한 시기에는 와잠이 고치처럼 조금 부풀어 오르게 된다. 그리고 기색이 깨끗하고 투명하면서 와잠부위가 항상 진주 빛깔과 광택이 나며 산뜻하고 아름다우면 아들을 임신한 가능성이 크다고 해석하고, 와잠에 희미한 청색이 나타난다면 딸을 임신하였다고 할 수 있게 된다. 만약에 이 부위가 어두침침하다고 한다면, 자녀로 인한 근심스러운 일이 생기거나 혹은 집안에 상복을 입게 되는 조짐으로 해석한다.

　이때 필자는 진 선생의 안색을 살핀 후에 어쩌면 저렇게 심상치 않은 창백함이 넘쳐나는지 의문이 생겨서 진 선생이 들어온 지금의 시간으로 괘를 만들어 보았다.

음력 2004년 3월 11일 申時				
時柱	日柱	月柱	年柱	
食神	我	比肩	偏官	十星
庚申	戊寅	戊辰	甲申	干支
食神	偏官	比肩	食神	十星

오주괘를 통해서 비중을 두어야 할 부분은 형충회합(刑沖會合)이다. 그리고 그 부분을 중심으로 살피면서 다시 십성과 육친을 배합하여 변화되는 부분을 참고로 삼게 된다. 이러한 원리는 육효괘(六爻卦)에서 동효(動爻)의 논리와 다시 '세(世: 본인)'와 '응(應: 상대방)'을 배합하여 해석하는 이치와 같다고 할 수 있다.

위의 괘국에서 寅木 편관과 申金[자녀성, 사업궁] 식신이 沖하면 모종의 위험이 나타나서 자녀를 충극(沖剋)하는 것으로 해석하게 된다. 만약에 이러한 경우에 결혼 상대자를 구하거나 취직에 대한 질문을 받는다면 가능하다고 풀이할 수 있다.

이렇게 오주괘를 만들어 살피고 나서 필자는 목소리에 잔뜩 힘을 주고 진선생에게 말하였다.

"부인의 뱃속 태아가 유산되어 버렸군! 그래도 지금은 마음이 많이 편안해져서 쓸데없는 생각은 안하고 있구먼. 모든 일들이 다 잘 되었고, 태아는 영원히 부모 마음속의 보물이 된 채 떠나 버렸구먼."

진 선생이 깜짝 놀라서 필자에게 물었다.

"아내의 뱃속에 태아가 있지 않은 것을 어떻게 알았나?"

"점 안쳐도 아는 방법이 있지."

라고 필자는 태연스럽게 말하였다.

진 선생이 머리를 끄덕이면서 감탄한 어조로 말하길,

"모든 일이 사람의 생각대로 될 수 없다는 것을 깨달았네. 우리네 인생살이가 모두 팔자의 소관이라는 것을 알았어. 지난번 형님 말을 들은 후에 집으로 돌아가서는 모든 방법을 다 동원하여 아내의 마음을 끝끝내 돌려 버렸지. 그래서 만약에 아들을 임신하였다면 아이를 출산하기로 동의해줘서 한바탕 달콤한 꿈을 꾸었지.

그렇지만 하늘에 뜻이 내 마음 같지 않으니, 어쩌면 어두컴컴한 암흑 속에서 정해진 운명이었는지도 모르겠구먼. 지난주에 마누라가 산부인과에 가서 검사했는데, 자궁외 임신이라고 한다더군. 결국에는 병원에 가서 서명을 하고 유산시켜 버리고 말았네. 정말 형님이 말했던 '자신의 운명 속에 존재한다면 언젠가는 만나게 될 것이고, 존재하지 않는다면 억지로 얻을 수가 없다.'는 속담이 효험이 있었나 보네."

"시대가 달라졌어. 자녀를 키워서 노후를 대비한다는 것은 이미 구시대적인 생각이야. 속담에 '시집간 딸은 사위 데리고 와서 효도하고, 심지어는 사위집에서 같이 살면서 행복을 함께 누리니 어찌 즐겁지 않겠는가?' 라는 말도 있듯이, 우리네 인생살이라는 것이 이 세상에 잠깐 머무르는 것이고, 원한다고 해서 뜻대로 얻어지는 것도 아니니 모든 일에 마음을 느긋하게 가지고서 딸내미 열심히 키우는 것도 복인거야!"

아름답고도 지혜로운 여인이기에 남편의 희망을 저버리지 못하고, 아름다운 거짓말을 만들어서 남편에게 감동을 주고, 사람들로 하여금 가없게 생각하도록 하였다.

3
損財護財論斷技法
손재호재논단기법

재물을 잃거나 지키는 것에 대하여 판단하는 기술

《滴天髓(적천수)》의 「何知章(하지장)」을 살펴보면, '그 사람이 가난한지 어찌 아는가? 재물의 신이 도리어 참되지 않나니.'라고 적혀 있다.

이 내용을 자세히 살펴보면 '재성이 올바르지 않은 사람은 원국에서 설기를 당하거나 겁재에게 재성이 극(剋)받는 것뿐만 아니라 약한 상관을 많은 재성이 설기(洩氣)시키거나, 약한 재성을 많은 관살이 설기(洩氣)시키기도 한다. 또한 식상은 많은데 인성이 약하여 신약한 구조이거나, 재성은 많으나 비겁이 신약한 경우 등은 모두가 재성이 올바르지 않은 것을 의미한다. 그 중에 한 가닥의 청기가 있다고 한다면 천하지 않다.'라고 되어 있다.

'그 사람이 부자인지 어찌 아는가? 재물의 기운이 문호를 통한 것이다.'라는 말도 있는데, 이 내용의 원주를 살펴보면 '재성도 왕(旺)하고 일주도 왕(旺)한 경우에 관살이 재성을 포위하거나, 인성을 꺼릴 때에는 재성이 인성을 깨뜨리고, 인성을 반길 때에는 능히 재성이 관살을 생해 주고, 상관이 많으면 재성이 유통해 주고, 재성이 많은데 상관이 한정되어 있는 경우와, 재성이 없는데 운에서 재국(財局)이 형성되거나, 재성이 떠 있는데, 상관 또한 떠 있는 경우 모두를 재성의 기운이 문호(門戶)를 통하였으니 부자이다.'라고 하였다.

빈부(貧富)의 사주를 크게 구분하면, 사주가 신강하고 재성이 왕(旺)한데 관살이 재성을 보호하면 부자의 사주가 되고, 가난한 자의 사주는 신약하고 재성이 약하거나 떠 있으면서 겁재가 많은 경우이다. 예로부터 운명을 해석할 때 빈부(貧富)에 대해서는 재성(財星)을 살펴보았는데, 실제로 객관적인 측면에서는 이치에 맞지 않는다.

사주 안에서는 재성이 희신도 되고 기신도 되니, 만약에 식상이 재성을 생하거나, 관살이 재성을 보호하거나, 비겁이 재성을 두고 다투고 있는 경우에는 사주에서 희신과 기신을 정하는데 영향을 미치게 된다. 실제로 사주에서 빈부(貧富)를 살펴볼 때에는 반드시 아래의 몇 가지 원칙들을 파악해야만 한다.
① 일주가 강하고, 재성이 왕지를 만나는 것으로 부(富)를 논한다.
② 신약한데 재성이 왕(旺)하다면 비겁으로 부(富)를 논한다.
③ 일주는 강하고 재성이 약한 경우에는 식신으로 부(富)를 논한다.
④ 일주가 강하면 상관이 재성를 만나는 것으로 부(富)를 논한다.
⑤ 일주가 강하고 재성이 암장되어 있는 경우에 암장된 재성은 재물이 풍부한 것으로 부(富)를 논한다.
⑥ 재성이 많으나 신약한 경우에 인성의 도움이나 비겁의 도움이 없는 자는 가난하다고 논한다.
⑦ 재성이 희신이고, 충극회합(沖剋會合)이 없으면서 재성이 생을 받거나 비겁의 도움이 있을 때에는 부(富)로 논한다.
⑧ 일주가 강하고 재성은 희신이지만 재성이 충극회합(沖剋會合)이 많은데 재성이 식상으로부터 생조도 받지 못하고 관살이 재성를 보호하지도 못한다면 어쩔 수 없는 가난한 운명이다.
⑨ 일주가 약하고 비겁이 희신이지만 비겁이 충극회합(沖剋會合)이 많으면서 비겁이 인성으로부터 생조도 받지 못한다면 어쩔 수 없는 가난한 운명이다.
⑩ 모든 변격(變格: 종격이나 화격등을 말함)이 잘 구성되어져 있는 경우에는 부귀(富貴)를 논할 수 있다.

아래의 사례를 살펴보자.

음력 2006년 10월 16일 戌시					
分柱	時柱	日柱	月柱	年柱	
偏財	劫財	我	比肩	正印	十星
癸丑	戊戌	己巳	己亥	丙戌	干支
比肩	劫財	正印	正財	劫財	十星

이 오주괘는 부귀(富貴)를 살펴보는데 있어서 재물의 손실이 발생할 수 있는 표준이라고 할 수 있다.

2006년 초겨울에 몇 번 방문한 적이 있는 낯익은 여성이 찾아왔다. 문을 열고 들어오면서 신발도 벗지 않은 채로 울며불며 하소연하기를,

"올해에는 일이 뜻대로 되지 않아 힘들어 죽겠습니다. 지난주에는 교통사고가 나서 그 일로 배상금 지불하느라 돈이 나갔는데, 거기에다 더 재수 없는 일은 얼마 전 인터넷 사이트에서 십여 통의 자동차 기름을 판매하였는데 그 금액은 대략 5천 위안 정도였어요. 그런데 뜻밖에도 법원으로부터 고소장을 받았습니다. 요즈음 정말 되는 일들이 하나도 없습니다. 이런 저런 일들로 오늘에서야 겨우 선생님을 찾아왔는데요. 제가 감옥에 가게 될까요? 왜 이렇게 순탄하게 진행되는 일은 하나도 없고 계속 돈만 깨지는 걸까요?"

필자는 농담반 진담반으로,

"노름판에서는 1년에 24번이나 선이 바뀐다지. 그런데 당신은! 반년 동안에 직장이동을 세 번 밖에 안했구먼. 참! 속담에도 이런 말이 있지? '바람이 한 번 불면 배도 한척 나간다.' 는 말일세. 취업이라는 것도 경제상황하고 같이 흘러가니 만약에 전문기술이라도 있다면 회사에서 써먹기가 좋을 터인데 말이지. 이제라도 늦지 않았으니 배울 만한 기술이 없으면 흥미 있는 분야라도 찾아서 능력을 키워야 발전할 수 있을 텐데. 그렇지 않겠는가? 지금 당신이 하는 일은 힘들지, 피곤하지, 또 하는 일에 흥미도 없지, 거기에다 월급은 얼마 되지도 않지? 그런데도 당신은 기술도 없지. 돈도 없지. 어찌

나! 그러니 기가 죽을 수밖에."

계속해서 말을 이어나갔다.

"당신이 일하는 가운데 재미를 찾을 수 있고 천천히 그 환경에 적응해 간다면 허구한 날 직장을 찾아야 하는 처지는 되지 않을 거네."

라는 말까지 건네주었다.

오주괘를 살펴보게 되면, 그녀는 지금 처해 있는 일로 인하여 주변의 모든 일들을 참고 견디기가 힘겨울 것이다. 관살 甲木의 장생지인 亥水가 巳火 인성과 충극(沖剋)이 발생되었으니, 그녀는 30일 이내에 이직(移職)하게 될 것이다.

필자의 말을 듣고 나서 그녀는 자신의 상황을 설명해 주었다.

"반년 동안에 해 온 일들 모두가 마음이 편치 않았지만, 자동차 할부금 때문에 어쩔 수 없이 공장에 출근했어요. 전에 하던 일은 부담 없이 할만 했었는데 지금 하는 일은 예전 같지 않아서 몸도 힘들고 마음도 힘들어 죽겠습니다. 제 손을 보시면 제가 얼마나 힘든지 아실걸요! 그런데 친구가 생산자와 소비자 직거래 매장을 저에게 소개시켜 주면서 다음 달 초부터 출근해서 일해보라고 하는데, 선생님 보시기에 어때요?"

오주괘를 살펴보니 비겁은 앞 다투어 나오고, 관살이 없어서 재를 보호해 주지도 못하니 이러한 경우를 재가 손상되는 형국이라고 말하게 된다. 여기에서 재성을 중심으로 살펴본다면, 교통사고 배상금은 30만 위안 정도가 될 것이고, 아무리 협상을 해보더라도 대략 25만 위안 정도의 비용은 지출될 것이다. 당신의 월급도 한번 살펴보니 대략 2만 위안 정도 받는 것으로 보이는데, 지금 시점에서 가진 돈을 살펴보니 통장잔고가 하나도 없는 상태이다.

이러한 상황들을 살펴보고 난 후 그녀의 상황을 설명해 주었다.

"월급도 얼마 안되고, 통장에는 돈도 없는 이 상황에서 직장을 바꾸어 보겠다고? 그러지 말고 지금 다니고 있는 직장에 있는 것이 나을 것 같네. 당신이 다른 곳으로 직장을 옮겨 보려고 이리저리 아무리 날 뛰어 봐도 마음을 차분하게 안정시키고 있는 것만 못할 것이야."

교통사고 배상금과 자기 차량의 수리비가 30만 위안 정도가 될 것이라고 해석한 이유는, 己亥가 역마이면서 沖하고 있기 때문이며, 재성이 인성을 손상시키는 것은 자신의 차량을 의미하고 있다. 배상금을 깎을 수 있는 금액을 산출한 방법은 천간의 戊癸合의 관계인데, 여기에서 재성인 癸水가 겁재인 戊土와 합이 되어 버린 형상을 읽어내면 될 것이다.

고서에서 이르길 '시간에 있는 편재는 형제를 만나면 놀란다.'라고 하였으니 여기에서는 일간의 돈을 겁재에게 빼앗기는 것을 의미한다. 나아가서 은행잔고가 없다는 것까지 추론해 본다면 재성이 沖合이 되었고, 재성의 고(庫)가 형(刑)을 만나니 이 오주괘 주인의 창고는 깨져있다고 해석하게 되는 것이다.

금액이 얼마인지 해석하는 방법은 내가 지금까지 경험해 온 것을 근거로 하였는데 그것은 간지의 형충회합(刑沖會合)과 격위법(隔位法)으로 풀어내어 얻은 것이다.

"연달아서 계산이 가능하네요!"

여성이 깜짝 놀란 표정을 지으면서 말하길,

"반년 동안의 생활이 들쑥날쑥하니 불안정했어요. 하는 일도 힘들고 돈 깨지는 일들은 연이어 계속 생기고 이번에 감옥에 가지나 않을까 걱정되어 죽겠어요."

"세상사 마음대로 되지 않는 것이 열에 여덟아홉이니, 한 세대를 풍미한 효웅(梟雄) 조조도 공명(功名)을 이루고 난 다음에 '사람이 세상을 사는 동안 즐거움은 얼마나 되겠는가? 사는 동안의 즐거움은 아침이슬과 같으니 그 다음에는 하루 종일 고통만 따르더라.'라고 하였는데, 하물며 영웅도 이와 같은 말을 하거늘, 당신은 나약한 여인 아닌가? 당신이 설명 좀 해보게. 인터넷 사이트에서 기름을 판매 한 것으로 인해서 감옥에 갈까 두려운가? 도대체 어떠한 방법으로 기름을 팔았던 건가?"

"최근에 일이 안정적이지 못하다보니 수입 또한 예전 같지 않은데도 자동차 할부금은 빠져 나가야 되니 기타 경제적인 부담으로 자꾸만 힘들어져서 고민에 고민을 하다가 문득 생각이 났어요. 예전에 인터넷으로 기름을 구매

해 놓았었는데, 만약에 제가 차를 팔아 버리면 당연히 기름도 필요 없게 되어 버리잖아요. 그래서 구매했던 기름을 다시 인터넷사이트를 통해서 싸게 팔았는데 그 일이 문제가 되어 법원으로부터 소환장을 받게 됐어요."

"내가 그 동안에 경험한 일들로 비추어보면, 법원에서는 당신이 장물을 판매한 것으로 간주하였거나, 상표법을 위반한 것으로 알고 있는 것 같소. 당신이 그 기름을 구매했던 영수증을 가지고 있거나 구매했다는 증거자료는 구할 수 있나?"

"영수증은 받았었는데, 어디에 두었는지 기억이 나지 않아요."
라고 이야기 하자마자 필자는 또 물었다.

"당신이 기름을 판매한 가격은 시가보다 얼마나 싸게 판매한거요?"
"아마도 당시에 급하게 팔기 위해서 가격은 시가보다 병당 100위안 정도 저렴하게 팔았던 것 같은데 무슨 문제가 되나요?"

"내가 법관의 입장에서 심증을 자유롭게 해석해 본다면, 당신이 판매한 가격은 틀림없이 불리할 것이네. 다행히 팔았던 수량이 십여 통 밖에 되지 않는다고 하니 장물에 대한 처분행위로는 되지 않을 것이며, 더군다나 당신은 과거의 전과기록이 없으니 가령 유죄가 된다 하더라도 감옥살이 할 정도는 아니겠어."

"선생님께서 알고계시는 법률적인 상식까지 동원해서 해석을 듣고 나니, 제 맘이 어느 정도 편해진 것 같아요. 그런데 궁금한 부분이 있는데요. 감옥살이에 대해서는 어떻게 해석하신 건가요?"

감옥살이하는 것에 대해서는 다음과 같이 살펴볼 수 있다.
① '상관이 관살을 보면 많은 재앙이 따르는데, 가령 관살이 희용신인데 상관이 관살을 극(剋)하거나 혹은 상관이 희용신인데 왕한 관살이 침범한 경우에 해당한다.'고 고서에 나타나 있다.
② 편관이 기신인데 인성이 없어서 편관을 설기시키지 못하는 상황에서 많은 비겁이 있으면 관액(官厄)으로 인한 감옥살이가 된다.
③ 원국에 관살이 있는데 묘고(墓庫)에 들거나, 혹은 천라지망(天羅地網)으로 沖하여 파괴되면 감옥살이를 하게 된다.

[동남쪽의 辰土와 巳火는 6양(陽)이 끝나는 시기이니, 양의 기운이 마지막으로 극에 달해 변하게 되는데, 아직은 변화하기 이전이므로 혼돈지상(混沌之象)이 나타나는 것이다. 어두침침해서 보이지 않는 그 곳에 사람이 있으니 마치 그물에 덮여져서 갇혀 있는 상황을 의미한다.]
④ 식신이 극(剋)을 받거나 묘(墓)에 들어가면 자유를 잃게 된다.
⑤ 양인(羊刃)이 형충(刑沖)하면 그로 인하여 성격은 고집스럽고 마음이 조급하여 화를 잘 내다보니 시비를 일으킬 빌미를 제공하기 쉬우므로 소송의 조짐이 나타나기 쉽다.

"당신에게 해당하는 오주괘의 상황은 비록 비겁이 왕상(旺相)하지만 식상의 다툼이 없고 관살이 재성을 보호하지 않을 뿐이니 이것은 단순히 재물이 손상되는 것으로 해석을 할 수는 있으나 감옥살이를 할 정도는 아니네."
라고 설명을 해 주면서 그녀를 위로해 주었다. 계속 이어서 다음에 소개해 드리는 오주괘의 예는 관살이 재성을 보호하고 있는 상황이다. 이 두 괘의 특징적인 부분은 같은 형상이 분주에 나타나고 있다는 것이다.
여러분들도 이러한 부분에 대한 이치를 생각해 보는 시간을 가져보시기 바란다.

음력 2006년 9월 5일 11시 X분					
分柱	時柱	日柱	月柱	年柱	十星
正官	比肩	我	比肩	偏印	十星
乙卯	戊午	戊子	戊戌	丙戌	干支
正官	正印	正財	比肩	比肩	十星

이 오주괘는 정관이 재성을 보호하고 있지만 어떤 큰 부자나 고관(高官)의 괘상은 아니다. 명리학계의 스승이신 서낙오(徐樂吾) 선생의《命理一得(명리일득)》의「論富命(논부명)」에 '부(富)를 누리고 싶은 욕망은 나 또한 그렇듯이 비록 교편을 잡고 계시는 선생님일지라도 당연할 것이다. 부자

가 되고자 하는 것은 사회의 보편적인 심리이다. 하지만 부(富)의 명(命)은 100명 중에 한명도 나올까 말까해서, 죽을 때 까지도 부자가 되지 못하는 사람도 있다. 혹은 어려서는 가난했다 하더라도 나중에는 부자가 되는 사람도 있는 반면에 부유하게 살다가 가난해지는 사람도 있으니 한평생 부유한 팔자가 이 세상에 몇 명이 되겠는가?' 라는 이야기가 있다.

현실에서는 뜻대로 되지 않는 일이 무수히 많이 발생하고 있다. 내가 그동안 그 많은 사례를 살펴본 결과 아침에 가난했다가 저녁에 부자가 되는 이도 있고, 아침에는 부유했는데 저녁에 가난해진 사람도 있으며, 어떤 이는 한평생을 가난 속에서 허덕이며 고생스럽게 살아가고, 어떤 이는 도리어 한평생 부유함 속에서 안락하게 살아가는 경우도 있다. 조상의 은덕이라든가 혹은 풍수(風水), 명리(命理) 등의 요소들을 가지고 참고는 할 수 있으나 이 모두가 아득한 가운데 스스로의 운명은 정해져 있으니 누구도 거스를 수는 없는 일이다.

예전에 고웅(高雄)에서 대중(台中)까지 모녀가 찾아와서 상담한 적이 있는데 특별히 그 이야기를 하고자 한다. 모녀가 자기 집안의 운세에 대해서 물어 보았는데 필자는 가운(家運)에 대한 질문을 받으면서 습관적으로 오주괘를 작성하여 살펴보게 되었다. 오주괘를 살펴보니 그녀의 성격은 좋은 편이었고 건강도 좋아 보였다. 그래서 필자는 부인에게,

"부인께서는 정직하고 책임감이 매우 강한 분입니다."

정관 乙木이 卯木의 지지에 암장되어 있는데 이것이 천간으로 투출되었으니, 이는 타고난 품성이 진실하며 너그럽다고 할 수 있다. 또한 채식을 선호하고 자비로우니 종교에 인연이 깊다는 해석도 가능하다.

《淵海子平(연해자평)》의 심리분석을 살펴보면, '土는 가색(稼穡: 농업)도 되고, 구진(勾陳: 부동산)도 되며 맛으로는 단맛이 되고, 신용을 의미한다. 그리고 언행일치(言行一致)를 의미하며, 성실하고 지극한 불자이기도 하다.' 라는 이야기가 있다. 이를 참고하여 건강방면을 살펴보면 비뇨계통의 주의가 필요하다.

부인이 어리둥절한 모습으로 잠시 머뭇거리다가 고개를 끄덕이었다.

"선생께서 한 눈에 제 성격을 꿰뚫어 보셨습니다. 건강상태까지 알고 계시고 거기에다가 불자라는 것까지도 아시니 선생님께 믿음이 갑니다. 반드시 제 문제를 해결할 수 있는 방법을 찾아주세요."

필자는 부인의 말을 듣고 이 오주괘에 대해서 다시 자세하게 살펴보았다. 비견은 왕상(旺相)하며, 관살과 인성은 투출되었으나 재성은 보호 받고 있으니 아무런 문제가 없다. 다만 한 가지 문제는 子午沖이 있다는 것이다. 그래서 부인에게 물었다.

"바깥 어르신과 자녀가 함께 있거나, 일을 할 때 서로 의견충돌로 인하여 말다툼이 발생하여 서로 사이가 좋지 않습니까?

부부간의 말다툼은 자주 발생하는 편이지만, 서로 피하기는 쉽지 않습니다. 이런 일들은 다른 부부들에게도 발생할 수 있는 일들이니 이상할 것도 없습니다. 지금 제가 가장 걱정스러운 일은 그들 부자간의 관계입니다."

라고 근심스럽게 입을 열었다.

재성이 인성을 깨뜨리는 괘상의 경우 해석을 몇 가지 방법으로 살펴볼 수 있다.
① 부부의 감정이 서로 어긋나므로 이혼의 가능성이 있다.
② 아내의 역량이 강하여 공공장소에서 남편을 곤란스럽게 한다.
③ 집을 마련한다.
④ 이사를 하거나 직장을 그만두게 된다. 더불어 관살과 인성이 극(剋)을 받으면 괘국은 보호성을 상실한다.

이 괘국은 재성이 인성을 손상시키지는 않는다. 오히려 궁의 위치에서 대입을 하게 되면 남편궁과 자녀궁의 충극(沖剋)이 발생되는 것이 문제이다.

"오주괘에 나타나 있는 그들 부자의 관계는 수화(水火)가 교전(交戰)하고 있으니 서로 참기 어려운 상황에 처한 것으로 보입니다만."

라는 말을 하면서 부인을 바라보았다.

부인은 기진맥진(氣盡脈盡)한 모습으로 말을 이었다.

"남편은 직원들에게는 아주 잘해 주는데, 유난히 아들에게는 요구하는 바가 너무 엄격합니다. 거기에다가 항상 일을 하는데 있어서 생각이 서로 다르다 보니 싸우지 않는 날이 없습니다. 최근에는 부자지간에 완전히 등을 돌리고 있는 상태입니다.

때로는 제가 말을 옮겨주는 통로역할까지 하고 있으니, 정말 부자지간에 이렇게까지 심할 줄 몰랐습니다. 제가 어떠한 방법으로 그들에게 협조해 줘야 하는지 알려 주세요.”

“당연한 말이지만 아들을 내보내면 서로 간의 마찰은 감소될 것입니다. 서로 마주치지 않는 것도 한 방법입니다.”

라는 너무도 당연한 말을 부인에게 건넸다.

“우리가족이 하고 있는 일은 스테인리스 가공업으로 3D업종에 분류되다 보니 일 열심히 하는 직원을 구한다는 것이 쉽지 않습니다. 또 모든 부분에서 기술을 필요로 하다 보니 아들이 관여하지 않는다면 공장을 운영해 나갈 수 없습니다.”

이렇게 말을 한 부인은 얼굴이 굳어져 있었다.

가족구성원의 관계 중에서도 부자지간의 관계는 비교적 중요시 되고 있다. 부자의 관계는 부부하고도 다르고 친구하고도 다르며 이는 이미 정해진 운명으로 후천적인 인연에 의한 관계가 아니라 옛날부터 부자관계는 전통적인 윤리도덕으로 형성되어 왔다. 이 때문에 '철이 강으로 제련이 안되는 것은, 두드리지 않았기에 쓸모가 없게 된 것이다.' 라는 말과 같이 훌륭한 인재가 되지 못할까 봐 안타까워하고 자녀를 엄하게 교육을 시키면서 많은 아버지는 이러한 '공리(功利)'의 마음을 가지셨던 것이다.

그러나 사회가 발전하면서 사람들의 문화적인 가치관도 변화되었다. 그 변화 속에서 엄부(嚴父)의 지위는 위태로움에 직면하게 되었고 정면으로 도전을 받게 되었다. 과거에 자녀의 나이가 어렸을 때에는 어머니가 집에서 자녀를 보살피는 비중이 매우 크다 보니 나중에는 아버지의 권위적인 태도에 자녀가 불만을 가지기도 하였지만 그래도 조금 위축되는 가운데에서도 능히 권위는 보전될 수 있었다.

요즈음 흘러가는 사회 속에서 아버지의 권위는 자녀가 대학에 들어갈 시기가 되면 점점 평등해져야 한다. 그리고 자녀가 대학을 진학한 후에는 아버지의 권위적인 태도는 버려두고 자녀와 친구처럼 대화를 나누고 함께 생활하면서 서로 간에 인격을 존중하고 아울러서 그들에게 책임감을 심어주면서 자신을 책임질 수 있도록 해야 할 것이다.

  부인은 필자의 긴 이야기를 들은 후에 입을 열었다.

  "오래전에 풍수하시는 분이 공장설비 등을 둘러 본 적이 있었습니다. 그 분이 말씀하시길, 토지공(土地公)의 신단이 앉은 자리에 문제가 있어서 부자지간의 의견이 서로 충돌이 일어나는 것이라고 한 적이 있습니다."

  "오주괘 안에서 子午沖을 卯木이 통관시키고, 午火는 戌土와 멀리 떨어져서 合이 되어 묘(墓)에 들어가니 이는 충극(沖剋)을 의미합니다. 부자간에 서로 의견이 맞지 않고, 서로 얼굴을 붉히는 것은 사람에게서 비롯된 것이지 풍수와 토지공(土地公)하고는 아무런 관계가 없습니다. 해결책이라고 한다면 남편이 권위적인 태도를 내려놓고, 자녀와 대화를 나누면서 당면한 문제에 대해 용감하게 대처하다보면, 번뇌도 사라지고 어려웠던 일들도 쉽게 풀리게 될 것입니다. 또한 뒷전에 놓여 있던 문제들도 이야기를 나누다 보면 풀리지 않는 문제는 없을 것이고, 나아가서 보다 나은 미래를 설계할 수 있을 것입니다."

4
忘記過去的傷痛
망기과거적상통

과거의 아픈 기억은 잊어버려라.

《基度山恩仇記(기도산은구기)》의 책 내용 중에 이 이야기와 적절한 내용이 있어서 소개하고자 한다. '본래 원한이라는 것은 맹목적인 것이고, 분노(忿怒)는 사람의 이성을 상실시켜 버린다. 그러다보니 복수심을 키우면서 고통을 겪다가 끝내는 스스로 그 고통의 구렁텅이로 빠져 들어가 버리고 만다.' 라는 대목이다.

  사람에게 받은 상처는 정말로 쉽게 잊히지 않는다. 아마도 예전에 다른 사람에게 당신이 상처받은 적이 있었다면 그 기억을 마음속 깊은 곳에 감춰두고 복수심 때문에 계속 잊지 못하는 과정 속에서 분노의 마음으로 쌓여가고 그 속에서 복수심은 자꾸만 더욱 강해지고 결국에는 스스로 가장 큰 상처를 받게 된다는 것은 이야기 하지 않아도 알 것이라고 생각된다. 그러다보니 원한(怨恨)이라는 것은 때로는 당신이 상상한 것보다 상처가 더욱 깊어지게 되는 것이다.

  사실 아프고 고통스런 기억들의 원인은 과거에 좋지 않았던 경험들이라고 할 수 있다. 우리는 과거의 아픈 고통을 기억해 두면서, 다시는 상처받지 않으려고 노력하지만, 순간적으로 떠오르는 아픈 기억들은 시시각각(時時刻刻) 현재의 생활을 방해하고 있으니 당신의 아픈 과거의 기억을 내가 어떻게 해결할 수 있는 방법은 없다.

시간은 한번 흘러가면 돌아오지 않으니, 어찌 과거로 돌아가 그 일을 해결할 수 있겠는가?

아래의 오주괘는 과거의 아픈 상처가 마음속에 응어리져서 잊지 못하고 있었던 내용으로 내가 관심을 가지고 있는 이야기이다.

음력 2006년 5월 11일 15시 X분					
分柱	時柱	日柱	月柱	年柱	
食神	比肩	我	偏印	比肩	十星
戊戌	丙申	丙寅	甲午	丙戌	干支
食神	偏財	偏印	劫財	食神	十星

오주괘에 나타나 있는 오묘한 이치를 폭넓게 살펴보면 아래와 같다.

① 주거지 주변의 길이 서로 沖이 되어 있으며, 건물의 좌향은 동남향(東南向)이다. 집주변을 살펴보면 왼쪽 편으로 200m 정도에 관성제군(關聖帝君)을 모시는 사당이 있다.

② 너그러운 성격의 소유자이며, 사람들에게 예의바르고 친절하다. 두뇌가 총명하고 부지런하며, 다방면에 재주가 뛰어나다. 다소 급한 성격을 지니고 있으며 강한 성격이다 보니 자신의 주장을 굽힐 줄 모른다. 말을 함에 있어서는 너무나 솔직하게 이야기하다보니 자신도 모르는 사이에 남에게 미움을 사는 경우가 발생하고, 건강은 부인병(婦人病)과 근육질환의 주의가 필요하다.

③ 아버지는 돌아가셨고, 어머니는 간·쓸개·신경계통의 질병에 주의해야 한다.

④ 형제자매가 과거에는 4명 이었는데 일찍이 한명은 사망하고, 현재는 3명이 남아있다. 형제자매간의 관계는 좋고 왕래도 잦은 편인데 여동생의 형편이 여의치 못하다.

⑤ 2004년[甲申]에 결혼생활의 위기가 있었을 것이다.

⑥ 아들과 딸이 한명씩 있는데, 이들은 매우 총명하다. 그리고 과거에 두 번의 유산경험이 있다.

⑦ 최근에는 사업이 뜻대로 되지 않아서 마음이 매우 불안하고 초조한 상태이다. 직업의 이동이 있을 수 있으며, 월수입은 대략 2만5천 위안 정도이나 현재 은행에 저축해 놓은 돈은 무일푼이다.
⑧ 집을 장만하거나 이사할 수 있다.

이 오주괘는 내가 홍콩에서 강의할 적에 홍콩의 수강생인 주가의(周家儀) 양이 강의내용을 정리한 것으로, 그 당시에 바로 내가 대답을 해 준 것이어서 상담하는 과정을 모두 정리해 놓을 수 있었다.

위와 같이 오주괘에서 모두 설명이 가능하므로 이제는 뒷북치는 이야기를 할 필요가 없게 되었다. 학문상의 원리나 법칙들은 그동안 임상해 온 것이므로 내가 상담한 경험에 비추어서 살펴보신다면 많은 도움이 될 것이다.

부인이 거주하고 있는 집은 寅申沖으로 인하여 집 주변의 길과 沖이 발생할 것이라는 해석이 가능하다. 대체로 인성이 충극(沖剋)을 받으면 집이 45도 방향이고, 공기가 통할 수 있는 바로 그 곳은 벽의 모서리에 해당하는 곳이고 길에게 沖을 받게 되는 것이다. 집의 좌향은 동남향이 된다.

참고적으로 오주괘에서 살펴보는 신체부위의 배치도이다.

時 오른쪽	日 중심부	月	年		뒷부분
다리	복부	흉부	머리		
丙	丙	甲	丙	上	외부
申	寅	午	戌	下	내부
오른손 오른발			왼손 왼발		
오른쪽	중심부			왼쪽	앞부분

거주하는 곳의 환경은 대략 왼쪽 200m 전방에 신당이 있는데 관성제군(關聖帝君)을 모시는 곳일 가능성이 많다. 이유는 인성 甲木은 동방과 도교의 신을 의미하기 때문이다. 또한 甲木이 午火 위에 있으며 일간 丙火는 득령하였고, 午火는 일간 丙火의 양인(羊刃)인 까닭이기도 하다.

이러한 이야기를 듣고 이 여사가 답을 하였다.

"네, 선생님 말씀이 맞습니다. 지금 살고 있는 집의 거실은 비스듬하게 폭이 6m 너비의 길을 향하고 있습니다. 왼쪽으로 분명히 사당은 있는데 그 사당에는 가보지 못하여 관성제군(關聖帝君)이 모셔져 있는지는 잘 모르겠습니다. 집으로 돌아가는 길에 자세히 살펴보고 선생님께 알려드리도록 하겠습니다."

"이 여사님의 성격은 돈독(敦篤)하고, 예의도 바르며, 사람들을 친절하게 대하고, 모든 일에 열정적이고, 명랑한 성격을 가지고 있습니다. 하지만 타고난 성품이 워낙 강직하여 화를 잘 내는 편입니다. 일처리를 하는데 있어서는 아주 적극적이고 결단력이 빠르나, 때로는 생각이 한쪽으로 너무 치우치는 편이고 한고집한다고 하겠습니다. 더군다나 너무 솔직하다보니 자신도 모르게 남에게 미움 받는 경우도 발생하게 됩니다. 건강에 대해서 살펴보니 내분비 계통이 염려스럽고 부인병에 주의가 필요하고 근육질환이나 신경통 등에도 주의해야 되겠습니다."

오주괘를 살펴보면 火土가 무척 많으므로 이 사람은 예의가 바르고 돈독하며 사람을 대하는데 있어서 매우 열정적이다. 또한 양(陽)의 성분이 가득한데다 午火 양인(羊刃)으로 인하여, 이 사람의 천성은 강직하고 적극적이며 판단능력이 아주 신속하다. 일지 寅木에서 투출된 甲木은 편인이 되니, 이 사람의 생각은 한쪽으로 치우칠 수 있으며 남의 말에 복종하지 못하고 자신의 의견을 끝까지 고집하는 성격으로 해석이 가능하다.

식신이 투출되었으며, 월령을 잡은 午火가 寅午戌三合이 되어 火로 화(化)하여 생조해 주고 있는 상황을 읽어낼 수 있다. 이러한 경우에 고서에서는 '식신이 왕상(旺相)하면 상관으로 변한다.'라고 하였으니, 이는 남에게 양보하지 않고 이익을 얻을 수도 있으며 자신도 모르게 남에게 상처가 되는 말을 할 수 있다고 해석을 하기도 한다. 또한 화염토조(火焰土燥)로 인하여 여성 질환인 내분비계통의 균형을 잃게 될 수도 있다는 이야기를 할 수 있게 되는 것이다.

《書經(서경)》의 내용에서와 같이 아랫배에 냉병이 있는 것은 水가 土에게 손상 받은 것이고, 근육질환이나 신경계통에 문제가 발생하는 것은 寅申

沖으로 인하여 木이 金에게 손상 받았기 때문이다.
　이러한 설명에 이 여사는 고개를 끄덕거렸다.
　"저희 어머니 건강은요? 어떤 점을 주의하면 될까요?"
　이 여사님의 질문에 대한 답변에 앞서 오주괘에 나타나 있는 이치에 타당한 부분들을 먼저 살펴보았다. 방문자가 부친에 대한 질문을 하지 않았지만, 우리는 여기에서 부친궁의 위치와 성의 호응관계를 주의해서 살펴보아야 할 것이다. 필자는 어머니 이야기가 아닌 부친에 대한 이야기를 먼저 하였다.
　"이 여사님의 아버님은 壬午年에 돌아가셨을 것입니다. 오주괘에서 비견 丙火가 투출되어 왕상(旺相)하고 다시 살펴보니 부친궁의 甲木은 午火에 앉아 있으며 寅午戌三合으로 화국(火局)이 형성되어 원신(元神)이 설기되었는데, 책에서 이러한 상황의 경우에는 '비견이 겹쳐 있으면 부친이 손상받는다.'라고 되어 있습니다. 그러므로 이 부분은 모두 부친에게 좋지 않은 상황이라고 해석을 하게 됩니다. 딱 부러지게 말할 수는 없지만 이러한 암시에 대해서 설명한다면, 이 여사님과 부친과의 인연이 약하다고 할 수 있으며 부친이 이 여사님을 도와줄 능력이 없다는 해석도 가능하겠습니다. 그리고 어머니의 경우에는 간담(肝膽)이나 신경질환 계통의 질병을 주의하셔야 되겠습니다."
　"아버지께서는 심장병으로 5년 전에 돌아가셨습니다. 어머니께서는 지방간이 있으시고, 화골성근염의 질환이 있으신데, 괘상에서 어떻게 이러한 부분들까지 살필 수 있는지 정말 대단하네요."
　"사실 의학 분야에 대한 궁금한 점들은 의사와 상담을 해야지 나에게 물을 일은 아니지요. 그리고 당신의 형제자매는 4명인데 애석하게도 지금은 2명뿐이군요. 형제자매간의 사이는 좋아 보이고, 오빠는 시작한 사업이 안정이 된 것 같은데, 여동생의 형편은 좋지 않아 보입니다."
　간지독립분석법으로 살펴보니 여동생의 자리는 시주 丙申이 되는데 丙火가 사지(死地)에 앉아 있고, 재성이 아직 때를 만나지 못하고 寅木과 沖이 되어 재력(財力)이 좋지 않은 것으로 해석을 하게 된다.

그리고 여기에서 오빠의 위치는 丙戌이 되는데 일지의 寅木과 월지의 午火가 연지의 戌土와 三合이 되어 丙戌에게 그 역량이 보태어지므로 오빠의 사업은 안정되었다는 말이 가능하다.

"형제자매에 대한 부분도 선생님께서 말씀하신 내용이 맞습니다. 오빠는 음식점을 운영하는데 지금은 잘되고 있습니다. 여동생은 최근 몇 년간 가정형편이 매우 힘들었던 것 같고 지금은 중국에 있습니다."

라고 답변을 하면서 매우 흥분되어 다시 필자에게 물었다.

"우리 가정은 어떻습니까?"

"오주괘를 자세히 살펴보니, 일지의 남편궁은 三合이 되었고, 시지와는 沖이군요. 그리고 寅木은 연지의 戌土와 분지의 戌土를 극(剋)하면서 또 合의 관계이기도 합니다. 이러한 경우에는 '남편궁에 2명의 여인이 있는 상'이라는 이야기를 드릴 수 있겠습니다.

甲申년에 부부의 사이가 좋지 않았다고 한다면 결혼생활에 위기가 있을 수 있습니다. 甲申년과 남편궁의 寅木은 완벽한 沖이 되고, 다시 시지의 申金과 연결을 시켜보니 더욱 더 부부관계의 유지가 어려워 보입니다."

"2004년[甲申]에 남편과 이혼했습니다."

"그러셨군요. 아마도 일지와 沖의 관계가 겹쳐서 발생하다보니 이혼하게 되는가 싶군요. 그러나 지금의 괘에서 일주 丙寅이 연주와 寅午戌의 三合이 되는 것으로 인하여 다시 제자리로 돌아가라는 의미를 담고 있다는 해석도 가능하다고 하겠습니다."

"그 당시에 금전적인 문제와 자녀출산 문제 등 이런저런 일들로 인해 헤어지게 되었습니다."

이야기를 듣던 중에 문득 자녀문제에 대해서 영기(靈氣)가 동해서 한마디 더 추가하였다.

"지금은 남매가 무탈하게 성장을 하고 있으나, 자녀궁은 寅木과 沖이 되어 있고 자녀성은 요합(遙合)으로 보아서 당신은 일찍이 유산을 하였거나, 두어 번 낙태를 하였을 것으로 짐작이 됩니다. 지금 있는 큰 아이는 총명하고, 기억력도 뛰어나며 천성이 부지런합니다. 고집이 세다보니 수용성은 조금 약해 보입니다. 작은 아이는 총명하고 눈치도 아주 빠르고 조용조용하고 착합니다. 거기에다 작은아이는 공부도 잘하겠습니다.
하시는 일에 대해서 살펴보니 최근에는 일이 잘 풀리지 않아 마음이 매우 초조하고 안절부절못하고 마음이 둥둥 떠 있는 상황입니다. 이러한 상황에서 어쩌면 일이 바뀔 수도 있겠습니다."

시지는 사업궁이 되고 申金은 사업성이 되기도 하는데 寅申沖이 되고 있다. 괘국이 왕(旺)한 상태에서 관살성이 沖이 되었으니 이러한 경우에는 현재의 상황에 불만을 가지게 되거나 혹은 이동할 조짐으로 해석이 가능하다.

"저는 올해 마흔 살로 己酉생입니다. 최근에는 삶에 대한 욕구도 사라진 것 같고 모두가 무의미해집니다. 월수입은 2만 5천 위안 정도는 되는 것 같은데, 매달 자녀에게 들어가는 비용과 월세와 생활비로 지출이 되다 보니, 생활은 갈수록 힘들어 죽을 지경입니다. 상황이 이러한데, 낙태와는 무슨 연관이 있습니까?"

지금 상황에서 왜 낙태에 대한 부분까지 언급을 하였는지에 대해서 이 여사는 매우 궁금한 표정으로 질문하였다.

우선 월 수입금액에 대해서 2만 5천 위안에 대한 부분은 재고(財庫)가 형회합(刑會合)된 관계를 살펴서 금액을 얻어 낼 수 있으며, 낙태의 인과관계에 대해서는 뒷부분에 언급할 「嬰靈作祟惹的禍(영령작수야적화)」편의 이야기에서 자세히 설명할 것이다. 진 여사가 계속 말을 이었다.

"얼마 전에 남편이 양심에 찔렸던지 월급이 적다는 것을 알고 통장으로 조금씩 매월 자동이체를 시켜주고 있습니다. 그러더니 얼마 전에는 저에게 한다는 말이 다른 곳으로 이사 가서 아이들과 함께 살자고 하더군요."

오주괘를 살펴보면 원국 안에 寅申沖으로 인하여 재성이 인성을 깨뜨리고 있는 부분은 매우 일반적으로 해석이 가능하다. 이러한 상황이 상징하는 것은 집을 마련하거나 이사하는 것으로 풀이한다. 고서에서도 '사주가 왕(旺)하고 인성이 왕(旺)하면, 재성이 손상받기 때문에 모여지지 않으며, 재성이 있으면 어쩔 수 없이 옛것을 버리거나 부동산을 사게 된다.' 라고 되어있다. 또 《愛憎賦(애증부)》에서는 '승진하거나 좋은 인연을 만나는 해에는 반드시 재성과 合을 하는 해가 된다.'라고 하여, 여기에서 꼭 알아두어야 할 것은 寅申沖은 성(星)이 이동한 것이고, 또한 역마의 沖도 가능하므로 집을 사서 옮기거나 혹은 이사 갈 가능성으로 판단하게 되는 것이다.

 이 여사의 말은 계속 이어졌다.

 "남편이 다시 합치자는 이야기를 하는데, 옛날에 남편에게 받은 상처들이 너무 큽니다. 아직도 그때 받은 상처가 너무 깊은 나머지 가슴속에 그대로 남은 채 아직 치유할 방법조차 찾지 못하고 있습니다. 만약에 이러한 상황에서 생활이 어렵다는 핑계로 남편에게 다시 돌아간다면 스스로에게 너무 서글플 뿐만 아니라 체면이라는 것은 갈기갈기 찢겨지고 구겨지는 것 같아서 쉽사리 결정짓지 못하고 망설이고 있습니다.
그냥 돌아가지 말까요? 사실 현실적으로는 이 고생스러운 생활 속에서는 무언가 앞으로 기대할 만한 일도 없고, 지금 상황에서는 아이들을 돌볼 능력도 부족하다보니 어떻게 하면 좋은 환경에서 아이들을 교육시킬 수 있을지 그 방법을 도무지 찾을 길이 없습니다. 괜한 이야기를 두서없이 한 것 같습니다만, 만약에 가정을 합치는 것을 선택한다고 했을 때 사실 남편에게는 어떻게 말을 해야 될지도 모르겠습니다. 아이고! 정말 너무 어렵네요!"

 "내가 그 동안 상담해 오면서 이 여사님과 비슷한 사례가 있었는데, 그 이야기를 들려줄 터이니 결정을 내리는데 도움이 되었으면 합니다.

예전에 어느 부부가 반년동안 냉전 중이었답니다. 부인은 남편에게 복수할 마음으로 밖에서 누군가에게 위로 받고자 다른 이성을 찾았습니다. 시간이 흘러서 마음이 어느 정도 안정된 후에는 스스로 도덕적으로 약속한 부분을 어긴 것에 대하여 양심이 허락하지 않았고, 아무리 후회회도 소용없었습니다. 돌이켜 생각해 보면 스스로 자존심을 굽히지 못하고 마음속에서 남편의 빌미를 만들었던 것입니다. 남편의 냉담한 눈빛을 도저히 참지 못하고 결국에 감정이 극에 달해서 우울증으로 변하여 불안함과 두려움은 더욱 심해져서 어떻게 하는 것이 잘하는 것인지를 도무지 알 수 없었던 거지요.
기억하기로는 내가 그 부인에게 자녀의 도움을 받아 남편과 소통할 수 있는 방법을 찾으라고 하였던 것 같습니다.
예를 들어 특별한 기념일에 남편이 좋아하는 음식들을 준비한 다음 자녀보고 아버지에게 전화해서 '아빠, 오늘 제 생일이니까 저녁은 집에 들어오셔서 저랑 같이 먹어요.' 라고 시켰을 때, 남편이 저녁 먹으러 집에 오지 않겠다고 한다면, 당신들은 계속 냉전 상태가 지속될 것입니다.

라는 이야기를 해주었습니다. 그런데 그 다음날 점심시간을 이용해서 다시 찾아와서 매우 흥분된 목소리로 말하기를,
'선생님께서 알려 주신대로 했습니다. 그랬더니 어제 저녁에 남편이 집에 왔고 딸아이와 저를 불러 놓고 하는 말이 금요일에 딸과 펑호(澎湖: 대만의 유명한 섬. 휴양지)로 휴가를 가려고 하는데 같이 가자고 하더군요. 그때 저는 잃어버렸던 행복이 다시 찾아온 느낌이 확 들었습니다.' 라고 그녀가 이러한 결과를 필자에게 찾아와서 전해 주었습니다."

　결혼 생활이라는 것은 몇십 년을 서로 다른 환경 속에서 살아온 사람들이 함께하다보니 우여곡절(迂餘曲折)도 많고, 감정의 기복도 많다. 생각해 보건데 아름다운 결혼생활을 하기 위해서는 대단히 많은 인내심을 필요로 하고, 어려움 속에서 지혜롭게 대처할 능력도 필요하다. 혼인(婚姻)이라고 하는 것은 애정(愛情)의 결합이라고도 한다. 어쩌면 결혼(結婚)을 보장(保障)이라고도 하고, 축복(祝福)이라고도 한다. 하지만 매우 불행한 것은 모든 사람에게는 부족한 점이 있다 보니, 때로는 다른 이성에게 유혹을 받게 될 경우 그 유혹을 피한다는 것이 쉽지 않다는 것이다.

"중요한 것은 자신이 결혼하였고 가정이 있다는 것을 잊어서는 안됩니다. 그리고 돌아가야 할 가치가 있다면 제자리로 돌아가십시오. 제가 보기에는 아직도 서로가 서로를 차지하는 비중이 너무 커서 다른 사람이 대신 하기는 힘들 것 같습니다."
　라는 말을 마지막으로 건네었다.

5
姓名學高手對談實錄
성명학고수대담실록

성명학의 고수와 이야기를 나누다.

성명학(姓名學)을 깊이 연구하고 계시는 진씨 성을 쓰는 독자께서 회사 상호와 성명학적 이론관계에 대해서 필자의 의견을 청하였다. 그는 성명학적 이론으로 나를 설명하였다.

"선생은 성격이 외향적이고 온화하고 예의가 있고 품격도 있으며, 업무처리 능력도 원만할 뿐만 아니라, 그른 것은 그냥 지나치지 않는 분이기도 하고 친구들을 긍정적으로 대해 주시는 분입니다."

라는 상당히 과장된 서두를 듣게 되었다.

"진 선생님 과장이십니다. 당신의 서막(序幕)은 정말 제가 대단한 사람 같습니다. 모두 듣기 좋은 말로 격려해 주셔서 기쁘고, 오늘에서야 드디어 날 알아주는 사람을 만난 것 같습니다."

진 선생은 계속이어서 성명학으로서 출생년도의 띠를 대입하면서 설명은 계속 이어졌다.

"당신은 근골(筋骨)이 시큰거릴 수 있으며, 사람을 상대하는데 있어서 피로가 쉽게 오고, 사업방면에서는 기복(起伏)이 심해서 불안정합니다. 이를 개선하기 위해서는 반드시 계율을 지키면서 종교에 믿음을 가지고 몸과 마음을 닦으셔야 합니다. 그렇게 하지 않으면 나이 들어 재가 손상될 수 있다고 해석이 됩니다."

재물이 손상된다는 이야기를 들으면서 필자는 몹시 놀랬고 당황스러웠다. 확실한 것은 최근 몇 년 동안 부동산의 경기가 좋지 않은 관계로 회사의 수익이 많지 않았기 때문이다. 그래서 어찌하면 이 어려운 문제들을 해결할 수 있을지에 대해서 진 선생에게 질문을 던졌다.

 "팔괘(八卦)의 하도낙서(河圖洛書)의 수를 이용하는데 여기에 당신의 띠를 배합하여 이름을 바꾼다면 바꾼 이후에는 힘 안들이고 쉽게 높은 지위에 오를 수 있으며, 재물도 많이 모을 것입니다."

 라고 필자의 질문에 대한 답을 해 주었다. 그리고 필자는 다시 질문을 하였다.

 "이름을 바꾸어서 벼락출세를 할 수 있다고 말씀 하셨는데, 그렇다면 이 세상에는 빈부의 격차가 발생해서는 안 될 것이며, 또한 인과(因果)에 대한 흐름은 있을 수 없다는 이야기인 듯합니다. 당신도 알다시피 사람은 태어나면서 업력(業力)과 운명(運命)을 가지고 태어납니다. 이것이 서로 짝을 이루어서 결국에는 당신이 가야 할 인생의 여정이 되지요. 어찌하여 음양오행을 사용하여 이름을 바꾸는 것만으로 이 뒤엉킨 업력(業力)과 운명(運命)에서 벗어날 수 있다는 것입니까?"

 라고 다시 질문을 던지면서 불가에 대한 이야기를 이었다.

 "불가에서는「萬法唯心造(만법유심조)」라 하여 '모든 것은 오직 마음에서 지어내는 것이다.' 라고 하였듯이 자신의 관념을 바꾼다거나 심리상태를 변화시킨다는 것에 대해서 깊게 믿고 있습니다. 하지만 이름을 바꾸어서 실질적으로 무언가 변화시킬 수 있는 방법으로 활용하는 것은 믿지 못하겠습니다. 《六祖慧能壇經(육조혜능단경)》안에 적절한 설명이 들어 있는데 내용은 '모든 복은 마음에서 떠나지 못하고 마음으로부터 찾아와서 감응하니 통하지 않는 것은 없다.' 라고 하였습니다."

 진 선생이 말을 이었다.

 "당신은 왜 성명학이 운명을 바꿀 수 있으며 흉한 것은 피하여 길함을 찾아간다는 것을 믿지 못하십니까?"

 "성명학은 성격과 질병 두 가지를 판단하는 이론으로서 참고할 가치는 있다고 봅니다. 이름을 바꾸는 것이 '개변(改變: 운명을 바꿈)'이라는 것에는 감히 동의할 수 없습니다. 다만 개선(改善)의 효과는 있으나 개변(改變)은 아니라고 생각합니다."

개선(改善)과 개변(改變)에 대한 차이를 이야기 하고 개명(改名)에 대한 필자의 견해를 이야기 하였다.

"상담하는 과정에서 많은 이들로부터 개명(改名)을 하면 어떨까요? 라는 질문을 받는 경우가 많습니다. 여기에 대해서 필자는 한 가지 원칙을 가지고 있습니다. 그것은 바로 이름에서 같거나 비슷한 음이 있는 경우를 예를 들어 琉音liúyīn과 流鶯liúyīng은 같은 음이지만 다른 한자로 글자의 모양이나 뜻이 나쁜 경우이다. 그 동안의 삶이 너무 힘겨워서 그것들을 모두 던져버리고 다시 새롭게 출발하려는 사람들에게는 예외를 적용하지만 그렇지 않은 경우에는 늘 습관적으로 들려주는 이야기가 있는데……

'여러분 거실에 있는 텔레비전에 대해 예를 들어 보도록 하겠습니다. 이것은 그저 한 대의 텔레비전입니다. 그런데 내가 이 텔레비전의 이름을 냉장고라고 이름을 바꾸어 부르고자 합니다. 여러분, 지금 이것이 냉장고의 기능이 있습니까? 이것은 여전히 텔레비전일 뿐 명칭이 바뀐다고 해서 그 기능까지 바뀌지는 못합니다. 텔레비전은 여전히 텔레비전입니다. 다시 좀 더 확실한 예를 한번 찾아봅시다.

당신이 지금 입고 있는 옷은 흰색입니다. 지금 그 옷을 붉은 색의 옷으로 바꾸어 입는다면 우리는 분명 흰색 옷을 입었을 때 보다 비교적 밝고 눈부셔 보일 것입니다. 옷을 바꾸어 입는 방법으로 당신의 키와 몸무게와 가슴, 허리, 엉덩이둘레 등은 바뀔 수가 없으므로 옷만 다른 색을 입었을 뿐 당신은 원래의 당신입니다. 질문 드리지요. 당신의 체형과 심리상태와 사상 등의 관념 모두가 바뀌지 않은 상황에서 이름을 바꾼다는 이유로 모든 것이 바뀔 수 있을까요?'

그러므로 필자의 생각은 개명(改名)은 그저 개선(改善)이지 개변(改變)은 아니라는 이야기입니다. 정말로 운명을 바꿀 수 있는 단 한가지의 방법이 있다면, 그것은 바로 자신의 마음을 변화시키는 방법일 것입니다. 이 세상의 모든 일들은 다 마음에서 시작되어 마음을 쫓아 바뀌기 시작하니 이 방법이야 말로 그 근본을 해결하는 길이라고 여겨집니다."
 필자의 이런 논리에 진 선생이 반박하면서 말을 이었다.
 "당신의《八字神機妙卦(팔자신기묘괘)》속에 있는 글 중에서는 방문자의 사주팔자를 사용하지 않고, 손금이나 관상을 보지도 않으며, 글자풀이[파자점(破字占)]도 하지 않은 채 바로 방문자의 길흉화복(吉凶禍福)을 풀이하는데 그렇다면 수고스럽겠지만 바로 저의 의혹을 풀어주시겠습니까?"

음력 2005년 3월 8일 17시 X분					
分柱	時柱	日柱	月柱	年柱	
偏印	正財	我	比肩	正財	十星
戊寅	乙酉	庚午	庚辰	乙酉	干支
偏財	劫財	正官	偏印	劫財	十星

 질문한 시간을 적용해서 나온 것이 바로 제오주(第五柱)이다. 이것이 바로 허진둔법(虛辰遁法)이라고 하는 것이다. 우선 진 선생이 질문한 시점에 괘를 만들고 난 후에 진 선생에게 이야기를 하였다.
 "운명을 추론하고 풀이하는데 있어서 가장 곤혹스러운 부분은 바로 처음 한마디 입니다. 말 한마디로 찾아온 사람의 속내를 밝혀낸다면 그 이후의 대화가 진행되는 동안 그는 스스로 많은 단서를 나에게 제공하게 되며 나는 그것을 따라 생각을 하게 되니 당연 서로 대화가 술술 풀려나가게 됩니다. 그건 그렇고, 지금 진 선생께서 살고 있는 집의 좌향과 수중에 돈이 얼마나 있는지 살펴보지요."
 진 선생은 잔뜩 궁금해 하며 물었다.
 "정말로 정확하게 알 수 있습니까?"
 "우선 살펴봅시다."
 라고 말하면서 필자는 종이 위에 250만과 500만을 써놓고 그에게 말하였다.

"분명 이 두 가지의 숫자 중에서 반드시 하나의 정답이 있을 것입니다. 숫자는 매우 근접하게 다가갈 수 있지만 하나만으로 정확하게 맞추기는 불가능하거든요. 그리고 당신이 주거하는 집의 좌향은 동남향(東南向)일 것입니다."

필자의 말이 끝나자 진 선생은 잠시 깊이 생각을 하고나더니,

"집의 좌향은 동남향이 맞습니다. 하지만 어떻게 연달아서 이러한 것들을 모두 풀이 할 수 있습니까?"

대화 중에 오른 손가락으로 500만의 숫자를 가리키며 또 말을 이었다.

"당신은 이 금액을 어떻게 얻어 내신 겁니까?"

"일간으로부터 답을 찾고 다시 앉은 순서의 방법을 이용하여 십성의 위치를 찾으면 바로 답을 얻어 낼 수 있습니다."

계속 말을 이었다.

"당신의 재산은 500만 위안이 있는데, 곧 골치 아픈 일들이 발생할 것으로 보입니다."

"그게 도대체 무슨 말씀입니까?"

"내가 해석한 것이 틀리지 않는다면 이 돈의 절반은 이미 없어졌고 나머지 절반은 당연히 부인의 수중에 있어야 합니다. 금액은 당신이 기대한 것과는 다르며, 유가증권을 샀을 가능성이 커 보입니다."

이 부분을 해석해 보면, 乙庚合은 부부가 애정이 있다는 것을 의미한다. 이 외에 연간 乙木이 월간 庚金에게 슴을 당한 것은 손재(損財)의 상을 나타내며, 이 乙木은 재고(財庫)인 월령 辰土 속으로 들어갔으나 辰土는 乙木의 여기(餘氣)도 되고, 辰土가 연지의 酉金과 합하는 것은 재물의 손상을 의미한다.

처궁의 午火는 관리를 대표하고 재성을 보호하는 기능이 있는데 애석하게도 시주의 酉金과 형(刑)이 되고 또 월주의 辰土에게 설기(洩氣)되어 재성을 보호할 능력이 상실된다.

진 선생이 오주괘의 해석을 듣고 난 후에,

"도무지 믿을 수가 없습니다. 사실 나는 당신 책에서의 추론이 끼어 맞추

기식 이론일 것이라고 의심했는데, 지금 당신의 해석을 듣고 나니 비로소 오주괘의 오묘한 이치를 이해할 수 있을 것 같습니다. 사소한 몇 개의 글자로 이렇게 정확하게 풀이할 수 있다는 것에 대해 나는 도무지 이해할 방법이 없었는데, 오늘에서야 진심으로 당신을 믿게 되었습니다. 당신이 풀이한 내용과 실제의 상황이 별로 차이가 나지 않습니다."

계속 말을 이었다.

"시청에서 근무하다가 퇴직 후에 퇴직연금을 받았습니다. 그 돈을 아내에게 관리하라고 하였는데, 며칠 전에 아내가 그러더군요. 주식시장에 투자하였다가 큰 손해를 보고 그 위험을 감소시키기 위해서 지금은 투자기금과 보험저축 등으로 자금을 돌렸답니다."

운명을 해석할 때에는 십성(十星)과 육친(六親)을 살피게 된다. 간지 속성과 충극회합천해(沖剋會合穿害)를 살피면서 그 구성과 변화되는 과정을 확장시켜서 추측하고 조심스럽게 확인하는 것이다.

"지금 이 오주괘를 사용하여 진 선생의 외면적인 표정과 태도를 풀이한다면 천간의 乙庚합과 지지의 辰酉합이 金으로 화(化)하였으므로 당신은 머리카락이 매우 짧거나 대머리일 것이라는 해석이 가능하며, 머리의 길이는 고작 1~2cm 정도가 됩니다. 그리고 오늘 입은 옷은 녹색과 백색의 줄무늬 옷입니다. 이는 천간은 상반신이 되고 지지는 하반신이 되거나 혹은 연주와 월주는 상반신, 일주와 시주는 하반신으로도 추론이 가능하기 때문입니다. 이렇게 풀이하는 경우를 일컬어서 '뒷북치는 것'이라고 하거나 혹은 '끼워맞추기식'이라고 말하지만 이것은 오주괘를 해석하는 이론에 완전히 부합된다고 볼 수 있습니다."

이런 이야기를 듣고 진 선생이 감탄하였다.

"명리현학(命理玄學)을 연구한지 벌써 20년이 되어가지만 계속 어떠한 돌파구를 찾지 못하여 여태껏 신강신약과 조후(調候)와 신살(神煞)의 단계로 살펴왔습니다. 때로는 용신으로도 답을 얻지 못하는 경우도 있었습니다. 그런데도 솔직하지 못한 성격에 두루뭉술하게 이야기를 하면서 해석에 부족함은 없는지 신경을 쓰다 보니 아직도 그러한 부분에 대한 확신이 서지 않아서 매번 사람들을 상담할 때마다 명리의 오묘하고 깊은 영역까지 들어가서 살핀다는 것은 불가능한 일이라고 여겨왔습니다."

"명리학 분야는 변화가 무수히 많습니다. 그렇기 때문에 고정적으로 해석하는 논리가 있는 것은 아니라고 봅니다. 다만 먼저 십성과 육친을 운용하여 그 변화를 장악하고 다시 형충회합(刑沖會合)을 배합하여 변화무쌍(變化無雙)하게 운용한다면 가능하다고 여겨집니다. 여기에서 용신 찾기가 어렵거나 장악할 방법이 없는 것은 아마도 당신에게만 있는 문제는 아닐 것이고 저 또한 마찬가지로 쉽지 않은 문제입니다."

"변화에 대해서 재빠르게 활용하는 방법으로 어떻게 응용을 해야 하는지 예를 들어주실 수 있겠습니까?"

"혜충국사(慧忠國師)의 기지(機智)와 응변(應變)에 대한 한 단락의 이야기를 해 줄 터이니 참고하시면 좋을 듯 합니다.

한 번은 혜충국사가 대궐에 들어갔을 때, 왕이 옆에 있는 산인(山人)을 가리키며, '이 사람은 태백산인(太白山人)이라고 하는데 자칭 일대 기인(奇人)으로 능히 산을 알고 땅을 알며, 위로는 천문을 아래로는 지리를 알고, 문장을 짓고 글을 아는 것이 정통하지 않은 것이 하나도 없거니와 기문(奇門)과 팔괘(八卦)를 전공하고 운명술에 정통하였다고 하니 국사님께서 이 사람의 말이 맞는지 시험하여 증명해 주십시오.'라고 왕이 말을 하니 혜충국사는 그 산인에게, '당신이 거주하는 태백산은 숫산 입니까? 암산 입니까?'라고 물었다. 이렇게 질문을 하자 태백산인은 어물어물거리면서 답을 하지 못하고 있자 혜충국사는 다시 땅을 가리키며, '이건 무슨 땅이요?'라고 다시 물었다.

그러자 산인이, '좋은 땅인지는 계산해 보면 바로 알 수 있소이다.'라는 답변을 하니 혜충국사가 숨 쉴 틈도 주지 않고 다시 땅 위에 일(一)자를 긋고 나서, '이 글자는 무슨 자인가?'라고 하니 '한일자이지 않소.'라고 답을 하자 혜충국사가 그에 대한 답변을 하였다.

'그렇지 않소이다. 당신은 한일자라고 하였으나 토(土) 위에 한 일(一)자를 더하면 왕(王)자가 되지 어찌 한일자라고 하는가? 지금 내가 당신에게 다시 묻겠는데, 3과 7은 모두 얼마인가?' 라고 다시 물었다.

'3과 7은 21이지 그걸 누가 모르겠소이까?' 라고 하니 혜충국사가 '3과 7은 더하면 10이 될 수도 있는데 어찌하여 정확하게 21이라고 할 수 있겠소?' 라는 이야기들이 전해지고 있습니다."

진 선생이 웃는 듯 마는 듯하며 말을 하였다.
"그 동안에 도움을 청하는 사람들의 운명을 해석할 때에는 어쩌면 지나치게 보수적이었고 전통적이었던 것 같습니다. 그런데 오늘 선생님과 직접 대면하여 이야기를 듣고 나니 생각이 확 트인 듯 하고 많이 유익한 시간이었습니다. 번거로우시겠지만 제 건강을 한 번 살펴봐 주십시오. 어떤 질병에 주의해야 하겠습니까?"

"괘상을 살펴보면 오행 중에서 火의 성분이 가장 약합니다. 午火가 대표하는 것은 혈액순환[심장]이고 다시 선생의 얼굴을 참고해 보면 인당(印堂)부위에 어두운 붉은색의 기운이 은은하게 나타나서 내가 장담하겠는데, 선생은 혈압이 높은 편이고 혈액순환계통의 질병에 주의하는 것이 좋겠습니다."

또한 최근에는 마음속에 고민거리가 많아서 억압을 받고 있는 상황이고 그것은 아마도 주변의 일들이 잘 풀리지 않기 때문이다.

午火 정관이 辰土에게 설기되고, 酉金과는 형(刑)이 된다. 乙木은 酉金인 사지(死地)에 앉아 있으면서 庚金과는 合이 되어 火를 생조할 힘이 없는 상황이다. 관살로 인하여 근심걱정 속에 빠져서 헤어나지 못하는 상황이고 그러므로 일이 안정적이지 못한 상황이라고 해석하게 되는 것이다.

진 선생이 말을 계속 하였다.
"癸未년에 퇴직해서 다시 민영통신회사에 근무하다가 올해 卯월에 해고 당했습니다. 그러다보니 중년에 실업위기를 느끼게 되었고 혈액순환에도 문제가 발생하여 마음속이 온통 불안하고 초조할 뿐만 아니라 안정도 되지 않습니다. 그런데 이러한 부분들도 얼굴에 나타납니까?"

"사람의 건강과 마음속의 생각은 지금 보이는 얼굴에 모두 나타나게 됩니다. 고인께서 말씀하시기를 '모양은 마음으로 말미암아 생겨나는 것이다.' 라고 하였으니 지금 당신이 그 중의 오묘한 이치를 이해한다면 상담할 때에 제일 중요한 부분을 정확하게 장악할 수 있을 것입니다. 그래서 저는 항상 제자들에게 상담가가 되기 위해서는 얼굴에 나타나 있는 운세와, 궁의 위치, 안색 등을 참고하여 사주에서 부족한 부분을 보충한다면 상담자들이 더욱 더 믿음을 가지게 될 것이라고 이야기 해줍니다."

"괘상에서 아내와 자녀의 운세 및 특징까지도 해석이 가능합니까?"

"이론상으로는 가능하지만 정확하게 답을 얻을 수 있는 범위는 비교적 넓지 않습니다. 만약에 더욱 명확한 답을 얻고자 한다면 처와 자녀의 성과 궁의 위치의 배합을 살피고 그들의 출생년도를 같이 이 오주괘에 대입을 하여 종합해서 판단한다면 비로소 오묘한 경지에 도달 할 수 있을 것입니다."

현재의 오주괘를 가지고 아내와 자녀의 기본적인 논단방법으로 살펴볼 것이다. 이를 살펴서 육친 간의 관계에 대해서 분명하게 이해하는데 도움이 되었으면 한다.

"부인은 그다지 크지 않은 편이고 외모는 아름다우며 대인관계가 한없이 좋을 뿐만 아니라 단정하고 현숙(賢淑)하며 안정된 직업을 가지고 있습니다. 내가 한 말이 틀리지 않았다면 그녀는 직장에서 아마도 팀장 정도는 될 것입니다. 하지만 지금 그의 운은 작년의 일로 인한 스트레스가 과중되어서 몸과 마음이 지친 상태이니 申월을 기다린다면 壬水의 장생지지(長生之地)가 되니 지금의 상황이 개선될 것입니다."

우선 처궁과 처성이 앉은 자리가 도화에 해당하기 때문에 모습이 아름답고 대인관계가 좋은 것으로 풀이하게 된다. 처궁에는 정관이 있으며 처성은 편관 위에 앉아 있으므로 권력을 장악하는 것을 의미하지만 애석하게도 관살혼잡(官殺混雜)이므로 귀하지는 않은 것으로 해석하게 된다. 지금의 어려움이 해석되는 시기는 배우자 성에 해당하는 인성이 들어온다면 도움이 되기 때문에 申월의 壬水를 기다리게 되는 것이다.

고서에서 '많은 관살들이 미쳐서 날뛰어도 어진사람 한 명이 교화시킬 수 있다.'라고 하였듯이 처성 乙木은 庚金과 합이 되어 있지만 乙木이 또 酉金에 앉아 있으면서 관살혼잡(官殺混雜)의 구성이므로 반드시 水로서 상생이 되어야 한다. 건강부분을 살펴보면, 신경통의 고질병이 있을 수 있으므로 요가나 태극권 혹은 명상 등을 많이 한다면 모두 개선의 효과는 있을 것이다. 乙庚합은 본디 金과 木이 함께 싸운다고는 하지 않으며 허진둔법(虛辰遁法)에서 숨어 있던 寅木이 나와서 乙木으로 하여금 뿌리가 되어 주니 합하는 정이 오롯하지 못하고 오히려 金木 교전의 형태가 되었다. 오주괘의 비결은 항상 분주에서 모든 것이 나타난다는 것을 염두에 두길 바란다.

"차반(借盤)하여 풀이하는데도 의외로 세밀한 부분까지 해석이 가능하다니 정말 대단하십니다. 그런데 자녀는요?"

"오주괘에 나타나 있는 부분을 살펴보면 당신에게는 남매가 아주 무탈하게 성장하고 있으며, 큰 아이는 어머니를 닮아서 예쁘네요. 아이들이 몇 살인가요?"

"딸아이는 壬戌년에 태어났으며, 아들은 甲子년에 태어났습니다."

"따님이 지금 하고 있는 일은 안정적이고 아주 가까운 남자 친구가 있는데 서로의 감정이 안정적이네요. 근무하는 곳은 시외이고 성격은 정직하고 보수적이니 따님에 대해서는 걱정할 필요가 없겠습니다. 아드님은 작년에 이동할 수 있는 계기가 있었네요. 그의 성격은 활발하고, 총명하고, 부지런한데 노는 것만을 좋아하다 보니 학교 성적은 보통수준이고 당신과의 관계가 좋지 않습니다. 그의 학교생활은 작년에 비해서 올해는 안정될 수 있습니다."

이와 같은 방법으로 처와 자녀의 성과 궁의 위치를 배합하고 육친의 출생년도를 대입하여 종합적으로 정리하고, 월령과 분주의 변화를 장악해서 해석한다면 비로소 명리학의 진수(眞髓)에 깊이 빠져들게 될 것이다.

"당신과 함께 나눈 속 깊은 대화는 나로 하여금 명리현학(命理玄學)에 대해서 더욱 깊이 알게 되는 계기가 되었습니다. 명리현학은 타고나야 가능하다고 하는데, 중년에 실업자가 되어버린 내가 이 업종에서 일을 해도 되겠습니까?"

명리현학의 근원은 이미 오래전부터 흘러 내려오면서 5천 년이란 오랜 세월 동안 아직까지도 쇠하지 않았는데, 언제 명리학이 세상의 지혜롭지 못한 사람이 알게 되어 그들의 재(財)를 탐하고 색(色)을 탐하는 수단으로 사용되었는지는 모르겠고, 일반적으로 사람들은 '명리학의 이론을 인정할 수는 없지만, 그렇다고 부정하는 것은 아니다.'라고 말하면서 명리학에 대해서 그저 미신적인 태도로만 대한다. 지금에 이르러서 명리학은 우뚝 솟아 이제는 흔들리지 않고 이 학문이 존재해야 할 이유에 대해서 의문은 없다. 만약에 여러분들이 이 분야에 종사하고 싶다면, 우선은 흥미가 있어야 되고, 명성을 바라면 안되며, 이익을 추구하거나 물질적인 욕망을 가지고 있다면 불가능하다. 공명정대(公明正大)한 마음과 바른 마음을 가지고 진실한 믿음이 있어야 가능하며, 훌륭한 인품과 학식이 있어서 풍부한 인본주의 사상을 경험한다면 비로소 당신을 찾아오는 이들에게 신뢰를 얻게 될 것이다.

6
淺談伏吟
천담복음

복음(伏吟)에 대해서 가볍게 살펴보자.

　복음(伏吟)이라는 것은 중복된 의미를 가지고 있다. 어느 책에서는 복음에 대해서 '복음반음(伏吟反吟)이면 눈물을 흘린다.' 라는 말이 있는데 이 의미는 복음이라는 것은 불길한 징조로서 이해를 하면 된다.
　전통적인 방법으로 해석할 때 복음은 상복(喪服)을 의미한다. 그래서 복음이 있으면 본인이나 가까운 가족으로 인하여 상복을 입게 된다는 해석도 가능한 것이다.
　만약 원국에 이미 복음이 있는데, 다시 월에서 복음에 해당하는 글자가 들어오면 그 영향력은 더욱 강화될 수 있다. 예를 들어 원국에서 비겁성 복음이 있는 경우에는 형제자매가 위험한 일이 발생할 수 있으므로 미리 예방하라고 할 것이고, 인성이 복음인 경우에는 어머니나 할아버지께 위험한 일이 발생할 수 있으니 주의해야 할 것이고, 재성이나 처궁이 복음(伏吟)이라면 아내에게 위험한 일이 발생할 수 있으니 주의해야 한다고 할 것이다. 나머지 십성에 대해서는 육친대입법으로 유추하면 될 것이다.
　내가 그 동안 상담해 온 자료들을 정리해 보았을 때, 복음의 의미는 상복을 입는 것 이외에 아래에 열거한 부분에도 적용이 가능하다.

① 관살이 복음이면 일이 뜻대로 되지 않거나 직장이동이 발생한다.

② 재성이 복음이면 재물을 잃게 되거나 재물과 관련된 문제로 번뇌가 발생한다.
③ 인성이 복음이면 문서와 관련된 문제가 발생하고, 멀리 이사 갈 수 있다.
④ 식상이 복음이면 투자문제에 대한 판단에 착오가 발생하며, 자유롭게 활동하지 못하고 통제를 받게 된다.
⑤ 자녀성과 자녀궁이 복음이면 임신이 가능하고, 반대로 유산도 가능하다.

음력 2006년 9월 1일 X시 X분					
分柱	時柱	日柱	月柱	年柱	
偏印	偏印	我	偏財	食神	十星
壬寅	壬申	甲申	戊戌	丙戌	干支
比肩	偏官	偏官	偏財	偏財	十星

어느 날 중년부인이 책을 읽은 독자라며 나를 찾아와서 애정문제를 물었는데, 그 내용은 남자 친구가 양다리를 걸치고 있는지 살펴봐 달라는 것이었다. 바람피우는 것이나 삼각관계에 대해서는 매우 조심스러우며 신중하게 답변해야 할 부분이다. 왜냐하면 자신이 무심코 던진 말 한마디가 그들의 부부관계나 연인사이의 애정관계에 큰 영향을 줄 수 있기 때문이다.

가령 오주괘에서 바람을 피울 수 있는 조짐이 나타나 있다면 괘를 해석함에 있어서도 조심스럽게 말을 건네야지 과장된 단어를 사용해서는 절대 안되고 쓸데없는 말로 상처 주는 이야기는 피해야 한다.

과거에 오주괘의 애정관계 풀이를 정확히 맞추었다면, 그것은 단지 하나의 실례가 증가할 뿐이지만 만약 잘못 판단하게 된다면 그로 인하여 한바탕 수습하기 곤란한 분쟁이나 소란을 야기 시킬 수 있게 된다.

중년부인이 질문한 시간에 얻어진 오주괘를 살펴보도록 하자.

괘국에서 甲木이 앉은 자리인 申金은 복음이고 다시 분지 寅木과는 형충

(刑沖)이다. 이러한 형상에 대해서 옛날 고시(古詩)에서는 '일지가 망신(亡身)이나 겁살(劫殺)이면서 다시 형충(刑沖)하면 남녀 간의 만남은 흉하니……완벽한 사람이라고 하더라도 모름지기 진실하지 못한 부분도 있을 수 있으니 결혼에 대해서 다시 한 번 신중히 검토해보고 결정하여라.'라고 하였다. 여기에서 일지는 편관으로 그녀는 매우 고집스럽고 기개도 있으며, 급한 성격에다 승부욕도 매우 강하기 때문에 부부관계가 화목하기 힘겨운 형상이다.

이 오주괘에는 편관이 두 개 있는데, 하나는 일지에 있고 다른 하나는 시지에 있다. 이 편관이 분지 寅木과 沖이 되었으므로 당신에게는 남자 친구가 한 명 있다는 것을 의미한다.

여기에서 또 다른 의미도 찾아볼 수 있는데 그것은 바로 연지와 월지에 있는 두 개의 재고(財庫)이다. 이 속에는 하나의 현묘한 이치가 숨겨져 있는데, 이를 살펴보면, 戌土의 고(庫)에는 辛金이 암장되었고, 또 복음(伏吟)까지 있으므로 나쁜 조짐이 나타날 것으로 해석을 할 수 있게 된다.

《三命通會(삼명통회)》의 36권 「金玉賦(금옥부)」에는 '사주에서 관살이 묘(墓)에 들어가면 남편성은 저승간지 오래 되었다.'라는 구절과 '재성이 묘(墓)에 들어가면 반드시 아내와 형(刑)이 된다.'라는 구절이 있으니, 이와 같은 도리로서 관살이 묘(墓)에 들어가면 반드시 남편과 형(刑)이 된다는 말이 가능하겠다.

내가 오주괘를 해석해 놓고 나서 부인에게 한 가지 물었다.

"부인 이혼하셨습니까? 아니면 사별(死別) 하셨습니까?"

"6년 전에 남편을 교통사로로 잃었습니다. 그리고 작년에 지금의 남자를 알게 되었습니다."

오주괘에서 모두 양(陽)으로 구성이 되어져 있으며 편재가 투출되어 있고 왕성한 재성이 관살을 생해 주고 있다.《千里馬(천리마)》에서 '왕성한 재성이 관살을 생조하면 남편의 권리를 빼앗는다.'라고 하였는데, 이 오주괘는 모두 양(陽)의 성분으로 이는 타고난 성품은 공명정대(公明正大)하고, 성격이 강직하고 적극적이며, 결단성이 뛰어나다. 편관의 성분이 강하므로 이러한 사람은 부지런하고 다소 급한 성격으로 화를 잘 내기 쉽다. 편재가 투출된 것은 업무처리 능력이 대범하고 매우 시원스러우며 정의를 중히 여기지만 재물은 가볍게 여기게 된다.

이상의 부분들을 종합 정리하여 부인에게 이야기를 하였다.

"당신의 모습은 아름답고 우아하지만, 한 가지 아쉬운 점이 있습니다. 그것은 여성 특유의 부드러움이 보이지 않다는 것입니다. 당신은 미모로 사랑하는 사람의 마음을 장악하려고만 하는데 부드러움으로도 강한 남성을 사로잡을 수 있다는 사실을 잊어서는 안됩니다."

오주괘에서 드러난 부분에 대해서 좀 더 살펴보면,

"당신은 등과 허리가 불편하실 겁니다. 아마도 신경통의 고질병이 있을 것으로 해석이 됩니다."

甲申일주가 시지의 申金과 복음이고, 두 申金은 또 월지 戊土 속에 암장된 酉金과 공협(拱夾)하여 申酉戌로 금국(金局)이 되므로 金의 기세가 더욱 증가한다. 甲木은 비록 분지에 寅木이 있어서 녹(祿)을 얻었지만, 金의 충극(沖剋)에 저항할 힘이 역부족이다. 그러므로 金이 이기고 木이 패하므로 이러한 경우에는 木에 해당하는 신경계통의 질병이 발생할 우려가 있음을 의미하게 된다. 즉, 좌골신경통의 질환이 될 수 있으니 허리가 시큰거린다거나 등에도 통증이 있는 상황이라고 해석하게 되는 것이다.

"제 성격이 승부욕이 강하고 실패라는 것은 인정하지 않는 편입니다. 이성과 사귐에 있어서도 손해를 보아서도 안되고, 실패해서도 안된다고 생각하는 것이 도무지 고쳐지지 않습니다."

말을 마치고 잠시 깊이 생각한 후에 다시 말을 이었다.

"그런데 선생님께서는 왜 남자 친구의 이성 관계에 대해서 이야기 해 주시지 않으시는 겁니까?"

"두 분 모두가 강한 성격이고, 또 항상 작은 일로 말다툼을 하면서도 서로간에 한 치도 물러남이 없으니 사이가 나빠지는 것을 모면하기는 어려울 것 같습니다. 이러한 상황에서 부인이 자꾸만 남자 친구분의 이성 관계에 대해서 집요하게 물으시니 그저 괘상에 나타난 바에 의거하여 살펴보도록 하겠습니다. 부인도 오주괘의 의미를 어느 정도 살필 줄 아시니, 나중에는 자평명리학을 연구하실 것으로 보입니다."

괘상을 살펴보면, 일간 甲木은 편관 위에 앉아 있으므로 성격이 급하고 강직하며 기개가 있다. 일지가 편관이거나 양인(羊刃)에 해당하면 이 사람의 남자 친구는 기개가 있고 강경하며 승부욕이 매우 강한 성격이다. 괘국의 남편궁이 복음이므로 더욱 잘 들어맞는다. 쉬지 않고 싸우면서도 서로 양보하지 않는 것은 甲木이 분지 寅木의 녹(祿)을 얻고 寅申이 서로 沖하고 있기 때문이다.

바람을 피우는 문제나 삼각관계의 문제를 오주괘에 대입하여 해석을 할 적에는 남편성과 남편궁이 형합(刑合)하는 관계와 다시 세운을 대입하여 변화하는 관계를 보면서 슴이나 화(化)의 관계를 살피면 된다. 다음의 예를 참고하면 도움이 될 것이다.

① 비겁이 많은 상황에서 정관과 슴을 하면, 남편이 바람피우기 쉬우며, 그 대상의 나이와 조건은 아내와 비슷하다.
② 식상이 관살과 슴을 하면 성적인 음욕(淫慾)을 채우기 위한 것으로 그 대상은 자신보다 나이가 어리다.
③ 남편성과 남편궁이 인성을 만나 슴을 하면, 바람피우는 대상은 자신보다 나이가 많다.

"부인의 오주괘에서는 관살과 슴을 하지는 않지만 남편궁과 자녀궁이 복음이므로 당신의 자녀와 남자 친구의 관계가 서로 좋지 않음을 의미하며 이 일로 인하여 부인이 고민하고 있겠습니다. 다시 남편궁의 申金이 복음이고, 분지의 寅木과는 沖이므로 남자 친구와는 함께 동거하지 않고 왕래하는 관계라고 볼 수 있습니다."

부인이 매우 겸연쩍어 하면서 말을 하였다.
"자녀문제로 인해서 우리는 같이 살지 않고 있습니다. 그렇다면 바람피우는 문제는 오주괘에서 어떻게 나타납니까?"
"만약에 이 오주괘에서 卯木이나 辰土가 있으면 바람피울 가능성이 있다고 할 수 있습니다. 卯木과 남편궁의 申金이 암합(暗合)하고, 辰土는 남편성 申金과 三合이면서 묘고(墓庫)이고 재성의 여기(餘氣)이기 때문입니다.

또 하나의 현기(玄機)가 숨어 있는데, 이는 남편궁의 申金은 인성인 戌土가 두 개 있고, 이는 金의 여기(餘氣)이기도 합니다. 이러한 경우에는 申金이 두 개의 가정이 있음을 의미합니다. 또 인성인 戌土 속에는 丁火가 암장되어 있는데 이는 申金의 정관에 해당하므로 남자 친구에게 자녀가 있는 것으로 해석하게 됩니다. 당신의 남자 친구는 당연히 이혼 하신 분이고 자녀도 있습니다."

부인은 필자의 설명을 듣고 나서,

"단지 몇 글자에서 이렇게 많은 내용들이 들어 있어서 자세히 해석할 수 있다니, 정말 상상도 못한 일입니다."

라고 하면서 다시 질문하였다.

"그렇다면, 재고(財庫)가 복음인 것은 어떻게 해석할 수 있습니까?"

"묘(墓)는 또 고(庫)라고도 합니다. 묘고(墓庫)는 오행으로 土에 해당하는 辰戌丑未가 됩니다. 고(庫)는 암장이나 숨겨 두는 것을 의미하니 여기에 형극(刑剋)이 있으면 실종과 죽음을 의미하고 재물이 손상될 수 있거나 망할 수도 있습니다. 심지어는 영혼들의 세계라고 하는 경우도 있습니다."

육친을 오주괘에 대입하여 풀이할 때에, 육친의 성이 묘(墓)에 들어가면, 체력이 약하거나 많은 병이 있음을 상징하고, 만약 형충(刑沖)이 되어 있다면 그러할 가능성이 더욱 높다.

이 괘에서는 편재성이 투출되고 당령하여 재가 왕한 괘국이라면 경제사정이 좋은 것을 의미한다. 하지만 아쉽게도 연지의 戌土와 복음이므로 이로 인하여 강한 것이 아니라 약한 것으로 해석되므로 길(吉)이 아니라 흉(凶)으로 해석하는 것이 옳다. 그러므로 재물에 대해서 논한다면 재물 인연은 좋지 않으며 손재(損財)의 조짐으로 해석이 가능하다.

육친을 대입하는 경우에 괘국에 편재가 투출되어 있고, 앉은 자리는 火의 고(庫)가 되고 복음이므로 이러한 경우에는 아버지에게 위장병이 있는 것으로 풀이하고, 재성이 천간에 투출되지 않고, 단지 지지에 복음만 있거나 묘고(墓庫)에 들어 있다면 더욱 흉(凶)한 의미가 된다.

"선생님께서 지으신《八字神機妙卦(팔자신기묘괘)》의 내용 중에 신기하기도 하고 영험하기도 한 이야기들이 많아서 사실 처음에는 괘를 놓고 앞뒤로 꿰어 맞춘 것이라고 생각했습니다. 그런데 오늘 선생님께서 해석하는 방법을 보니, 명리학으로 어쩌면 이렇게 정교한 학문의 이치가 가능한지를 이제야 알게 되었습니다."

두 사람이 알게 된 것은 '연(緣)'이라 하고, 그들이 결혼하게 되면 '분(份)'이라고 한다. 행복한 결혼생활은 결코 하늘이 좋은 인연으로 맺어 주어서 이루어지는 것도 아니고 더욱이 신선이 짝을 지어주어서 되는 것도 아닌 서로 간의 노력을 통해서 함께 계획하고 운영하면서 얻어지는 것이다.

결혼생활이 불행하다고 하는 이들을 보면 스스로들 속이고 꺼리면서 지나치게 의심한다. 그러므로 행복한 결혼생활을 위해서는 한 사람만을 믿고 그 사람의 마음이 흔들리지 않도록 온 정성을 쏟아야 하는 것이다.

7
卦理求眞莫存疑
괘리구진막존의

괘의 이치로서 진실을 추구함에 있어서 의심하지 마라.

  사람이란 경험의 산물이다. 우리는 사람이나 일이나 물질을 보는 방법에 대해서 항상 자기 자신이 알고 있는 과거의 경험에 한정시킨다. 그러므로 우리가 인정하는 많은 사실들은 대부분 개인의 편견일 수 있게 된다. 주관적인 의식이 강한 사람일수록 편견은 더욱 깊어질 수 있으며 사람과 사람사이의 오해(誤解)나 충돌(衝突), 시기(猜忌) 등은 바로 편견에서 발생하게 되는 것이다.

  2006년 6월 10일 자정에 필자는 KK와 그의 홍콩친구들과 함께 구룡일가라는 유명한 해물샤브샤브집에서 야식을 먹었다. 술잔이 몇 차례 돌았을 즈음에 소류(小劉)가 말하길,

  "대만에서 명리 선생님께서 오셨는데, 우리 아량(阿良)에게 한 말씀 부탁드립니다."

  "선생님께서는 방금 수업을 끝내셨기 때문에 푹 쉬셔야 돼"

  라고 KK가 먼저 답을 하였다.

  보통은 식탁 위에서 이런 정황을 만났을 때에는 필자는 그 당시 시간의 조짐으로서 머릿속에 오주괘를 만들어 놓고 거기에 관상을 참고해서 이들을 종합하여 풀이를 하게 된다. 머릿속에 오주괘를 그려 놓고 아량의 관상을 보고나서 말하였다.

"만난 것 또한 인연인데, 무엇이 궁금하시오?"

아량이라고 불리는 남자가 겸손하게,

"저는 올해 마흔 한 살 乙巳생입니다. 선생님 한 말씀 부탁드립니다."

"당신의 성격은 강직하고 일을 함에 있어서 매우 부지런하고 진지합니다. 또한 책임감이 있고, 부부의 애정은 좋은 편이나, 안정적인 일이 아니어서 환경이 항상 바뀌다 보니 하는 일을 바꾸려고 하는 것 같습니다. 월급은 대략 1만 5천 달러(HKD) 정도는 되겠습니다."

"저는 아직 미혼입니다. 하는 일은 집안에서 운영하는 회사에 근무하고 있어서 안정적이나 월급은 매우 적습니다. 대략 1만 달러(HKD)도 못 받습니다. 그러다보니 가정을 꾸려나갈 엄두도 나지 않아서 감히 결혼할 생각도 못하고 있습니다."

아량의 대답에 필자는 도무지 어느 부분이 틀렸는지 알 수가 없으니 계면쩍을 수밖에 없었다.

"이상하네. 오주괘가 맞지 않아도 이렇게까지 다른 답이 나온다는 것은 불가능한데."

KK를 바라보면서 갸우뚱거렸다. 필자는 그가 무언가 여기에 대한 답을 줄 수 있기를 간절하게 바랬다.

KK가 양손을 벌리고 웃는 듯 마는 듯 하면서 입을 열었다.

"이론상으로 살펴보았을 때 이렇게 맞지 않을 이유가 없습니다. 자, 여러분 괘국을 자세히 살펴보고 다시 한 번 이야기 해봅시다."

필자는 머릿속으로 계속 오주괘를 살피고 또 살펴보았다. 그리고 아량의 관상까지도 다시 자세히 살폈다. 부처궁(夫妻宮)은 손상되지 않았고, 간문(奸門)에는 오목한 곳이 없으며, 역마궁(驛馬宮)은 보일 듯 말듯하고 정맥은 움직이고, 코에는 청기가 나타나 있었다. 이러한 형상들은 아량의 괘상과도 매우 부합되는데, 어째서 해석한 결과에서 이렇게 큰 차이가 날 수 있을까? 평소에 밥 먹을 때 필자는 식탁 위에서 오주괘를 풀이하는 경우는 극히 적은 편이다. 이번에는 다시 신중하게 답을 얻기 위해서 어쩔 수 없이 메모할 수 있도록 필기구를 가져다 달라고 KK에게 번거로운 부탁을 하였다.

괘국은 다음과 같다.

음력 2006년 6월 11일 X시 X분					
分柱	時柱	日柱	月柱	年柱	十星
食神	食神	我	偏印	比肩	十星
戊午	戊子	丙申	甲午	丙戌	干支
劫財	正官	偏財	劫財	食神	十星

괘국을 다시 한 번 자세히 살핀 후에 필자는 아량에게 말하였다.
"당신이 미혼이라구? 그런데 오주괘에 나타나 있는 것을 보니 당신에게는 아리따운 여자가 있는 걸. 그리고 당신들이 함께 산지는 2년이나 4년은 되지 않았소?"
"4년요."
"두 사람은 4년 동안 동거하였고, 동거라는 것이 혼례식만 치루지 않았을 뿐인데 결혼한 것과 무슨 차이가 있소?"
申金 재성과 시지의 子水가 합한 것은 동거를 의미한다. 동거한 기간을 2년 혹은 4년이라고 한 것은 격위법(隔位法)에서 얻은 것이다.
"41세를 일미활용(一尾活龍)의 상이라고 하여 이것은 단지 말만 그렇게 할뿐이고, 사실 당신이 결혼적령기가 지났는데도 결혼식을 올리지 않은 이유는 고부간의 갈등이 가장 큰 원인으로 보입니다."
처궁과 부모궁이 서로 충극(沖剋)이 없으므로 고부간의 사이가 나빠지는 않다고 할 수 있으나 午戌합하고 申子합하여 水火의 대립이 있는 상황이다. 이렇게 연월과 일시가 충극(沖剋)이 되면 그 사람의 고부관계는 서로 부합되지 않는다. 이렇게 연월과 일시가 균형을 이루고 있는지의 여부로서도 판단이 가능하다.
소류가 옆에서 한마디 거들었다.
"맞아요. 확실하진 않지만, 고부간의 문제가 가장 큰 원인이에요."
아량이 말을 이었다.

"이것은 다만 하나의 작은 원인일 뿐이고, 사실 가장 큰 원인은 돈이 없다 보니 결혼하자는 말을 하지 못하고 있습니다. 매월 수입이 5~6천 원[홍콩 달러] 정도 밖에 안되다 보니 나 하나 먹고 살기도 힘든데 여기에 아내까지 보태게 되면 돈 한 푼 모으기 어려울 것입니다."

"당신은 지금 한 가지만 고집스럽게 생각하고 있군요. 지금 결혼하여 두 사람이 생활하는데 당신의 월급으로 가정의 생계를 유지하기 어렵다고만 생각해서는 안됩니다. 아내가 당신에게 시집와서 돈을 벌어 보태게 되면 돈이 더 들어가는 것이 아니지요. 당신이 분명 알아야 할 것은 아내는 남편이 출근한 다음에 빨래하고 청소하지, 거기에 세끼 식사를 준비하고 부모도 보살필 것입니다. 또 당신을 어른으로 대우해 주니 만약에 근무시간을 계산하여 가치를 환산한다면 이것이 가장 돈 버는 투자이지 절대 손해 보는 사업은 아닙니다."

"그리고 월급은 내가 아무리 계산해 봐도 1만 5~6천 달러(HKD) 정도는 되겠는데 왜 당신은 5~6천 달러(HKD)만 번다고 하는 건가요?"

KK가 마침내 침묵을 깨뜨리고 아량을 보며 말했다.

"그렇다면 네가 집장만할 때 은행에서 빌린 대출금은 어떻게 갚고 있어?"

"매달 9천 4백 달러(HKD)씩 대출금을 갚아야 해서, 모두 어머니가 대신 지불해 주고 나서 그 후에 다시 월급에서 공제하고 있어. 대출금만 생각하면 난 구역질이 날 지경이야. 형님을 따라 같이 회사 업무를 본 후부터 형은 온종일 사무실에 앉아서 복이란 복은 다 누리는데 나는 허구한 날 돈 벌기 위해서 힘들게 여기저기 바쁘게 뛰어다니고 있단 말이야. 그런데 형이 나의 월급에서 대출금까지 공제해 버리다니, 정말 우리 형에게 형제의 우애란 도무지 찾아볼 수가 없다니까."

"그럼 주택대출금하고 월급을 더하면 1만 5천 달러(HKD) 정도잖아. 그렇다면 선생님께서 말씀하신 금액과 같잖아. 아량 너는 왜 1만 달러(HKD)도 안된다고 말한거야? 너 혹시 선생님의 얼굴에 먹칠하려고 한 건 아니지?"

KK가 농담 섞인 어투로 말하였다.

필자는 다시 아량에게 물었다.

"당신은 무슨 일을 하는데 매일 고생스럽게 여기저기 돌아다니면서 돈을 버는 거요?"

"고서나 골동품을 찾아 헤매며, 매일 시장이나 야시장 이곳저곳을 다니다 보니 생활이 매일 일정하지 않아 힘들 수밖에요."

괘국에서 재성인 申金이 관성인 子水와 合을 하므로 수입은 안정적인 것을 의미한다. 그러나 양인(羊刃) 午火의 겁재성과 시주 정관의 子水가 沖을 하니 가만히 있지 못하고 돌아다니게 되는 것이다. 거기에다 연지 戌土와 월지 午火가 合하여 火가 되고, 일지 申金과 시지 子水는 合하여 水가 되니, 즉 연월과 일시의 두 자리의 힘이 충돌하게 되는 것이다. 그래서 내가 일이 불안정하거나 움직임이 많은 일로 해석하게 된 것이다. 결과적으로는 수입은 안정적이지만 일은 힘들고 바쁘게 뛰어다니는 형상으로 이해하면 된다.

오주괘에서 암시하는 조짐을 이끌어 내는데 있어서 100% 정확할 수는 없다. 하지만 크게 그 문제에서 벗어나지는 않으며, 틀린 것을 가지고 그럴싸하게 장식해서 해석하거나 기교를 부린다고 해서 스스로 그 말에 만족하기는 어려울 것이다.

아량의 오주괘 풀이를 듣고 나서 KK가 나를 대신해 아량에게 말하였다.

"너는 직업이 안정적이지만 하는 일은 불안정하다고 해석할 수 있어. 괘상에 나타난 것을 살펴보면 역마가 동하거나 혹은 불안정하다는 의미가 매우 부합되는 이치인걸."

소류가 아량을 보고 말했다.

"너의 답을 듣지 않았거나 만약에 선생님께서 명리학식(命理學識)과 경험이 풍부하지 않으셨다면, 오늘 너에게 제대로 망신당하실 뻔 하셨잖아. 너는 적당한 기회를 만들어서 선생님께 가르침을 청하는 것이 마땅해. 그렇지 않으면 선생님의 소중한 시간을 낭비시킨 것이 되어버리니까. 명심해!"

아량이 선생님을 바라보며,

"선생님께 한 가지 여쭙겠습니다. 저에게는 사실 마음속 깊숙히 의문이 하나 있습니다. 그것은 바로 여동생이 왜 죽었는지에 대해서 입니다. 팔자로써는 해석할 방법이 도저히 없는데 혹시 오주괘로써 그 답을 찾을 수 있을까요?"

"오주괘를 좀 더 자세히 살펴보면, 당신의 모습은 어머니를 닮았습니다. 타고난 본성이 총명하고, 성격도 강직하며 기개가 있고 완고한 편이군요. 형과의 관계는 그리 좋지 않아 보이고, 항상 동생을 그리워하는데 형제간의 우애를 돈독하게 다지시기를 권해 드립니다.

'사람이 죽으면 다시 살아나지 못한다.'라고 하였으니 만약에 당신의 여동생이 살아 있었다고 한다면 당신 형제들이 이렇게 화목하지 않은 것을 바라진 않을 것이오."

사랑스런 누이동생 午火는 양인(羊刃) 겁재성으로 용신이 되며 午火는 연주 戌土와 合이 되었고 고(庫)에 들어갔다.

"고서에 나온 말로 '양인(羊刃)이 沖이 되고, 合하여 고(庫)에 들어가면 그 사람은 흉(凶)하게 죽는다.'라고 하였으니 이대로 해석한다면 사랑스런 누이동생은 1996년[丙子] 혹은 2000년[庚辰]에 피를 뿌리는 재앙으로 사망하였을 것입니다."

아량이 고개를 끄덕이며,

"모든 것이 다 운명이고 제 마음대로 되지 않는다는 것을 알고 있습니다. 선생님의 말씀대로 10년 전에 여동생이 교통사고로 사망하였습니다. 지금의 이 오주괘를 살펴서 얻은 답이 이렇게 맞을 수 있다니 정말 탄복할 수밖에 없네요.

그동안에 모든 일들은 마음대로 되지 않고 저를 힘들게 했습니다. 그리고 나를 지지해 주던 여동생까지 내 곁을 떠나 멀리 가버렸습니다. 그러다보니 전에는 하느님이 불공평하다고 생각하였습니다. 그러나 이제야 어둠 속에서 한 가닥의 보이지 않는 힘이 나를 조종한다는 것을 깨닫게 되었습니다."

아량이 잠시 깊이 생각한 후에 말을 이었다.

"마지막으로 선생님께 한 말씀 더 청합니다. 저는 무엇을 주의하면 되겠습니까?"

"모든 환경이나 경제가 어려운 것이 단지 당신과 나만의 일은 아닙니다.

힘들지만 분발해서 무언가 일의 해결점을 찾아가면서 열심히 하세요. 사람의 힘을 다하고 하늘에게 운명을 맡기면 된다고 하지 않습니까? 그 나머지는 인연이려니 하세요. 지금 당장 중요한 것은 무엇보다도 당신의 건강에 대해서 주의를 해야 됩니다.

얼굴을 살펴보면 연(年)과 수(壽) 위에 검은 기운이 넓게 퍼져 있으니 이러한 사람은 고질병인 위장병이 있고, 또 코 부위에 붉은 기운이 나타나면 장과 위가 나쁜데, 지금 당신이 정신없이 술 마시는 것으로 보아서 내가 확신하건데, 당신은 내일 설사로 화장실에 드나들게 될 것입니다."

눈에 힘이 없는 상태에서 흰자 부위는 충혈 되었고, 청황색을 띠고 있으니 이러한 경우에 관상학의 이론에 의거하면 간 기능이 떨어진다고 하게 된다. 상이 이러한 경우에는 신경이 쇠약하고 정신질환이 있을 수 있으며 쉽게 피로해지는 경향이 있다고 해석하게 된다.

이상과 같이 살펴보았는데 모든 것을 종합하여 정리하면 아래와 같이 살펴볼 수 있다.

① 甲木은 뿌리를 얻지 못하였고 당령도 하지 못한 채 설기가 너무 지나치다. 이러한 사람은 간담기능의 활동이 좋지 않다.
② 오주괘 전체가 火의 세력이 왕성하고 土는 메말랐으니 이 사람은 위경련의 질병이 있을 수 있다.
③ 시주의 戊子와 분주의 戊午는 천비지충(天比地沖)으로 시지와 분지가 충극(沖剋)이다《三命通會(삼명통회)》의 「疾病篇(질병편)」에서는 '급성장염이나 콜레라, 설사, 탈장, 소장의 질병은 壬癸亥子가 손상 받으면 발생한다.'라고 하였다.

아량이 감탄하였다.
"우와, 이렇게 내가 배가 아픈 것까지도 모두 정확하게 알 수 있다니 정말 놀랍습니다."
"지금 이러한 내용들은 강의실에서는 공부할 수 없는 지식입니다. 선생님의 이야기를 들으면서 생강은 묵은 뿌리가 맵다는 것을 다시 한 번 알게 되었습니다. 저도 오늘 아량이 여자 친구와 동거한다는 것을 알게 되었으나 그가 미혼이라고 하였다면 저 역시 그 사실에 대해서 반박할 방법은 없었습니다. 그러나 결혼식을 하지 않았지만 4년 동안 동거하였다는 것을 아량이 이야기 해 주는 바람에 스스로 미혼이라고 하였던 말에 대한 의문이 해결되었습니다.

이 오주괘에 대해서는 이제 내 마음속에는 의문점이 하나도 없습니다. 더불어 선생님께서 논리적으로 타당성 있게 설명해 주신 덕분에 저는 두 손 두 발 다 들었습니다. 그런데 공부하는 학생으로서 질문이 하나 있습니다. 이전에 강의실에서 선생님께서 말씀하시기를 子午는 싸움을 의미하기도 하지만, 寅申巳亥冲과 같이 교통사고로도 해석이 가능하다고 하셨습니다. 아량의 누이동생은 분지의 午火인데 시지의 子水와 子午沖이 되어서 십성과 궁의 추단이론에 적합하므로 이것은 전형적인 교통사고로 인한 것이라고 할 수 있는데 왜 선생님께서는 혈광지재(血光之災)라고 하신 겁니까?"

라고 옆에서 이야기를 듣고 있던 KK가 물었다.

"육친을 대입하여 해석하였을 때 많은 변수가 나타나지. 사실 혈광지재(血光之災)라는 단어는 심혈관질병과 교통사고나 이외의 수술로 인한 출혈과다 등을 모두 포함하니 교통사고라는 말보다는 더욱 광범위하다고 할 수 있으므로 혈광지재(血光之災)라는 말을 사용한 것이네."

이러한 방법은 더욱 합리적인 해석방법이라고 할 수 있으며, 그래서 필자는 항상 수업을 할 때 말을 너무 자세하게 할 필요는 없고, 상황에 따라서는 어느 정도의 여지를 남겨두고 끝을 내는 것이다.

◆ 생각해 볼 문제
1. 어찌하여 형이 권력을 장악하였다고 하였으며 형제간에는 화목하지 못하였을까?
2. 아량이 어머니를 닮았다고 한 이유는?

8

[失物-1] 遺失之苦
[실물-1] 유실지고

잃어버린 후에 남는 고통

　인생이란 얻는 것이 있으면 반드시 잃는 것이 있고, 좋은 일이 있으면 나쁜 일도 있고, 맑은 날이 있으면 반드시 비 오는 날도 있기 마련이다. 하느님은 절대로 당신만을 보살펴 주지 않으며 그렇다고 당신만 고통스럽게 하지도 않는다. 설령 당신에게 재난(災難)이 발생하였더라도 하느님이 당신만을 겨누어서 일어난 것은 아니다. 만약에 당신이 무언가를 잃어버렸고, 잃어버렸다는 것을 당신이 알게 되었을 때, 모든 시선을 당신의 물건에 집중시켜서 아무도 가져갈 수가 없게 된다면 그 물건은 조만간 당신에게 돌아오게 될 것이다.
　반대로 잃어버린 줄도 몰라서 찾아야 할 생각도 하지 못하였는데, 그 물건이 오랜 시간 어딘가에 있다가 기적처럼 나타났다고 하더라도 이것은 당신 것이 아니다. 설사 찾으려 했어도 찾을 수 없을 거고 찾는다고 해도 바로 사라져 버리게 될 것이다.
　불가에서는 '인연이 있으면 얻게 되는 것이고, 잃어버리는 것은 인연이 다함을 의미하듯 각각의 인연이 있기 마련이니 부러워 할 필요는 없느니라.' 라는 말도 있다.

[사례 1] 도난당한 차를 찾을 수 있겠습니까?

지난 여름에 ○○보험회사의 유 사장은 물건을 사러 나갔다가 유명메이커인 비싼 승용차를 도난당하였다. 아무리 찾으려고 해도 찾을 방도가 없어서 마음만 애태우다가 결국엔 나를 찾아와 잃어버린 차를 찾을 수 있는지에 대한 여부를 물었다.

음력 2005년 5월 11일 9시 50분				
時柱	日柱	月柱	年柱	十星
傷官	我	比肩	傷官	
乙	壬	壬	乙	干
巳	申	午	酉	支
偏財	偏印	正財	正印	十星

정위법(定位法)으로 풀이하면 승용차는 나를 보호하는 물건이므로 인성으로 분류한다. 그러나 차는 내가 제어하고 장악하는 물건이기도 하므로 또한 재성으로 분류가 가능하다. 이러한 경우에는 상황에 따라서 상호 배합적인 형태로서도 살펴볼 수 있게 된다.

어찌하여 그렇게 보는가?

천지신명은 우리에게 단지 8개에 해당하는 간지의 정보만 제공하지만 해석하는 내용들은 매우 폭넓은 것들을 포함하게 된다. 그러므로 우리는 반드시 질문을 하는 사람이 어떠한 답을 요구하는지 그 부분을 장악해야만 한다.

① 오주괘에서 관살이 보호해 주지 않으므로 찾기 어렵다.
② 午火 재성이 당령하였으므로[재성이 인성을 파괴하는 격] 손재(損財)의 의미를 나타낸다.
③ 午火 재성이 壬水에 개두(蓋頭)되었으며, 壬午가 合이 되어 비견이 재물을 빼앗는 것을 의미한다.

④ 일간 壬水는 申金 위에 앉아 보호를 받고 있다. 이러한 경우에는 오히려 잃어버린 물건을 찾을 수 있다는 희망을 가질 수 있으나, 아쉽게도 시지의 巳火와 巳申이 형합(刑合)하여 겁재성인 水로 화(化)한다. 이렇게 合이 되어 화(化)하면 찾아내기는 더욱 어렵게 된다.
⑤ 연간과 시간에 乙木 상관이 투출되었다. 고서에서는 이러한 경우에 '상관이 관살을 보면 재앙이 많다.'라는 말과 같이 이러한 징조는 경찰 측에서도 범인을 잡아낼 방법이 없음을 의미한다.

이와 같이 살펴본 바를 모두 종합하여 유 사장에게 말하였다.
"승용차를 찾아낼 확률은 매우 떨어집니다. 어서 빨리 이러한 상황을 경찰에게 신고하고, 하늘의 뜻에 따를 방법 밖에 없겠습니다. 만약 12일 이내에 찾지 못한다면, 다시 차량을 구입하는 문제에 대해서 고려해 보셔야 되겠습니다."

여러분들도 알겠지만 그가 경찰에게 알리고 종교에 도움을 구하라고 한 것은 심리적인 의미일 뿐이므로 여기에 대해서 너무 구체적으로 말하지는 말아야 한다. 만약에 그가 아꼈던 차를 찾게 된다면 당신에게 공덕이 조금이라도 있다고 할 수 있을 것이다. 하지만 그 전에 어떠한 방법이든 강구해서 귀인(貴人)이 어느 방향에 있다는 것을 알려 주어 서로에게 다 좋은 결과를 얻을 수 있도록 만들어야 한다.

◆ 생각해 볼 문제
왜 12일 안에 차량을 찾지 못하면 다시 차량을 구입하는 것에 대해 생각해야 한다고 하였을까?

[사례 2] 잃어버린 지갑을 찾을 수 있겠습니까?

음력 2005년 8월 27일 21시 40분					
時柱	日柱	月柱	年柱	十星
偏財	我	偏印	偏印	
辛亥	丁巳	乙酉	乙酉	干支
正官	劫財	偏財	偏財	十星

괘상을 풀이할 때에는 가장 뚜렷하게 나타나 있는 것을 먼저 장악해야 한다.

① 재성이 복음이면 이는 근심스러운 일과 변동(變動)이 발생한다.
② 인성이 복음이고 절지(絶地)에 앉아 있으면 이 인성은 보호해 줄 능력이 없다.
③ 酉金 편재성이 巳火 겁재성과 合한 것은 움직임이 있는 편재가 合이 된 것을 표시하므로 이러한 경우에는 지갑이 이미 다른 사람에게 있는 것으로 해석이 가능하다.
④ 오주괘는 시간을 장악하는 것이 가장 정확하게 풀이할 수 있는 방법이다. 분이나 시에서 가장 신기하고 영험한 부분이 나타나기 때문이다. 여기에서는 시주 辛亥와 일주 丁巳는 천극지충(天剋地沖)이면서 편재성이 투출되었는데 이는 상관 亥水에 앉아 있으니 또한 봉충(逢沖)이니 이러한 형상은 재물을 잃어버리는 손재(損財)의 상이다.

이와 같이 4가지 사항을 모두 정리해 보면 결국에는 잃어버린 물건은 찾기 어려운 것으로 결론을 지을 수 있다.

[사례 3] 오토바이를 찾을 수 있겠습니까?

음력 2006년 6월 12일 22시 X분					
分柱	時柱	日柱	月柱	年柱	
比肩	偏財	我	偏印	劫財	十星
丁酉	辛亥	丁酉	乙未	丙戌	干支
偏財	正官	偏財	食神	傷官	十星

 이 오주괘는 [사례 1]에서 차를 잃어버린 것에 대한 것과는 용신이 다르다. 이 오토바이에 대해서는 용신을 재성으로 삼고 해석하는 것이 가능하다. 일반적으로 승용차는 쇠가 사람을 감싸기 때문에 보호하는 효과가 있다고 하지만 오토바이의 경우에는 사람이 쇠를 감싸기 때문에 내가 조작한다는 의미는 같지만 이러한 부분들을 고려하면 해석하는 방법은 다르다.
 이 오주괘는 하나의 표준적인 겁재의 괘상으로 잃어버린 물건을 찾을 방법이 전혀 없는 상황이다.
 고서(古書)에서는 '복음반음(伏吟反吟)이면 눈물을 흘린다.'라고 하였는데 일주와 분주가 丁酉로 편재가 복음이므로 이러한 경우에는 근심거리가 가득하거나 재물의 변동(變動)을 의미한다. 《繼善篇(계선편)》에서는 '시(時)에 편재가 있는 경우에는 형제를 만나는 것이 두렵다.'라고 하였으니 이를 이 괘국에 넣어서 해석하게 되면 시간의 편재 辛金은 많은 사람들의 재물을 의미한다. 그런데 분간에 비견 丁火를 만났으니 즉 형제자매간에 재물을 쟁탈(爭奪)할 가능성을 나타낸다.
 고인들이 가결(歌訣)을 쓸 때에는 항상 간단한 어휘를 사용하지만 그 속에는 깊은 뜻을 포함하니 헤아리기 쉽지 않다. 숨겨진 뜻은 너무 깊은데 그 의미에 대해 자세히 설명해 주지 않아 백화문(白話文), 화성문(火星文), 옛날의 문언문(文言文)등을 요즘 사람들이 배우고 연구하는 과정에서 수많은 곤란함과 어려움에서 벗어나지 못하고 있다. 심지어는 잘못 해석하거나 거짓으로 그 뜻을 추측해서 헤아리며, 없는 뜻을 덧붙여 해석하고 인용하다 보니 참 뜻을 잃어가고 있는 실정이다.

　내가 과거의 이론을 학습하고 연구해 오는 과정 속에서 누적된 경험에 의하면 먼저 현대의 명리학을 연구하고 그 다음에 고시부(古詩賦)나 가결(歌訣)을 다시 연구하고 옛날의 논리와 요즘 풀이한 것을 같이 연구한다면 비로소 더욱 진일보한 깨달음과 계시가 있을 것이다.

9
[失物-2] 尋獲之樂
[실물-2] 심획지락

잃어버린 것을 찾았을 때의 즐거움

 오주괘 원국의 이론적인 상징은 쇠왕(衰旺)과 용신(用神)을 버리는 것이다. 이것은 우리의 전통적인 명리학의 해석 방법과는 같지 않지만, 이 부분이 가장 가치 있고 핵심적이라고 할 수 있으며 중요한 이유는 다음과 같다.

① 간지를 독립적으로 분석하되, 간지가 왕상(旺相)한지를 살피고 월지와의 삼각관계를 배합하여 풀이한다.
②"빈주(賓主)"의 논리와 육친의 차반(借盤)으로 대입하여 풀이한다.
③ 십성이론을 사람이나 사건 혹은 물건으로 이끌어 내서 풀이한다.
④ 질문사항에 나타나는 조짐에 대해서는 그 성패의 시간점이 어떻게 장악하고 있는지를 살핀다.

 명리학의 핵심은 음양오행의 균형과 간지 생극제화(生剋制化)의 원리를 추구하는 것이다. 그리고 인사물(人事物)의 인과관계(因果關係)를 다시 배합하여 풀이하는 것이다. 여기에서 꼭 알아야 할 것은 마음으로 그 이치를 깨달아야 하며, 그냥 입으로만 외우고 기억하는 것은 쓸모가 없으니 사대요결(四大要訣)을 민첩하게 활용한다면 명리학의 정수를 확연히 깨닫게 될 것이다.

[사례 1] 잃어버린 만년필을 찾을 수 있겠습니까?

 이번에 소개하고자 하는 오주괘는 이 괘상을 이용하여 만년필을 찾아내는 사례인데 매우 오묘하고 재미있어서 독자들과 함께 생각해 보고자 내가 경험한 내용을 나누려 한다. 이러한 방법은 많은 사람의 지혜를 모으는 효과를 얻을 수 있을 것이다.

음력 2006년 6월 10일 10시 X분					
分柱	時柱	日柱	月柱	年柱	
食神	偏官	我	劫財	傷官	十星
丁酉	辛巳	乙未	甲午	丙戌	干支
偏官	傷官	偏財	食神	正財	十星

오주괘를 해석해보자.

① 잃어버린 물건을 찾을 때 먼저 재성이 어디에 있는지 살펴보아야 하는데 이 오주괘에서는 일간 乙木이 재고(財庫)에 앉아 있으니 이는 재물을 자신이 장악하고 있다는 의미이다. 또한 재성이 천간에 투출되지 않고 암장되어 있는 것은 햇살이 비추지 않는 것을 의미한다.
② 비겁성을 관찰할 때에는 왕상(旺相)하거나 재성과 合되어 있는가를 살펴야 한다. 이 괘국에서는 겁재성 甲木이 사절(死絶)에 해당하는 午火에 앉아 있으므로 재물을 쟁탈할 힘이 없으니 손재(損財)의 의미는 없는 것으로 해석한다.
③ 재성인 未土 속에 암장되어 있는 丁火가 분간에 투출되었고, 십성으로 丁火는 광선을 상징한다. 여기에서 丁火가 酉金에 앉아 있으니 이러한 간지관계에 인사물(人事物)을 이끌어 내면 해석이 가능한데 이 분주의 丁酉는 알루미늄 창문이 된다.
④ 괘상에 의거하여 분주에서 방위를 찾으니 서남쪽에 떨어졌다고 할 수 있다.

⑤ 재성은 관살성의 보호를 받고 있으므로, 십성으로 인사물(人事物)을 대입하면 어떠한 오묘한 기운이 나타나 있는지 알 수 있을 것이다.

이 오주괘는 내가 홍콩에 강의하러 갔을 때, 싱가포르 학생인 KK가 특별히 홍콩으로 나를 찾아와서 만났는데 홍콩의 호텔에서 있을 적에 나와 KK가 이 괘상을 이용해서 잃어버린 물건을 찾아내는 과정이다.

그 내용을 이야기하면 乙未일 아침에 KK가 근심 가득한 표정을 지으면서 필자에게 말을 건넸다.

"어제 저녁에 사랑하는 아내가 저에게 선물해 준 만년필을 잃어버려서 나중에 집에 돌아가 그녀에게 뭐라고 변명해야 될지 모르겠습니다."

"잃어버리다니? 어제 저녁에 샤브샤브집에서 내가 아량에게 상담해 줄 때 자네가 필기하는 것을 분명히 보았는데 무슨 소리야? 비록 좀 술을 마시긴 했지만 잃어버릴 정도는 아니었는데."

"어쨌든 제 모든 짐과 호텔 안을 모두 찾아보았는데, 만년필을 도무지 찾을 수가 없었습니다."

라고 KK가 말을 마치자마자 필자는 바로 손가락을 꼽아가면서 오주괘를 생각한 후에 KK에게 말하였다.

"나침반을 가져와서 서남쪽을 찾아보게."

라고 말을 하자 KK가 궁금해 하며 물었다.

"서남쪽을 찾으라니요? 도대체 서남쪽과 만년필이 무슨 관계가 있습니까?"

"나는 지금 너와 괘상을 이용해서 잃어버린 물건을 찾는 방법에 대해서 토론하는 거야."

"乙酉년에 선생님께서 싱가포르에서 강의하실 때, 그들이 택시의 뒷자리에다 여권과 강의 자료가 든 가방을 그냥 두고 내려서 그들은 크게 긴장을 했었습니다. 그 때 선생님께서는 오히려 그들을 보고 잃어버리는 것은 불가능하니 마음을 안정시키라고 하시면서 조금 시간이 지나면 택시 기사님이 물건을 가져다 줄 것이라고 하였었죠. 이 사건으로 인해서 싱가포르의 명리학계에서는 작은 소동까지 있었는데, 그들은 선생님께서 영통하였다는 이야기도 나왔고 일반 학자들은 명리학의 이치로서 얻어지는 것이라고는 생각하지 못하시더라구요."

"지나간 이야기는 할 필요가 없지."

필자는 계속 말을 이었다.

"오주괘에서 해석하는 방법 중에 가장 영험한 부분은 일간과 시주와 분주가 되고 이들의 움직임을 살피는 것이지. 지금 우리가 얻은 이 오주괘를 이용해서 방위를 찾아보니 물건은 아마도 서남쪽에 떨어져 있을 것이네."

서남쪽에는 방의 창문이 있는데 이러한 부분은 괘상에서 丁火가 酉金에 앉아 있는 상황과 부합이 된다. 여러분도 모두 알다시피 丁火는 광선을 표시하고 辛金은 금속의 물건인 알루미늄 창문을 대표할 수 있으므로 이러한 상이 나타나게 되면 잃어버린 물건은 창문 부근에 있을 가능성이 매우 높다는 것을 의미하게 된다.

KK가 말을 이었다.

"창문 아래에는 2인용 침대뿐이고 베개와 이불 이외에는 아무것도 없습니다. 더구나 제가 방금 구석구석 살펴보았습니다."

"乙未 일주는 앉은 자리가 재고(財庫)라는 것도 주의해야지."

오주괘에 대한 설명을 다해 준 다음에 KK는 무언가 문득 깨닫고 나서 말을 하였다.

"선생님께서 일찍이 말씀해 주셨던 바로는 고(庫)에 들어가면 수장(收藏)의 의미와 같고 어두운 곳에 있어서 보이지 않는 것으로도 해석이 가능할 것 같습니다. 더구나 未土는 木의 고(庫)이고 침상도 되면서 火의 여기(餘氣)도 되고, 다시 火는 木의 식상성이고 움직임을 상징하니 이는 돌아다닌다는 의미도 됩니다. 선생님의 가르침을 받고나서 이러한 형상들을 해석해 보니 물건은 침대 아래에 떨어져 있는 것이 아닐까요?"

"음, 매우 가까이 접근했는걸."

필자의 말이 끝나자, KK가 침대 바닥에 머리를 들이밀고 찾으면서 소리쳤다.

"콩루루~~~!"

이 말은 싱가포르 사람들이 복건성의 사투리를 구음으로 하는 소리로 '없어요' 라는 뜻이다.

이 괘상에서는 하나의 특이한 부분이 있는데 지지의 午戌이 合하고 있는 것이다. 巳午未三會合하고 巳酉도 合하고 있으며 다시 좀 더 자세히 분석해 보면 午戌合도 되고, 巳酉合도 되는데 유독 乙未만 독립적으로 있으니 이러한 형상은 그 물건이 독립적인 개체라는 것을 상징하고 이것은 두 개체 부근의 공간에 있다는 것이다.

KK가 갑자기 질문을 던졌다.

"오주괘에서 보호해 주고 있는 관살은 어떻게 해석할 수 있습니까?"

"그야 편관성을 상징하는 인사물(人事物)을 이끌어 내어 괘국에 적용시켜서 해석하면 되지."

이와 같은 결과를 얻어낼 수 있는 필자에게 놀라워하면서 그가 다시 말을 이었다.

"보호해 주고 있는 관살은 辛金이고 辛金은 백색을 의미합니다. 방의 좌향과 빛이 모두 이 문제와 맞아 떨어집니다. 그래서 흰색을 띠고 있는 벽과 커튼과 침대를 모두 주의해서 살펴보았습니다. 만약에 제가 판단한 것이 틀리지 않았다면 혹시 그 만년필은 커튼 아래쪽의 벽과 침대의 틈 사이에 있지 않을까요?"

필자는 활짝 미소를 지으며 그에게 말했다.

"이미 십성을 깊이 이해하고 있고 해석하는 방법을 터득한 것 같으니 조금 힘을 내어 자네가 생각한 곳에 있는지 확인하여 보게나."

드디어 벽과 침대의 틈 사이에서 만년필을 찾은 KK는 너무 즐거워하면서 말했다.

"선생님 감사합니다. 잃어버리고 나서 다시 찾는 기쁨이 이렇게 큰 줄은 몰랐습니다. 오주괘를 해석하는데 있어서 중요한 것은 어떻게 신의 경지에 도달하느냐는 것인데, 그렇다면 어떻게 연습해야 더 잘 해석할 수가 있을까요?"

"고서를 많이 보고 몰두해서 연구해야지. 자료를 모으면서 통계를 내고 답을 찾아나간다면 스스로 새로운 경지가 세워질 것이고 이렇게 계속 공부해 나간다면 학문은 쌓여갈 것이니 이것이 가장 좋은 방법이 아닐까 싶네."

[사례2] 돈을 잃어버렸는데 찾을 수 있습니까?

음력 2005년 9월 16일 未시				
時柱	日柱	月柱	年柱	
偏印	我	傷官	比肩	十星
癸	乙	丙	乙	干
未	亥	戌	酉	支
偏財	正印	正財	偏官	十星

이 괘는 내가 심양(瀋陽)에 있을 적의 일로 대만에서 사업을 하던 임 선생이 호텔로 찾아와서 상담한 사례이다.

"어제 저녁에 친구들과 저녁을 먹으면서 술을 한잔 하였는데 오늘 깨어나서 주머니에 있던 가죽지갑을 살펴보니 돈이 없어졌습니다."

라고 말을 하며 그는 생각에 잠겼다. 필자는 괘를 자세히 살피고 나서 그에게 말하였다.

"잃어버린 돈이 중국 돈으로 2만 위안 입니까?"

여기에서 2만 위안이라는 금액은 격위법(隔位法)으로 얻은 것이다.

임 선생이 기뻐하며,

"지난번에 뵈었을 때 익히 알고 있었지만 이렇게 제가 잃어버린 금액까지 정확히 알 수 있다니 대단합니다. 금액을 알고 계시니 반드시 찾을 수도 있겠습니다."

"술을 마시면 큰일을 그르치게 될 수도 있습니다. 그런데 당신은 사람들과 술을 과하게 마시고 다음날 깨어 생각해보니 머릿속만 아프고 제대로 기

억이 나지 않는다는 이야기인데, 당신 설마 필름이 끊겼던 것은 아니겠지
……. 괘상을 살펴보니, 분명 당신은 돈을 잃어버리지 않았습니다."
"그렇지만 지금 돈을 찾을 방법은 없습니다. 돈을 잃어버렸다고 어제 저녁에 함께 있었던 친구들한테 묻게 되면 혹여나 잘못 오해할까 싶어서 그냥 벙어리 냉가슴 앓는 냥하고 있습니다."
"돈은 당연히 집안에 있을 것입니다. 동북쪽의 옷장 안이나 혹은 책상 서랍속이나 목제가구 등을 찾아보십시오."
괘를 자세히 살펴보면 우리는 다음과 같은 부분을 읽어낼 수 있다.

① 연주의 비견 乙木은 절지(絶地)인 酉金에 앉아 있고, 또 월지의 戌土와는 반합(半合)이 되어 금국(金局)이 형성된다. 이러한 경우에는 관살이 재성를 보호한다는 의미가 되며, 비겁이 재물을 빼앗아가지 못한다.
② 재성이 시지 未土의 묘(墓)에 들어갔으므로 이는 감추어 두었다는 의미이다. 십성 중에서도 인성의 보호를 받고 있으니 방이라는 해석이 가능하므로 아마도 잘 놓아두었을 것이다.
③ 재성인 未土는 인성인 癸水에게 개두(蓋頭)되었고 그 인성은 일지의 亥水에 통근되어 있다. 또한 이 괘에서는 충극(沖剋)이 없으므로 돈은 집안에서 인성의 보호를 받고 있다는 것을 의미하므로 잃어버릴 조짐은 없는 것으로 판단한다.
④ 시주의 未土 속에는 乙木이 암장되어 있고 이 未土는 木의 고(庫)이기도 하니 십성으로 대입하면 옷장이나 책상이 되는 것이다.

"집안에 동북쪽에는 분명히 옷장이 있는 위치이고 내가 예전에 그 속에다 비상금을 감추어 두었던 경험도 있습니다. 어제 밤에 워낙에 술을 많이 마셔서 잘 모르겠으니 지금 바로 가서 찾아보도록 하겠습니다. 옷장 속에서 찾을 수 있었으면 좋겠습니다."
옛날에 정판교(鄭板橋: 청대의 문인으로 전통에서 벗어나 체제에 구애 받지 않는 시를 쓴 인물로 판교는 그의 호이다)가「難得糊塗(난득호도)」라는 말을 하였는데 이를 그대로 해석하면 '어렵고도 모호하다.' 라는 뜻이다. 그의 이 말을 인

용하면서 '똑똑하여도 어려운 것이 있고 흐리멍덩해서 어려운 것도 있으니 똑똑하다고 생각하게 되면 더욱더 모호해져서 어려워지게 된다.'라고 하였다. 그런데 애석하게도 잘난 척 잘하시는 임 선생이 申시에 전화를 해서 잃어버린 돈은 비상금을 감춰두었던 곳에서 찾았다는 이야기를 해 주었다.

10
求人不如求己
구인불여구기

다른 사람에게 부탁하는 것은 내가 하는 것만 못하다.

시대가 변화하니 사람도 같이 환경에 따라 변화하는 것은 당연하다. 이러한 변화에 적응을 잘 해나가야 하는데 인생이라는 것이 미리 예측할 수 없는 일들이 무수히 많은 것이 현실이다. 직장은 불안정한 상태에서 경기는 나날이 어려워지니 산업은 불경기가 될 수밖에 없다. 그래도 거기에 적응하기 위해서 새로운 제도에 부딪혀 가면서 출근을 하더라도 한바탕 회오리바람이 일어난다.

심하게는 끼니까지도 영향을 미치는 감원(減員)의 현실까지도 두려워해야하니 이러한 상황에서 일부 비관적인 사람들은 이미 좌절을 할 수밖에 없는 상황이 되어버린다. 그러다 보니 눈물을 흘리면서 돌아오는 경우까지 발생하게 되는 것이다. 미래는 자꾸만 불확실해서 정신까지 혼미해지고 결국엔 두려운 상상만 가져다 준다. 사람들의 생활이 충만해야 하겠지만 온통 슬픈 일들과 불안한 일들 뿐이다. 그래도 낙관적인 사람이라면 내일은 좀 더 나아질 것이라는 생각을 가지고 새로운 하루를 맞이할 것이다. 그렇다면 당신은 어떤 부류의 사람인가?

최근에는 무수히 많은 전업주부들이 가정의 경제적 안정을 위해서 직장을 가지는 경우가 많아졌다. 이렇게 전업주부에서 사회 속으로 들어오면서 사람들이 알지 못하는 이야기들은 있기 마련인데, 그 이야기를 들려주고자 한다.

甲申년 子월에 황 여사가 찾아와서는 흐느껴 울다가 돌아갔는데, 그 이후에 어떻게 지내고 있는지 알 수가 없었다. 그 당시의 표정을 생각해 보면, 낙심한 표정으로 무엇이 막막한지 안색이 어두워 보였다. 근심스러운 모습이 필자가 봤을 때 그렇게 심할 수가 없었다.

그 때 그 시간에 황 여사에게 도대체 무슨 일이 생겼던 것일까?

"저는 철재용품을 매수하고 매매하는 일을 하고 있는데 몇 년 동안은 무난하게 운영이 되었습니다. 그런데 환경보호법의 정책이 갑자기 변할 줄을 누가 알았겠습니까? 이 일로 인하여 손실이 너무 많습니다. 생계가 달려 있는 일이지만 도저히 계속 운영을 할 수도 없는 상황입니다. 거기에다 또 재수가 없으려니까 화물차까지 도난당했으니 어쩌면 좋습니까? 공장의 임대료를 내야 할 기간은 다가오는데 돈은 없고, 내 한 몸 의지할 곳도 없으니 지금은 포기하고 훗날 다시 적당한 자리를 모색해서 재기를 할 수는 있을지도 모르겠습니다. 남편은 허구한 날 술 속에 파묻혀서 살고 있습니다. 그러다 보니 관리도 제대로 되지 않고 모든 일들을 전부 이 한 몸이 감당해야 할 상황입니다. 은행의 대출금이며, 내지 못한 임대료며, 아이의 교육비 등을 생각하면 온 몸이 마비되어 오는 듯합니다. 제가 결혼한 지 벌써 10년이란 세월이 흘렀습니다. 그 동안 저는 그저 가정주부로만 살아와서 사회생활을 한지는 너무 오래 되었는데, 지금 이렇게 어려운 시점에서 새로운 삶을 살고 있다 보니 너무 두렵기도 하고 무섭기도 합니다. 때로는 스스로 안정을 취하고자 합니다만 나의 내일이 보이지 않으니 무슨 희망으로 살아가겠습니까?"

라는 이야기를 하였었다.

그로부터 반년이 흐르고 나서 어느 맑은 날 오후에 황 여사가 다시 찾아와서 겸손하게 말문을 열었다.

"지난번에 저에게 가르침을 주시고 격려해 주셔서 정말 감사합니다. 저는 돌아가서 하늘에 먹구름만 가득한 나날을 보냈는데 이제야 다시 선생님을 찾아와서 사업에 관한 문제에 대해 가르침을 청하고자 합니다."

음력 2005년 5월 24일 14시 32분				
時柱	日柱	月柱	年柱	
偏印	我	正印	比肩	十星
癸未	乙酉	壬午	乙酉	干支
偏財	偏官	食神	偏官	十星

　　괘상을 살펴보니 일간 乙木은 허약하고 뿌리를 얻지 못하고, 인성은 앉은 자리가 사지(死地)가 되어서 일간을 도와줄 힘이 없다. 연주와 일주는 복음(伏吟)이고 일지의 편관은 분주에 투출되어 힘이 매우 강하다. 고서에는 이러한 경우에 '신약한데 관살이 왕한 경우에는 식신의 견제를 반긴다.'라고 하였으나 아쉽게도 이 괘국에서는 午火가 관살을 제어할 힘이 없다. 이 경우에는 직장의 변동이 예상되거나 마음속이 여러 가지 일들로 뒤숭숭하여 불안한 상태가 된다. 이러한 정도로 살피고 나서 바로 황 여사에게 물었다.

　　"여사님의 지금 마음속에는 큰 돌덩이가 들어 있습니다. 그 연유가 공장을 옮기려고 하거나 일이 순조롭게 풀리지 않아서 생긴 것입니까?"

　　"선생님께서 말씀 하신 것처럼 저에게는 두 가지 일이 다 해당이 됩니다. 이번에 이렇게 특별히 찾아 뵌 것은 선생님께서 공장에 한 번 오셔서 공장의 위치나 기계의 위치 등을 살펴봐 주셨으면 합니다."

　　"복이 있는 땅은 복 있는 사람이 살기 마련입니다. 여사님은 이렇게도 선량하시고 복이 많아 보이니 어디로 이사를 가더라도 모두 좋은 자리일 것입니다. 당신 정말 복이 있다니까요!"

　　"괘상으로 공장이 앞으로 발전할 수 있을지 살펴봐 주세요."

　　"괘상으로써 대담하게 풀이를 하건데 공장의 좌향은 동(東)에서 서(西)를 향하고 있고 두 개의 건물은 철구조물의 형태이고, 주변에도 같은 형태의 건물들이 나란히 있습니다. 본래의 의미를 확대해석해 본다면 이 건물은 철로 부근에 있는 것으로 추론이 가능하며 거리는 20m 혹은 200m 정도 떨어져 있습니다. 또한 건물 앞쪽의 지대는 비교적 낮은 편이어서 배수관을 보아하니 물이 고이기는 쉽고 배수처리가 되지 않아서 빠지기는 어려운 환경입니다."

여기에서 20m와 200m라고 한 차이는 무엇일까? 이 이치는 간지의 순서로 얻을 수 있다. 신기한 것은 하나의 숫자를 얻게 되면 그 숫자를 가지고 무수히 활용이 가능하다는 것이다. 예를 들어 거리를 이야기 할 때에는 그 지역에서 1,000m를 초과하지 않는 것이 좋다. 그렇지 않으면 포함될 수 있는 범위가 너무 넓어지거나 중첩된 형태로 나타날 수 있게 된다.

이렇게 되면 해석하는 방법이 모호해지고 뚜렷해지지 않아서 필요 없는 논쟁이 일어날 수도 있기 때문이다. 여기에서는 거리에 숫자를 응용하였지만 금전에 응용을 하게 되면 또한 많은 범위를 포함할 수 있을 것이다. 다만 그러한 경우에는 답을 구하는 자의 직업이나 생활수준을 참고해서 살펴야 할 것이다.

이상의 이야기는 《八字神機妙卦(팔자신기묘괘)》의 「八字神卦與斗數之測象(팔자신괘여두수지측상)」의 내용을 참고하시기 바란다. 다시 괘상으로 돌아가서 설명해 주었다.

"공장의 상황은 좋아질 것이고 금년 겨울이 되면 운영상황도 어느 정도의 궤도에 진입하게 될 것입니다. 절기가 바뀌어 내년 봄이 되면 사업은 무지개처럼 번창할 것입니다."

일간 乙木이 차가운 물의 생(生)을 받고 있으니 관인상생의 형태이다. 그러나 너무 차가워서 부담스러운 상황이므로 길(吉)하다고 말하기는 어렵다. 丙戌년이 오면 火를 써서 관살을 제어해 주므로 바야흐로 도움이 되는 것으로 풀이할 수 있다.

"선생님 정말 신기하네요! 우리 공장은 오일향(烏日鄕)이라는 곳에 있는데 큰길을 사이에 두고 철로가 있습니다. 당시 공장을 임대할 적에는 하나만 철 구조물이었지만, 지금은 양이 많아져서 다시 건물 하나를 똑같이 지었습니다. 지금까지 선생님의 이야기를 들으면서 한 가지 결심을 했습니다. 지금 바로 어머니께 가서 자금을 융통할 것입니다. 그리고 다른 사람에게 부탁하는 것은 내가 하는 것만 못하다고 하였으니 이러한 마음으로 다시 철

재고물상을 운영하려고 합니다. 이번에 선생님을 뵙고 희망이 생겼습니다. 옛날처럼 잘 해보기 위해서 이번에 돌아가서는 사업에 전념을 하도록 하겠습니다."

　다른 사람에게 부탁하는 것보다 자신이 직접 하는 것이 낫다는 말을 들었을 때 문득 선종(禪宗:불교에서 참선을 전문적으로 수행하는 단체)에서 있었던 예사롭지 않았던 이야기를 함께 나누고자 한다.

　송나라시대의 대문호였던 소동파(蘇東坡)와 불인선사(佛印禪師)에 대한 이야기이다. 두 사람이 같이 교외를 걸어가고 있을 때 길가에 마두관음(馬頭觀音:말머리를 하고 있는 관음보살상)의 석상이 있었는데 불인선사가 합장을 하고 예배를 하였다. 그러한 장면을 소동파가 보고 이해가 되지 않아서 불인선사에게 물었다.

　"관음(觀音)에게 우리는 예배를 드립니다. 그런데 그의 손과 우리의 손에는 똑같이 염주를 들고 합장하고 염불을 하고 있는데, 관음은 도대체 무엇을 생각하고 있는 것입니까?"

　"그거야 당신 자신에게 물어볼 일이지."

　라고 불인선사가 답을 하였다. 그러자 소동파가 다시 말을 이었다.

　"내가 어찌 관음이 손에 염주를 들고 누구를 생각하는지 알 수 있소이까?"

　이때 불인선사가 다시 말을 하였다.

　"다른 사람에게 부탁하는 것은 자신이 찾는 것만 못할 것이외다."

　이 말이 끝나고 나니 황 여사가 입을 열었다.

　"선생님의 괘가 이렇게 신기하고 영험한데 이 괘에서 우리 공장의 직원이 지금 무엇을 하고 있는지도 알 수 있습니까? 다시 한 번 감동시켜 주세요."

　"난 도사가 아닌데 직원이 공장에서 무엇을 하는지 어찌 알 수 있겠습니까? 운명을 해석하는 것은 그 동안의 누적된 경험과 통계를 바탕으로 영험함이 아닌 약간의 점기(占機)가 작용하는 것입니다. 이렇게 세부적인 부분까지는 다 알 수는 없으니 저를 도사 취급하지는 마십시오.
다만 질문을 하셨으니, 괘에서 직원의 성격과 활동성향을 살펴본다면, 재성을 직원으로 보고 재성을 살펴서 풀어가게 됩니다.
현재 시지의 未土는 재성으로 삼각관계(三角關係)를 이용하여 풀이한다면, 시지는 사업궁을 의미합니다. 未土는 역마(驛馬)도 아니고 沖도 없고, 형(刑)이나 다른 것과도 合하지도 않았으니 이 사람은 당연히 공장에 있는 것으로 해석이 가능합니다. 다만 그가 무슨 일을 하고 있는지는 알 수 없지만 이 직원의 조건은 매우 좋습니다. 말도 잘하고 진실되게 사람을 대할 줄 알고 하는 일도 원만하게 잘 처리하고 책임감도 있고 자립심도 강합니다. 무엇보다도 황 여사의 일도 잘 도와주는 좋은 협조자입니다."

　괘국을 자세히 살펴보면, 직원은 未土를 말한다. 未土는 酉金을 생조하고 있으니 식신에게 설기(洩氣)되는 상황이다. 이러한 경우에는 말재주도 있고 능력도 뛰어나다. 未土는 월지의 인성 午火와 떨어져 있지만 合의 관계이므로 주인의 신임을 받고 있다. 여기에서 주인은 월지의 午火가 된다. 未土 속의 乙木 정관성이 암장되어 있는데 이 乙木이 일간으로 투출되었으므로 책임감도 있고 자립심도 있다.

　황 여사가 기쁜 표정으로 안심이 되어서 말하길,
"공장을 확장하고 증축할 때 모든 업무를 같이 의논하였고, 모두 그 사람의 의견에 의지하였으며 사업을 계획하고 운영하는 것도 그 사람입니다. 만약에 그 사람의 협조가 없었다면 제가 이렇게 짧은 시간에 인생의 새로운 방향을 찾지 못했을 것입니다.
일하다 보니 모든 것이 뜻대로 되지 않는 상황에서 최근에는 남편과도 의견이 맞지 않아 더욱 힘이 듭니다. 그는 건강도 좋지 않으면서 요즘에는 계속 술을 마시고 있는데, 몸이 얼마나 오랫동안 버텨줄 수 있을지 좀 알려 주세요. 남편은 癸卯년 午월생입니다."
"여사님의 남편은 지금 간(肝)의 기능(機能)에 문제가 생겼습니다. 괘상으로 보아하니 간경화(肝硬化)가 아니면 지방간(脂肪肝)입니다. 더구나 마음이 불안정하고 조건은 고려하지 않고 오로지 큰 성과만 내려고 하면서 당신이 하는 일마다 제약(制約)을 가하며 평소에는 고의로 다른 의견을 내세워 아마도 싸우지 않는 날이 없으실 겁니다."

"그는 간경화(肝硬化)입니다. 일을 하다가도 쉽게 지치고 피로하다보니 조그만 일에도 그와 부딪힐까봐 조심스럽습니다. 그러다 보니 그의 참여를 거부하게 되고 더군다나 그는 화도 잘내서 말로는 이해시킬 방법이 없다보니 결국에는 서먹한 사이가 되었습니다."

"황 여사님께서 잘못하셨습니다. 병이 난 사람이 가장 꺼리는 것은 당신과 사이가 나빠지는 것입니다. 남편이 일을 하는데 참여할 수 있도록 도와주고 모든 일을 하는데 있어서 그에게 조언을 구하십시오. 그리고 당신의 큰 아들이 남편의 욕망을 만족시켜 줄 수 있을 것입니다. 남편에게 이러한 방법으로 표현한다면 불필요하던 언쟁들은 모두 피할 수 있을 것입니다."

생각해보자. 어떠한 일에 대해서 질문한 시간에 다시 분주를 세우는 방법인 허진(虛辰)은 반드시 필요하다. 이 괘에서도 하나의 酉金을 얻어서 원래의 괘상에 추가하니 분주는 辛酉가 되고 다시 남편의 생년과 월을 대입시키면 卯木이 酉金 세 글자와 沖하는 상황이 된다. 이러한 경우에 전통적인 방법으로 해석한다면 능히 金木이 싸운다고 해석할 것이며 당연이 木이 패하고 金이 이긴다고 할 것이다.

《三命通會(삼명통회)》의 「疾病篇(질병편)」을 살펴보면, '甲乙이 많은 庚辛申酉를 보면 그 사람의 간담(肝膽)은 걸핏하면 잘 놀라고, 피로에 지쳐서 병들고, 팔과 다리, 근골(筋骨)이 아프다.' 라고 하였으니 이와 같은 방법을 사용한다면 더욱 정확한 해석이 될 것이다. 卯木과 酉金은 沖하여 卯木은 패하고 시지의 未土 속으로 파고들어가니, 이러한 경우에는 간(肝)과 장(臟)이 조토(燥土)를 감싸고 있다고 해석하게 된다. 그렇게 되면 未土는 火의 여기이니 서서히 온도가 올라가서 간은 점점 단단하게 변하고 부서지게 되므로 간경화(肝硬化)가 된다. 필자는 항상 강의할 적에 수강생들에게 명리로 해석할 때에는 간지의 속성을 잘 활용하라는 말을 하는데 이상과 같은 내용도 함께 참고가 되었으면 한다.

이러한 이야기를 듣고 황 여사가 느낀 바를 이야기 하였다.

"그가 하는 일은 실무적인 일들이 아닙니다. 그리고 높은 곳만 바라보고 멀리 달릴 생각만 하다가 좌절하고, 하늘을 원망하고 남을 비판하면서 스스로의 과실에 대해서는 인정하려 하지 않고 나에게 그 일의 뒤처리를 해달라고 하는데 제가 어떻게 하는 것이 그와 함께 일을 해 나아갈 수 있는 것인가요?"

《易經(역경)》의 「繫辭篇(계사편)」을 살펴보면 '태극에서 음양이 생겨나고 …… 팔괘에서 길흉이 생긴다.' 라고 하였습니다. 여사님, 벽에 걸린 태극도를 자세히 살펴보십시오. 이것은 우주에 음과 양, 두 종류가 같은 힘으로 형성되어 있는데 몸은 하나입니다. 몸이 하나인 것을 꺼리지 않고 당신이 오목하면 내가 볼록한 것이 되고, 내가 볼록하면 당신이 오목한 것이 되어 서로 하나가 됩니다. 더욱 중요한 것은 흰 바탕에 하나의 검은 점이 있고, 검은 바탕에는 흰점이 하나 있으니 서로 슴이 되어 완벽하여 흠잡을 데가 없습니다. 이렇게 자연스러운 관계에서 만물이 생하고 생하면서 쉴 틈이 없으니 부부생활에서도 가장 원만하게 두 사람이 살아갈 수 있는 청사진이 아니겠습니까?

비록 같은 생각이 있을 수 있고 다른 생각도 있을 수 있지만, 부부는 원래 서로 환경이 달랐던 사람들입니다. 그러니 서로가 희망하는 것을 '人(사람인)'이라고 하듯이 이 '人'자처럼 서로 존중하는 마음으로 서로를 이해한다면 함께 아름다운 가정을 만들어갈 수 있을 것입니다."

잘 생각해 보면, 무수히 많은 불행한 결혼생활은 사랑이 모든 것을 바꿔준다는 잘못된 생각 탓이다. 사랑으로 상대방의 결함을 바꿀 수도 있지만 성격은 태어나면서 생겨나는 것이다. 이른 바 '강산은 변하여도 그 본성은 그대로이다.' 라고 한 것처럼 비둘기가 매처럼 강해진다는 것은 불가능한 일이라는 것을 알아야 할 것이다. 같은 이치로 매가 비둘기처럼 온유하기를 바라는 것도 불가능하다는 것이다. 부부지간에는 서로 잘하는 부분들을 살려서 일을 분담해가면서 서로 관심을 가지고 협조해 주면서 의지한다면 아름답고 행복한 가정이 될 것이다.

11
老媽的內心世界
노보적내심세계

포주(抱主)가 품고 있는 속마음

　올해 3월 초에 싱가포르 친구의 큰형 되시는 양연(楊淵)형님이 계약관계로 대만에 왔다가 특별히 시간을 내어 대중까지 와서 나와 옛이야기를 하였다. 그는 돌아가면서 가슴속에서 상아로 만든 불패(佛牌)를 필자에게 주면서 "부처님이 설법하는 것을 조각해 놓은 것이야. 너는 불문(佛門)의 사람이니 부처와 인연이 있구나. 이 귀한 것을 몸에 지니고 다니도록 하게."라는 말을 하였다.
　햇살이 유난히도 뜨거운 오후에 책상의 불패가 사방으로 발광하는 형상을 보면서 문득 양연형님과 같이 앉아서 나눴던 이야기가 생각났다. 불패를 걸고 다니라고 하였던 것이 마음에 자꾸만 걸렸다. 그래 오늘은 목걸이를 사러 나가보자. 그렇게 해야 양연형님의 성의에 보답하는 것이라는 생각이 들었다. 사실 그래야 부담이 되지 않을 것 같았다.
　대중(臺中)에는 소문난 명품만 취급하는 상권이 정성로(精誠路)에 있는데 그곳에 가면 녹색간판이 걸려 있는 집이 하나 있다. 값비싼 귀금속을 취급하는 곳으로 가게 안으로 들어가니 우아하고 아름다운 중년 부인이 앉아 있고 그 주변에는 또 나긋나긋하고 상냥해 보이는 한 여성이 웃음을 머금은 채 말을 걸었다.

"엄청나게 바쁘신 분이 오늘은 무슨 일로 이곳까지 시간을 내어 절 찾아오셨어요?"

그 말에 필자가 준비해 간 물패를 꺼내들며,

"내 마음을 다스릴 수 있게 화려하지 않고 소박한 걸로 명치까지 내려오는 긴 목걸이 하나 만들어 주소."

"네 알겠습니다. 제가 수공비는 받지 않을게요. 대신 아주 가까운 친구가 어려운 일을 당했는데 그녀에 대해서 한번 살펴봐 주시겠어요?"

음력 2005년 6월 9일 18시 25분				
時柱	日柱	月柱	年柱	
偏財	我	偏財	偏官	十星
癸酉	己亥	癸未	乙酉	干支
食神	正財	比肩	食神	十星

괘상을 해석해 보자.

편재가 투출되었으므로 이 사람은 호탕하고 대범하다. 정이 많고 낙천적이며 거짓말을 할 줄 모르고 항상 말과 행동이 일치한다. 괘상에서 암장되어 있는 인성이 합화(合化)하여 乙木 관살로 투출되었으므로 이 사람은 편협(偏狹)한 사고를 할 수 있으며, 또한 용감하고 과감하여 어떤 어려움에 처하더라도 두려워하지 않고 법(法)에도 굴하지 않으며 통상적인 도리로서 행하는 일조차도 거스를 수 있다. 이러한 사람은 명리라는 학문에 대해서는 단지 관망하는 태도를 취할 뿐이다. 그러므로 이런 유형의 사람을 만나서 괘를 해석할 때에는 특별히 조심해서 응대해야 그렇지 않으면 논쟁이 발생하는 것을 피할 수 없게 된다.

이러한 사람에게 가장 좋은 방법은 한두 가지의 가장 정확한 근거로서 그를 정복하고 그의 마음속에 품고 있는 경계심을 없애야 상담하는 과정에서 비로소 좋은 관계가 형성된다.

괘상을 자세히 살펴보고 나서 부드러운 어투로 임 소저에게 물었다.

"무슨 곤란한 일이라도 있습니까?"

"당신이 보기엔 제가 언제쯤 결혼할 수 있을까요?"

"괘의 남편궁과 남편성을 참고해서 판단하건데, 이봐요. 이미 결혼생활을 하고 있는데 무슨 쓸데없는 이야기를 하는 것인지, 날 시험해 보려고 하는 거요?"

"선생님께서는 내가 언제 태어났는지도 묻지 않고, 이렇게 빨리 나에 대해서 답변을 해 주시는데 어떻게 그런 답이 나온 겁니까?"

옆에서 유 소저가 말을 해줬다.

"선생님은 지금 이 시간을 이용해서 점을 치시는 거야. 얼마나 잘 맞는다구!"

"내가 좀 더 말을 해 주겠는데 괘상에 나타난 것에 의거하면 당신의 남편은 올해 일의 변동이 많아서 안정적이지 못하고 지금 하고 있는 일도 마음대로 되지 않고 집에서도 항상 힘이 없으니 가정의 경제권조차도 모두 당신의 손안에 있는 상황이구먼. 당신이 버는 돈은 문호(門戶)에 식신생재가 있기 때문에 애석하게도 저축을 해야 한다는 관념은 없고, 씀씀이가 헤프거나 혹은 놀음을 좋아할 수도 있겠네. 직업에 대해서 내 개인적인 경험에 비추어서 살펴본다면 당신은 분명 전화를 의지해서 생활하는 사람이겠는걸."

유 소저가 옆에 있다가 흥분한 모습으로 말하였다.

"그녀는 성매매 알선업을 하고 있는데 연달아서 이런 일까지 알아내시네요."

독자들은 필자가 귀신처럼 잘 맞춘다고 생각하실 필요는 없다. 괘를 해석할 때에는 많은 조짐들이 나타나고 그것을 해석하는 기교로 삼는데, 사실 이 괘국에서 전화를 연결해 주는 직종에 종사하는 것으로 대입이 가능하겠다고 생각했을 뿐이다.

괘에서 지지의 酉亥未酉를 십성으로 확대해석하여 추론하고, 시지의 문호(門戶)에서 酉金은 전자제품을 상징하고 亥水를 만나서 설기되는 것으로서 유동적인 의미를 부여한다. 亥水와 未土는 합이 되어서 木으로 화(化)하는 형상이므로 木은 흐르는 의미가 있으며 신경계통과도 연관이 된다. 여기에서 하나의 선으로 해석할 수 있는 것은 연지에 酉金이 있으니 전자제품이고 하나의 선이 다른 전자제품과 연결이 된 것이다.

괘에서 십성을 응용할 때에는 대담하게 가설을 세워서 해석하고 조심스럽게 실제상황의 답을 구하게 되는데 십성의 특성을 주축으로 한다면 빗나가지 않을 것이고 만약 응용한 것이 맞는다면 당신은 매우 많이 재미있는 상황들을 괘에서 찾아 낼 수 있을 것이다. 하지만 가장 먼저 생각해야 할 것이 있다. 근거 없는 상상과 오해로 잘못 판단하면 안되고 반드시 통계적인 자료로서 기준을 마련해야 한다. 여기에 대해서 반드시 기억해 두시라.

그렇다면 어떻게 남편의 일이 불안정하다고 판단을 하였을까?

乙木이 편관인 酉金에 앉아 있으며 시지의 酉金과는 복음이다. 또한 복음 이외에 乙木이 월지의 未土에 입고(入庫)되었으니 이러한 상황은 그녀의 마음속에서 남편이 차지하는 비중은 없는 것으로 해석하게 된다. 당신도 알다시피 亥未가 합하여 乙木으로 투출된 것은 남편의 능력은 뛰어나고 경영상태도 좋은 것으로 해석이 가능하다. 다만 여기에서 여러분은 천간이 앉아 있는 지지의 삼각관계를 주의해서 살핀다면 좀 더 명확한 답을 바로 찾을 수 있게 된다.

이 괘에서 또 오묘한 부분을 찾아보면, 남편궁의 亥水가 未土와 합하여 편관인 乙木으로 투출하니 이러한 경우에는 삼각관계로 대입하였을 적에 남편이 솔직하지 않다는 것을 말한다. 가정에서의 경제권을 장악하고 통제하는 것에 대해 《千里馬(천리마)》에 한마디 말이 있는데 '재성이 왕(旺)하고 어두운 곳에서 관을 생(生)하면 지아비의 권리를 빼앗는다.'라고 되어 있다.

임 소저는 이 이야기로 그녀 마음속의 경계심이 풀린 듯 편안하게 말을 하였다.

"저희 남편이 하는 일은 건물관리원입니다. 월급은 3만 위안도 되지 않기 때문에 제가 가족을 부양할 돈을 벌지 않는다면 이 가정이 유지가 되겠습니까? 다시 말해 직업에는 귀천(貴賤)이 없다고들 하는데 그럼 내가 도둑질 안하고 강도질 안하고 버는 돈이라야 마음의 안정을 얻는다면 무슨 일을 해먹고 살아야 되겠습니까? 정말로 돌이켜 생각해봐도 이렇게 변변치 못한 남편에게 시집간 것은 내 자신의 박복(薄福)함을 탓할 수밖에 없지만 그래도 어떤 때에는 이러한 결혼생활이 나를 구속한다는 것이 견디기 너무 힘이 듭니다.

사회의 이혼율이 계속 증가되고 있는 환경 속에서 직업의 유동성이 비교적 높은 여성들을 자주 접촉하게 되는데 특히 그녀들이 처해 있는 상황은 대부분 좋지 않습니다. 언젠가 여섯 명이 모여 서로 간의 이혼 상황에 대해서 함께 이야기를 나누었는데, 그 중에 다섯 명은 이미 이혼경력을 가지고 있었고 오직 한 사람만이 정상적인 결혼생활을 하고 있었습니다. 그런데 그 사람이 바로 접니다. 선생님 질문 드릴게요. 그렇다면 그 다섯 명은 정상이 아닙니까? 그럼 저는요?"

"하느님께서는 공평 하십니다. 부부생활은 대부분 서로 같이 믿어 주고 도와주며 사랑한다면 유지되어 갈 수 있습니다. 만약 강한 자와 약한 자가 부부로 만났더라도 두 사람이 적당한 균형점을 찾기만 한다면 관계는 지속될 수 있습니다. 그리고 당신은 지금의 생활을 원망할 필요는 없습니다. 운명이 어떠한지는 개인의 가치관을 살펴보면 되는데 괘에 나타난 당신의 생활은 사치스러운 생활 속에서 물욕(物慾)을 추구하고 있습니다. 내가 해석하기로는 지금 당신이 장신구를 사기 위하여 대략 2만 위안 정도의 비용이 들어가는데, 이번에는 내가 질문하겠소. 이 만큼의 비용으로 장신구를 살 수 있는 사람이 몇이나 되겠습니까? 몇 사람이나 이런 복을 누리겠냐는 말입니다."

"그녀가 지금 비취색 보석을 샀는데 그 금액과 거의 비슷합니다."
라고 유 소저가 말해 주었다.

"운명을 해석하는데 정말 어떠한 정보도 없이 이렇게 정확하게 여러 가지 일들에 대해서 풀이가 가능한가요? 알려 주세요. 어떻게 맞출 수가 있는 거죠?"

임 소저가 너무나 궁금한 듯 필자에게 가르침을 청하였다.

"정확하게 맞춘다는 것은 불가능한 일입니다. 어떠한 사건의 형상을 읽어내면서 항상 다방면으로 생각을 하게 됩니다. 만약 정확한 해석을 하고자 한다면 답을 구하는 자와 서로 간의 신뢰감이 바탕이 되어야 하고, 괘를 해석하는 사람에게도 지식이 풍부하고 경험한 사례가 많아서 그것을 근거로 해석한다면 능히 그 안에서 정수(精髓)를 장악할 수 있습니다. 이런 말도 있지 않습니까? 어쩌면 하나의 변명에 지나지 않을지 모르지만 두 사람이 생각하는 것이 같지 않다면 답은 서로 다를 수밖에 없다는 말도 있듯이 …….”

고대시대에 선비가 있었는데 궁궐로 과거시험을 보러가기 위해 날마다 문을 닫아걸고 힘들게 열심히 책을 읽었다. 그러던 어느 날 저녁에 그가 꿈을 꾸었는데 꿈에 높은 성벽의 담장 위에 배추가 있는 것을 보았고, 그 옆에 처제가 잠을 자고 있는 꿈이었다. 꿈에서 깨어나서 이 선비는 아무리 생각을 해봐도 자신의 생각으로서는 도저히 이 꿈이 좋은 꿈인지 나쁜 꿈인지 풀이할 방법이 없었다. 그래서 이 선비는 장모님 댁에 가면 능히 장모님께서 이 꿈의 이해되지 않는 부분을 해석해 주실 것이라고 믿고 장모님 댁에 갔는데 그 당시 장모님은 안계시고 처제가 무슨 일로 왔느냐고 묻는 것이었다. 거짓말을 못하는 선비는 횡설수설하면서 자신의 꿈에 대해서 처제에게 이야기를 다 하고나서 처제를 바라보니 처제의 안색이 돌변하여서는 말을 하는 것이었다.

"형부 바보세요? 어떻게 높은 담장에 배추를 심을 수 있겠어요? 정말로 배추씨를 심는다는 것은 불가능한 일이예요. 거기다가 내가 그 옆에서 잠을 잤다구요? 흥! 형부 정말 웃겨요! 그런 생각은 하지도 마세요. 그리고 입구에는 아무도 없었다면서요!"

이 선비는 이 이야기를 듣고 나니 희망이 없어졌다. 궁궐에 가서 과거시험을 보아야 하는데 입구에 아무도 없다니 그렇다면 이번 과거시험은 떨어지겠구나! 머리를 푹 숙인 채 의기소침하여 집으로 돌아가다가 뜻밖에도 도중에 장모님을 만났다. 장모님이 사위에게 물었다.

"어찌하여 이렇게 생기가 없고 의기소침한가? 즐거운 건 하나도 없고 왜 이렇게 슬퍼 보이는 건가?"
 선비는 어쩔 수 없이 꿈의 내용과 그리고 처제에게 그 꿈 이야기를 하고 나서 처제가 했던 말까지 모두 장모에게 이야기 하였다. 장모가 이 말을 모두 듣고 나서 매우 기뻐하면서 큰소리로 말하길,
 "와~ 대단하구만. 자네 축하하네. 큰 성벽에 배추를 심었으니 자네의 이름이 높은 곳에 써 붙여 있다는 것이고 합격한다는 것을 말하는 것이네. 거기에다 처제가 옆에서 자고 있다고 한 것은 자네가 변신을 할 때라는 것을 의미하네."
 이 이야기는 《EQ高手(고수)》라는 책 속의 이야기이다.

 이 이야기가 끝이 나자 임 소저가 말문을 열었다.
 "최근에는 몸이 좀 이상합니다. 말로 설명하기는 좀 어려운데 아무래도 귀신에 홀린 듯한 느낌이 들 때도 있습니다."
 "괘를 다시 살펴보면 당신은 신경계통의 균형이 상실되었습니다. 소화기능도 좋지 않으며 몸도 허약한 상태입니다. 허한 상태의 火가 갑자기 치솟아 올라오니 저녁에 쉽게 잠들 수 없는 것은 당연합니다. 신체는 이러한 것을 알려 주거든요.
당신의 안색을 살펴보니 광대뼈 부위에 주근깨가 모여 있고 다리는 검은색으로 뒤덮여 있으니 이러한 경우에는 대부분 내분비계통이 이상이 있음을 의미합니다. 그렇지 않으면 바로 갱년기가 찾아올 조짐으로 해석도 가능하니 산부인과에 가서 상담을 받아보시는 것을 권해드립니다. 이것저것 혼자 의심하면서 스스로 신경을 괴롭히지 마시구요."
 "지난주에 이미 개인이 운영하는 사당에 가서 기도했는데 거기에서 점치는 아이가 저에게 그랬습니다. 제가 하고 있는 성매매와 관련된 일은 육체를 팔아서 돈을 벌어들이는 일이라서 음덕(陰德)을 많이 손상시킨다며 저보고 불사를 하고 경을 읽으면서 참회를 하라고 하더군요. 그렇지 않으면 저에게 악성종양 같은 나쁜 병이 생길 거라네요. 선생님께서는 이러한 일에 대해서는 어떻게 생각하세요?"

인류의 마음속의 지혜는 실로 육체의 욕망과 원한과 질투의 소용돌이로 가득 차 있다. 그 속에서 좋지 않은 일도 누군가는 해야 할 일일 것이다.

"그렇다면 당신은 어떠한 생각으로 이 일을 하고 계시는지 궁금합니다. 당신 나름대로 지키고 있는 윤리적인 법칙이나 기준이 있을지 모르겠지만 하늘의 신선이나 지하세계의 귀신은 모든 인간이 빠져나갈 수 없는 관계입니다.

이 세상의 법률과 선악은 하늘과 땅의 모든 신에게 간접적인 영향을 줄 것입니다. 내가 귀신과 직접 접촉해 본적은 없지만 필자는 심은 대로 거둔다는 사실을 믿고 있는 사람입니다. 당신이 안정된 나날을 보낼 수 있는 방법을 내가 확실한 방향으로 제시해 주겠는데 그 방법은 간단합니다. 당신이 법을 위반하지 말고 옳지 않은 재물을 탐하지도 않으면 됩니다.

진리는 가까이 있는 것도 멀리 있는 것도 아니고 바로 당신의 마음속에 있습니다. 불경을 읽고 불사를 행한다면 혼귀(魂鬼)로부터 벗어날 수 있을 것입니다. 참회하고 기도하십시오. 그렇게 하신다면 어진사람은 어진 것을 볼 수 있고, 지혜로운 사람은 지혜로운 것을 보게 될 수 있다고 합니다. 만약에 당신이 반성하지 않고 참회하지 않는다면 이 속박으로부터 벗어나지 못할 것입니다. 다른 방법을 강구한다는 생각으로 어느 사당의 도인 혹은 대사님을 찾아간다고 해도 당신의 이 문제를 해결 줄 수 있는 사람은 없을 것입니다."

앞의 인물에 대해서 보충설명을 하자면, 양연(楊淵)의 본명은 양견려(楊鞬勵)이다. 다도(茶道)에 조예가 깊고 다기, 광석, 불교문물을 수집하는 사람이다. 몸에 좋은 무공을 단련하여 세계중화무술 연합총회에서 10단에 해당한다. 정계의 사람을 호위하는 업무를 하였는데 지금은 퇴직하였다. 현재에는 불교를 믿고 있으며 과거 20여 년 동안 그는 항상 태국의 고승을 찾아뵙고, 사찰에 참배하러 다녔다. 때로는 태국의 불교문화와 연관된 골동품을 찾아 다녔는데 거의 태국의 중부와 북부지역은 섭렵하였을 것이다. 그의 소장품 중에는 세상에서 희귀한 보물들도 있는데 그 중에서 불패는 특별하다고 하였다.

12
夢境似眞
몽경사진

꿈속의 세계가 마치 현실 같다.

　꿈은 사유(思惟)의 연속이며 또한 감정의 우화(寓話)이다. 사람은 생명이 존재하는 한 꿈을 꿀 수 있고, 그 꿈속에서 눈부신 빛을 발산하는 재능이 나타나게 된다. 이러한 꿈속에서는 기쁨과 즐거움도 표현하고 걱정과 두려움도 표현하며 유정하고 낭만적인 색채로서 심리적인 세계까지도 나타내 준다.
　정말 아름다운 꿈을 꾸었다면 그 행복한 꿈은 계속 따라다닐 것이다.
　꿈의 내용을 당신이 선택해서 꾸는 방법은 없다. 하지만 잠재의식 속에 있는 감정과 동기가 드러날 수 있고, 또 당신이 진심으로 무엇을 하려고 한다면 그것이 변화하여 꿈속에 나타날 수는 있다.
　만약에 당신이 진심으로 정성을 기울이고 객관적인 태도로 자신이 처한 환경을 대한다면 좋은 아이디어를 이끌어 내어 보이지 않았던 새로운 발견을 하게 될 것이다. 가령 당신이 좋은 아이디어가 있는데도 꾸물거리기만 하고 행동하지 않았다면 꿈에서 조차도 잠시 멈춰 있는 상태로 나타나게 될 것이다. 그렇지 않고 당신이 적극적으로 행동을 하고 있는 상황이라면 꿈에서도 역시 당신에게 진일보한 행동을 이끌어 내어 힘을 북돋아 줄 것이다. 그러므로 근심스러운 일들은 현실에서 해결을 하고 현재의 환경을 개선시켜야지 꿈에서 개선되기를 기대하지는 마라.

꿈속에서 우리는 매일 선명하고 사실적인 형상과 언어로 새로운 예술작품을 만들게 된다. 꿈속 세계의 묘사는 단지 생활의 문제를 이야기할 뿐만 아니라 동시에 욕정(欲情)이나 감정을 나타내고 아름다움을 표현하며 신비스러움에다 창조력까지 겸비하고 있다. 이렇게 풍부한 상징을 담고 있어서 우리는 예술적으로 이해를 하기도 하며, 그러한 내용을 파악할 줄 안다면 더욱 활발하고 풍부한 영혼의 오묘한 신비를 이해할 수 있을 것이다.

인생에서 마음먹은 대로 되지 않는 것이 열 중에 여덟아홉은 될 것이다. 우리가 운명업에 종사하면서 상담의뢰자 각각의 문제를 접하게 되는데 없는 것 없이 별별 이야기가 다 있다.

여기에서는 丙申일에 필자가 홍콩에 있을 적에 진 소저가 필자에게 꿈에 관련된 이야기를 했었는데, 꿈속의 내용으로 그 조짐을 읽어내어 길흉(吉凶)을 알려 달라는 부탁이었다.

"지난밤 꿈에서 아버지와 이야기를 나누었습니다. 아버지는 너무 추워서 고생스러워 하셨고 저는 너무 놀라서 잠을 깼습니다. 선생님 이러한 것은 무슨 징조를 나타내는 것일까요?"

"주공(周公)이 꿈을 해석한 시(詩)에는 '밤에 계속하여 같은 꿈을 꾸면 그 꿈은 영혼이 길흉(吉凶)을 예고하는 것이다.' 라고 하였으니 만약에 민간풍속에서 전해지는 방법으로 꿈을 해석한다면 아버님께서 당신에게 춥지 않게 해달라고 부탁한 것이니 몇 벌의 옷을 태워달라는 의미이기도 할 것입니다. 혹은 재물을 죽은 사람에게 좀 써달라는 해석도 가능하지만 특별히 별다른 징조는 없습니다."

라고 이야기를 하였다. 그러나 진 소저는 내가 해 준 대답에 만족하지 못하고 또 물었다.

"선생님 이게 전부예요? 다른 의미 있는 상징은 없어요?"

진 소저에게 더욱 더 정확하게 답을 찾아주기 위해서 그녀에게 물었다.

"그럼 몇 시에 꿈속에서 아버님을 만났는지 알 수 있습니까?"

"대략 子시 ×분 정도였습니다."

망자가 꿈속에서 무엇을 알려 주려 하는지 살펴볼 때에는 辰戌丑未가 용신이 된다. 만약에 오주괘 안에서 辰戌丑未가 없다면 나타나는 징조도 없는 것으로 보고 그러한 경우에는 구태여 해석할 필요도 없다.

음력 2006년 6월 11일 子時 X분					
分柱	時柱	日柱	月柱	年柱	
比肩	食神	我	偏印	比肩	十星
丙辰	戊子	丙申	甲午	丙戌	干支
食神	正官	偏財	劫財	食神	十星

이 오주괘를 살펴보니 연주의 丙戌이 멀리 있는 글자와 沖을 하고 있다. 이러한 형상은 천라(天羅: 辰土의 신살이름)와 지망(地網: 戌土의 신살이름)의 沖을 나타내며 또한 오행으로는 묘(墓)에 해당하고 절(絶)에 해당한다. 이러한 것을 바탕으로 필자의 경험에 비추어 보면 辰戌이 沖하는 것은 태양인 丙火의 한기(寒氣)가 되고 金이 설기되면서 水가 왕(旺)해져 申子辰의 三合으로 음기(陰氣)가 모여들게 되므로 죽은 사람이 꿈을 통해서 이 세상에 가까운 사람에게 신비한 메시지를 전달한 것이 된다.

"괘상에 나타난 바에 의하면 아버님은 화장하지 않고 산소를 썼습니다. 이는 土가 沖하였으며 왕(旺)한 상황으로 살필 수 있습니다. 辰戌은 멀리 연지와 분지에서 沖을 하지만 여기에서는 가까운 沖으로 해석이 가능합니다. 또한 천간에 戊土가 투출되어 명확하게 土가 드러나는데 여기에서의 戊土는 흙더미를 의미하므로 땅속에 매장되었다고 할 수 있는 것입니다."

필자는 더욱 확신이 들어서 계속 설명을 하였다.

"내가 또 알 수 있는 것은 아버님의 산소 앞에는 큰 못이 있습니다. 이는 申子辰合이 있는데 천간에 水가 투출되지 않았으므로 이 水는 흐르지 않는다는 것을 의미합니다. 만약에 辰土가 분지에 없다면 결과적으로 또 다른 답이 나올 수 있습니다. 아마도 아버님께서는 진 소저의 꿈을 통해서 고통스러운 일에 대해서 호소(呼訴)하니 연못과도 상당한 연관이 있을 수 있습니다."

"왜 그렇게 말할 수 있죠?"

"음택풍수의 중요한 목적은 돌아가신 분이 땅속에서 편안하게 계실 수 있도록 하는 것입니다. 그 유골의 기운을 보존하기 위해서는 토양의 좋은 기운과 영양을 공급받도록 하는 것이 가장 중요합니다. 만약에 살기(殺氣)를 받거나 음습(陰濕)한 땅이라고 한다면 분묘도 제대로 보존이 되기 어렵고 그 사람과 관련된 가족이나 자손들에게까지 영향을 미칠 수 있습니다. 당신의 아버님을 모신 곳은 낮은 지대의 움푹한 지형입니다. 또한 앞쪽 아주 가까이에 못이 있어서 지나치게 습기가 많으니 비가 내리는 계절이면 당연히 수위가 높아져서 물이 관에 스며들어 유골을 손상시킬 수 있으므로 이것은 나쁜 조짐으로 해석을 하겠습니다."

여기에서 산소가 낮은 지대로 움푹한 곳이 되는 것은 편재성인 申金이 三合이 되어 水로 화(化)하니 이는 음(陰)에 해당이 되고 설기도 되고 있으므로 지세가 낮은 것으로 판단을 하게 된다.

"정말 신기하네요! 선생님의 제자인 장 선생님께서 일찍이 저에게 선생님은 대만에서 홍콩에 있는 가정의 환경과 특징을 볼 수 있는 능력이 있다고 하셨는데 이제는 저도 그 말을 믿을 수 있을 것 같아요."

"나를 너무 비행기 태우지 마십시오."

그녀가 한 말을 들으면서 필자는 문득 1972년에 미국 닉슨 대통령이 중국에 방문하여 모택동과 만남을 가졌었는데 그 이후에 전해지는 재미있는 이야기가 생각이 났다. 정말 깊은 의미가 담겨져 있다.

닉슨대통령이 모택동 주석에게 말하였다.

"주석께서 저술하신 책은 하나의 민족을 움직이고 온 세계를 바꾸셨습니다."

모택동이 겸허하게 답하였다.

"나는 세계를 변화시키는 방법을 모릅니다. 단지 북경교외의 몇 개 지방을 개혁시킬 수 있을 뿐입니다."

닉슨이 또 말하길,

"지금 중국은 빠르게 발전하고 있으니 국민의 주된 교육과 더불어서 언론을 해방시킬 필요도 있다고 생각합니다."

여기에 모택동이 반문하였다.

"어떠한 것이 해방이며, 진정한 개방인가요?"

"우리 미국 국민은 언론 자유라는 것을 모두 알고 있으며, 그들은 백악관 앞에서 대통령이 시정을 잘하고 있는지 못하는지에 대해서 큰소리로 비평을 할 수도 있습니다."

"아! 그것을 언론자유라고 하는군요. 우리 중국의 백성들은 당신들 미국 사람에 비해 더욱 개방되었고 자유롭습니다. 그들은 천안문 광장에서 미국 백악관에 사는 대통령까지 비판할 수 있거든요."

진 소저가 이 이야기를 들은 후에 필자에게 묻기를,

"분묘에 물이 스며들어 습한 것은 살아 있는 자손들에게 어떠한 영향을 미치게 됩니까?"

"지세가 낮아서 습하고, 또 물이 보인다면 속칭 수살(水殺)을 범한 것이니 이러한 경우에는 풍습병(風濕病), 신경통, 신장병 등이 발생할 수 있습니다. 여자라면 부인병이 될 수도 있습니다."

진 소저가 긴장을 하고 물었다.

"그렇다면 어떻게 해야 해결할 수 있어요?"

"홍콩에서 음택풍수를 잘하시는 분과 함께 실제로 산소에 가서 같이 살펴보시는 것을 권해 드립니다. 그 다음에 좋은 날을 잡아 높은 곳으로 이장하십시오."

진 소저는 아무래도 먼 곳에서 오신 스님이 경문을 잘 읽듯이 필자도 좀 알 것이라 생각하고 줄곧 나를 귀찮게 하며 물었다.

"어떻게 해야 풍수가 좋은 자리를 찾고 좋은 혈 자리를 찾을 수 있어요?"

"천체의 운행과 지구위치와는 관계가 있어서 서로 간에 일정한 궤도를 따라 움직입니다. 그러다보니 기후와 계절적인 변화가 발생하는 것이고 그러한 부분들이 사람들에게도 영향을 주고 땅에게도 영향을 주어 좋은 땅을 만

듭니다. 자연의 순리를 따르다 보면 하늘도 감응(感應)하여 산천의 도움을 얻을 수 있습니다. 같은 이치로서 자연의 순리를 거역한다면 산천의 도움을 받지 못하게 되므로 흉(凶)할 것입니다."

이른바 풍수(風水)에서 풍(風)은 공기이고 공중의 에너지를 의미한다. 수(水)는 만물이 성장하는데 꼭 필요한 지하의 샘물이다. 이 두 가지 에너지와 충분한 햇빛을 흡수할 수 있는 지리적인 위치를 찾게 된다면 가장 좋은 곳이라고 하게 되는데 이것이야 말로 요즈음 현대인들이 추구하는 생명의 3요소인 햇빛, 공기, 물이 아니겠는가?

중국인들이 항상 하는 말 중에 '복(福) 있는 땅에는 복 있는 사람이 산다.'는 말이 있다. 불교의 관점에서는 '세상이 모두 복된 땅이오니, 날마다 좋은날 되소서.'라고 하였으니 가령 당신이 복이 많은 사람이라면 어디에다 묻어도 모두 풍수에 좋은 곳이라고 할 수 있다. 반대로 설사 귀한 명당을 찾아 묻더라도 산사태, 지진, 호우로 인한 재해, 강물의 변화 등의 자연적인 원인으로 좋지 않은 곳으로 바뀔 수도 있다는 말이다.

보이지 않는 복을 받는다는 것이 풍수로써 변화시켜서 가능한 것은 아니다. 그러므로 우리가 항상 보시(報施)하면서 선행(善行)을 행하고 널리 복을 베풀고 공덕을 쌓는다면 비로소 진정으로 풍수와 지리를 개선시킬 수 있는 방법일 것이다.

같은 날 丙申일 저녁에 내가 강의를 하고 있을 때 수강생인 국태(國態)가 매우 창의적인 괘를 하나 내놓았다.

음력 2006년 6월 11일 申시				
時柱	日柱	月柱	年柱	
比肩	我	偏印	比肩	十星
丙申	丙申	甲午	丙戌	干支
偏財	偏財	劫財	食神	十星

어떤 중년 부인이 국태에게 질문한 사연으로 그녀가 거주하는 방에 혼귀

(魂鬼)들이 있으며 그녀의 모든 일들은 마음대로 되지 않는 상황이었다.
　필자는 이 괘국을 보고 나서 수강생들에게 이것은 가난뱅이의 괘상으로 무슨 신기한 사건이 있는 괘는 아니라고 하였다.
　집에 대해서 어떠한 조짐을 읽을 때에는 인성이 용신이 된다. 괘국을 살펴보니 인성이 투출되어 午火에 앉아 있고, 두 개의 丙火가 투출하였으니 丙火를 태양으로 대입하여 이 집은 광선이 밝게 들어오는 것을 의미한다.
　간지독립분석법(干支獨立分析法)을 사용하여 간지의 배합과 삼각관계를 해석하면 이 집은 설기가 매우 심해서 돈을 모으기 어려운 집에 속하는 것이지 무슨 지저분한 귀신들이 나쁜 영향을 주는 것은 아니다. 만약에 전설 속에 나오는 흉가의 괘상으로 구성이 되기 위해서는 반드시 金水의 음(陰)의 성분이 있거나 辰戌丑未가 있거나 음(陰)의 고(庫)로 편중된 괘의 형태이어야 한다. 그리고 결정적으로 중요한 것은 괘에서 조후를 감당하는 丙火가 없어야 하며 설령 丙火가 있더라도 실령하고, 손상 받았다고 한다면 귀신과 요괴의 현상이 나타날 가능성이 있다.
　내가 대략적으로 해석을 한 후에 국태에게 부인에 대해서 얼마나 자세히 알고 있는지 물었다.
　"알게 된지는 매우 오래 되었습니다. 예전에 같이 일한 동료였거든요."
　괘국을 해석하는데 있어서 약간의 정보와 도움되는 증거가 있다면 비로소 정확하게 이끌어 내어 해석할 수 있다. 고서에서는 '비견이나 겁재가 왕한 자는 독신여성이다.' 라는 말도 있다. 괘국은 양(陽)으로 구성이 되어 있고, 양인격(羊刃格)에 해당하므로 이 분의 성격은 강열하다고 할 수 있다. 비견이 왕(旺)한데 기신이므로 도박하는 버릇이 있어서, 가산(家産)을 탕진하게 된다. 자녀성의 戌土는 연지에 떨어져 있고, 丙火의 인성에 덮여 있으므로 이러한 경우에는 자녀가 짐이 있다는 것을 의미한다. 그래서 자녀들도 그녀와 함께 살려고 하지 않으려 하는 것이다.
게다가 부인이 지금 하고 있는 일은 매우 불안정하며 경제적인 스트레스도 가중되어 환각증세(幻覺症勢)까지 나타나는 상황이다. 집안의 귀신들이 나쁜 영향을 준다고 여겼지만, 사실 그녀가 안정되지 않은 상황에서 이 모든 것들을 그녀 스스로 만든 것이다. 만약에 죽은 사람의 영혼이 실제로 그녀의 집에 있다고 한다면 그곳에 사는 영혼으로 인하여 가난을 가져온다는 정도가 될 것이다.

"신기합니다. 어떠한 방법으로 괘상을 해석하면 이와 같이 철저하고 자세한 이치를 얻는 것이 가능할까요? 정확합니다. 부인은 예전에 도박을 좋아해서 많은 돈을 잃었고, 또한 도박으로 인해서 행복하고 아름답던 가정이 깨지고 지금은 식당에서 임시직으로 일하면서 생계를 유지하고 있습니다."

"그렇다면 국태는 어떻게 이 괘를 해석 하였는가?"

국태가 우물쭈물 거려가면서 말을 하였다.

"그녀는 이혼하였고, 도박을 좋아하며 경제사정이 나쁘다는 것은 저도 알았습니다. 그리고 괘상을 살펴보니 일지와 시지가 복음이고 연지의 식신인 戌土도 午火와 합이 되니 이러한 모습이 상징하는 것은 유산이나 낙태를 의미합니다. 그래서 그녀에게 말해 주길, 당신은 이미 유산한 적이 있어서 어쩌면 어린 영혼이 훼방을 놓아 재물을 모으는 것은 힘만 들고 노력을 해도 성과(成果)는 없다고 하였습니다."

"때로는 괘를 해석할 때 마치 그림을 보듯이 이야기 하고, 어떠한 해석이든 모두 자기가 알고 있는 학문의 원리나 법칙의 근거가 있어야 하네. 이 괘는 연지의 식신성인 戌土와 午火 양인(羊刃)이 합하였으니, 내 경험으로 해석한다면 이는 유산이 아니라 제왕절개로 분만한 것이라네."

연주는 과거를 상징하고 또한 식신인 戌土가 명확하게 나타나니 딸을 의미한다. 戌土와 午火는 양인(羊刃)이면서 합으로 단지 칼을 들었기 때문에 혈광지재(血光之災)가 된 것이다.

다시 말한다면 丙申 일주와 시주는 복음(伏吟)이고 학문적인 이치에 의거하여 해석한다면 낙태와 유산은 상당히 합리적이다. 그러나 국태가 육친과 십성을 이끌어 내어 해석하는 부분을 소홀히 하였다. 괘국의 丙申은 앉은 자리가 절지(絶地)이고 또 복음이라서 이 안에서도 다양하게 해석이 가능하니 일과 금전과 결혼 모두가 안정적이지 못하다는 의미가 된다.

그리고 다르게 해석을 해본다면 시주는 자녀궁과 사업궁을 상징하는데 괘에서 궁의 위치가 申金에 암장된 것이 같으므로 이것은 본래의 것과 같으므로 경제적인 스트레스가 지나쳐서 환각(幻覺)이 발생되는 것이지 귀신이 방해하는 것은 아니다.

 명리학이 내포하고 있는 것은 오직 간지의 강약이나 생(生), 극(剋), 화(化), 형(刑), 沖(충), 회(會), 합(合), 천(穿), 해(害), 십성뿐만이 아니다. 깊이 연구해서 기본 틀에서 더욱 확대시키고 발전시켜야 하며 반드시 천문(天文), 지리(地理), 역사(歷史), 의학(醫學), 심리(心理)를 연구해야 할 것이다. 다시 풍부한 사회적 경험이 뒷받침 되어야 하는데 만약 그렇지 못하다면 명리학은 단지 강호(江湖)에서 술사(術士)들이 재물을 빼앗는 도구로 타락할 수밖에 없다.

13

時空卦與風水之呼應
시공괘여풍수지호응

시공괘와 풍수가 서로 호응한다.

   시간(時間)과 공간(空間)은 '우주(宇宙)'의 조합이다. 일반적으로 옛날부터 지금까지는 '우(宇)'자를 써서 표현하였고 사방의 위아래는 '주(宙)'가 된다. 바꾸어 말하면 시간과 공간을 자유자재로 교차시키는 무한연속의 과정으로 움직임이 없는 것 같아 보이지만 사실은 처음 출현하기 시작해서 사라지기까지 움직이지 않은 적은 없다. 질적인 변화나 양적인 변화부터 변형까지 존재(存在)하고 소멸(消滅)하는 것에 불과하다. 옛날부터 지금까지 모든 사람의 출현이나 소멸은 설사 그 변화에 불과할 뿐 모든 것이 시간과 공간의 범위를 벗어나지는 못한다.

   세상에서 가장 공평한 것이 '시간(時間)'이라는 것을 우리는 모두 알고 있다. 가난한 사람이나 부유한 사람이나 관계없이 매일 주어지는 시간은 똑같이 24시간이다. 다만 어떤 사람은 잘 활용하고, 어떤 사람은 제멋대로 시간을 사용하다보니 서로 상쇄되어 여전히 바르게 쓰는 시간보다 낭비되는 시간이 많다.

   그렇다면 무엇을 '공간(空間)'이라고 해야 할까?

   공간(空間)은 시간과 거리를 초월한다. 이러한 공간을 나누어서 '간(間)'이라고 부르기도 하는데, 이렇게 작은 공간은 오직 현미경이 있어야만 비로소 미세한 알갱이까지 볼 수 있으며, 큰 공간은 천문학자만이 비로소 상상할 수 있는 범위가 될 것이다. 그러므로 시간의 선(線)과 공간의 점(點)과 면(面)으로 공간이라는 것이 만들어진다.

요즘 사람들은 공간에 대한 인식이 극히 제한적이어서 인류가 육체적으로 행동하는 범위와 과학적인 도구로 측량하여 인식하는 공간적인 범위는 대단히 미미하므로 종교와 철학의 도움을 빌려서 이러한 의혹을 해결하고자 한다.

오주괘[팔자시공괘]는 시간과 공간을 자유자재로 엮어서 결합되는 것으로 음양오행(陰陽五行)과 납음오행(納音五行)을 운용하며 다시 천간 五合의 배합과 지지의 형충회합천(刑沖會合穿)의 상호관계를 이끌어 내고 십성의 숨어 있는 특징까지 찾아내는 것이다.

만약에 깊이 파고들어가서 연구하고 토론을 하게 되면 매우 복잡한 의미까지 포함하게 되는데, 내가 연구한 바로는 그것은 또한 인과(因果)의 관계와 풍수(風水)와 명리(命理)까지 포함하고 있다.

실은 이러한 복잡한 이론 속에는 매우 많은 묘안(妙案)이 있기 마련이지만 말로 다 설명한다고 하더라도 이해하기는 쉽지 않다. 보통 이러한 내용들은 비법(秘法)으로 전수(傳受)한다고 말들 하지만 사실 약간의 현기(玄機)와 경험으로 누적된 법칙일 뿐이다. 이제 한 예를 들어 살펴보고자 한다.

음력 2006년 8월 17일 19시 X분					
分柱	時柱	日柱	月柱	年柱	
食神	偏官	我	偏印	偏官	十星
壬辰	丙戌	庚午	戊戌	丙戌	干支
偏印	偏印	正官	偏印	偏印	十星

어느 미모가 뛰어나고 고운 중년 부인이 살고 있는 집에 대한 풍수가 자신이 살기에 적합한 곳인지를 물은 사례이다.

오주괘의 특성을 분석해보자.

① 편관이 묘(墓)에 들어갔고 연주와 시주가 복음이다.
② 편인이 투출되었고 지지는 형합(刑合)으로 화염토조(火焰土燥)의 격국이 형성되었다.
③ 시주와 분주는 천극지충(天剋地沖)으로 식신제살의 형태이고, 인성이 沖하고 있다. 이러한 경우에는 이동의 조짐으로 해석한다.
④ 괘국이 거의 양으로 구성되었다. 지지의 본질도 거의 양으로 구성되어 이러한 경우에 결혼은 좋지 않다.

여사가 묻기를,
"사업을 한지 반년 정도 되었는데 생활이 모두 뜻대로 되지 않네요. 언제쯤 상황이 좋아질 수 있을지 모르겠습니다."
《淵海子平評註(연해자평평주)》의 181페이지 「군흥론(群興論)」에서 '관살이 제어를 당하면 화하여 권세가 된다.'라고 하였다.
"당신은 매우 우아하고 책임감도 있으며 동정심도 매우 많습니다. 성격은 강직하여 일을 할 때에는 적극적으로 합니다. 또한 실권을 장악하고 있는 강인한 여성이라고 하겠습니다."
괘국에 나타난 것을 살펴보면 편관이 묘(墓)에 들어갔고 또 복음도 된다. 고에 들어간 것은 수장(收藏)의 의미를 상징하고 복음은 변동을 의미한다. 이로써 가능한 해석은,
"당신은 올해 3월부터 회사의 운영 실적이 예전처럼 좋지 않습니다. 좀 더 구체적으로 이야기 한다면 회사는 지금 모든 부분들이 힘겨운 상황이고 또한 일을 하는데 있어서도 불안정하고 이동의 징조까지 보입니다."
"저는 ○○제과업체의 직영점을 운영하는 상인입니다. 올해 3월에 여러 미디어에서 본사제품과 그 제품에 대한 과대광고를 폭로하여 블랙리스트에 포함되어 그 이후 회사의 경영이 힘들어졌습니다. 최근 몇 개월 동안 여러 가지 다른 제품의 판매를 시도해 보았지만 정상적으로 유지되지 못하였습니다. 하여 이 모든 것이 회사의 풍수와도 관계가 있는지 알고 싶습니다."
"괘를 살펴보면 당신이 말한 것들이 들어 있습니다."
"이 몇 개의 글자로 경영하는 회사의 풍수까지 나타납니까?"

"8개의 글자를 배합하여 운의 흐름을 바로 꿰뚫어서 사람의 일생에 대한 길흉화복(吉凶禍福)과 명예와 부귀를 모두 살펴볼 수 있는데 설마 풍수지리(風水地理)라고 나오지 않겠습니까? 당신 회사의 구조는 동북(東北)에서 서남(西南)을 바라보고 있습니다. 그리고 빛이 많이 들어오는군요."

木火는 양(陽)에 속하고 광선과 건조함을 대표한다. 金水는 음(陰)에 속하며 어둡거나 습함을 대표한다. 본 괘에서는 火가 왕(旺)하므로 빛이 좋은 것으로 판단하게 되는 것이다.

여사는 무언가 생각한 다음에,

"네, 맞습니다."

"회사의 구조는 오른쪽 맞은편에 마치 건물의 모서리가 치고 들어오는 형상을 하고 있습니다. 우리는 이를 '벽칼'이라고도 합니다. 상이 이러하다면 재물을 모으기 어렵다는 것을 의미하며 직원의 이동성이 크고 직원들이 일처리를 제대로 하지 않는다는 것으로도 해석합니다."

괘에서 일간의 인성이 있는 위치를 살펴서 해석하면 건물의 좌향을 향한 쪽에는 辰戌沖이 있으며 묘고(墓庫)가 봉충(逢沖)하므로 재가 손상된다는 의미가 된다. 직원들이 시키는 대로 업무처리를 하지 않고 의견이 대립되어서 시끄러운 것은 구진(勾陳)과 등사(螣蛇)에 의거하여 해석한다. 이러한 해석법은 십간의 방위에 속하는 것과 십이지지에 속하는 것으로 추단하여 해석한 것이다.

甲乙木은 동방이 된다. 寅卯辰의 위치는 동방으로 청룡을 상징한다.
丙丁火는 남방이 된다. 巳午未의 위치는 남방으로 주작을 상징한다.
戊己土는 중앙이 된다. 辰戌丑未의 위치는 구진과 등사를 상징한다.
庚辛金은 서방이 된다. 申酉戌의 위치는 서방으로 백호를 상징한다.
壬癸水는 북방이 된다. 亥子丑의 위치는 북방으로 현무를 상징한다.

여사가 물었다.

"그렇다면 개선을 어떻게 하면 됩니까?"

"사악한 기운들을 제거하는 것이 회사를 안정시키는 방법입니다. 대개는 팔괘경(八卦鏡)이나 산해진(山海鎭)을 거는 방법 밖에 없으며, 이러한 방법을 이용해서 단지 마음이 편안해지기만을 바랄뿐입니다. 괘상에서 암시하고 있는 것을 살펴보았을 때 이러한 방법은 이사하는 것만 못하다고 하겠습니다."

인성이 월지에 자리를 잡고 있고 충형합(沖刑合)이 한꺼번에 나타나고 있다. 더욱 정확한 것은 겁재인 辛金이 인성의 지장간에 암장되어 있는데 개두(蓋頭)되어 丙火와 합되어 관인상생의 구조가 되었다. 이것은 건물이 다른 사람의 소유라는 것을 의미한다. 그리고 분주와 멀리 있는 연주의 戌土가 沖하고 있는데 이는 건물을 임대한 것이지 자기의 재산이 아니라는 것을 나타내 주는 것이다.

"회사는 언제쯤 안정되어 돈을 벌 수 있을까요?"

돈을 모으는 것은 식상이 재를 생(生)하고 있는지를 살펴야 한다. 괘에서는 식신이 묘고(墓庫)에 앉아 있고 沖까지 있다. 편인이 당령하여 식신을 극(剋)하고 하나밖에 없는 재성 乙木은 辰土 속에 암장되었으며 戌土와 沖을 하고 있으니 이는 재물창고가 비어있다는 것을 의미한다. 이 괘국에 삼각관계를 대입시켜서 살펴보니, 인성은 沖되고 편관은 일간 庚金을 극(剋)하니 이는 은행에 대출 받으러 가는 것으로 풀이된다. 이러한 상황을 살피고 나서 웃으며 여사에게 말하길,

"언제 은행 대출금을 상환하고 돈을 벌 수 있는지 물으신 거지요?《五行元理消息賦(오행원리소식부)》에 이런 말이 있습니다. '土가 많으면 火를 덮어버려 빛이 사라지므로 木을 만나야 비로소 쓸모가 생긴다.' 그리고《造微論(조미론)》에서는 '土가 과중하여 木이 소통되지 않으므로 생각이 복잡해진다.' 라고 하였으니 내년 봄이 되면 木이 왕성한 계절이니 돈을 벌 수 있는 시기라고 하겠습니다."

여사가 고개를 끄덕이면서,

"사실 그렇습니다. 2년 동안 돈 버는 것은 그만두고 오히려 적지 않은 자금이 투입되었습니다. 그러다보니 지금은 빚으로 남아있는데 그나마 다행히 은행의 대출이율이 낮아졌습니다. 그렇지 않았다면 건물임대료와 이자

를 내는 것도 힘들었을 것입니다. 그리고 최근에는 몸 상태도 좋지 않은 것 같은데 혹시 이 괘에서 살펴봐 주실 수 있을까요?"

"올해 몇 살이십니까?"

"마흔아홉 살 戊戌년생입니다."

필자는 고서에 나와 있는 질병에 관한 이론들을 살피고 경험해 온 것을 바탕으로 음양오행의 이치와 간지의 생극관계를 대입하여 살펴보면 다음과 같다.

모든 십간이 손상을 받으면 육부(六腑)의 병이 되고 십이지지가 손상을 받으면 오장(五臟)과 연관된 병이 된다. 火는 남방(南方)으로 리(離)에 속하며 몸 윗부분의 질병에 해당한다. 水는 북방(北方)의 감(坎)이 되어 몸 아랫부분의 질병이 된다. 木은 진(震)이 되면서 왼쪽의 질병을 의미하고, 金은 태(兌)가 되어 오른쪽의 질병으로 대입한다. 土는 곤간(坤艮)이고 중앙에 해당하는 비위(脾胃)의 질병을 말한다.

여기에서 木이 庚辛申酉를 많이 만나게 되면 간담(肝膽)의 질병으로 류머티즘·관절염·신경통·감기가 발생하며 일찍부터 머리카락이 빠지고 수염은 적은 편이며, 혈기(血氣)도 나쁘고 손발이 마비되는 증상까지 발생할 수 있다. 고서에서도 근골이 아픈 것은 木이 金에게 손상 받았기 때문이라고 한다.

火가 왕성한 水를 만나면 소장(小腸)과 심장(心臟)의 질환이 된다. 소장과 신장에 부스럼과 독소가 발생하여 피고름이 생기고 여성에게는 핏덩어리가 나올 수 있다. 고서에서는 '눈이 침침하고 어지러운 것은 火가 水에게 극(剋)을 받았기 때문이다.'라고 하였다.

土가 왕한 寅卯木을 만나면 비위(脾胃)의 경락(經絡)이 손상을 받게 되며, 발에 부스럼이나 무좀이 생기고 황종(黃腫)과 입냄새가 나며 피부가 거칠어지면서 누렇게 변하게 된다. 고서에서는 '土가 허한데 왕성한 木을 만나면 비(脾)가 손상된다.'라고 하였다.

金이 왕한 巳午火를 만나면 대장과 폐경락의 질병이 된다. 기침·천식·구토·직장궤양출혈·치질·코막힘 등이 발생하게 된다. 고서에서는 '약한 金이 왕성한 火를 만나면 혈액의 질환이 발생한다.'라고 되어 있다.
 水가 辰戌丑未월을 만나면 방광과 신장의 질병이 된다. 허리의 통증·무릎의 통증·구토·설사 등이 심하고 오한이 와서 추위가 두려워지며 여성은 냉질환이나 기영아를 임신할 수 있고 월경불순의 증상이 나타난다. 고서에서는 '아랫부분의 냉질(冷疾)은 水가 손상되면 발생한다.'라고 하였다.
 "사회적으로 스트레스가 발생하는 사람들은 생활 속에서 항상 근심걱정뿐입니다. 여사님의 경우에는 갱년기의 증상이 될 수도 있으니 서둘러 의사를 찾아가서 부인과 진료를 받으십시오. 그리고 부인과이외에 심혈관 질병도 특별한 주의가 필요하십니다."
 괘에서 시주의 丙戌과 분주의 壬辰을 보니 천간으로 水火가 교전(交戰)하며 지지로는 辰戌이 沖하니 이러한 경우에 부인과 질병이라고 해석하게 된다. 그렇다면 필자는 왜 갱년기라고 하였을까? 그 이유는 매우 간단하다. 여사님의 나이와 생리주기를 종합해서 판단한 것일 뿐이다.
 여사는 조금 놀란 듯한 표정으로 말하였다.
 "우리 가족에게 심혈관 질병의 유전이 있어서 저도 정기적으로 건강검진을 받으면서 건강에 주의하고 있는데 선생님께서 다시 한 번 신경 쓰도록 말씀해 주시니 고맙습니다."
 여사를 바라보니 무언가 잠시 생각하는 듯 보였는데, 다시 물었다.
 "저에게 남자 친구가 있는데 어떤 문제가 생기지 않을까 걱정입니다."
 고서에서는 '괘국이 모두 양인(羊刃)인 경우에는 살림살이가 가난하여 집안이 쓸쓸하다.'라고 하여 고생할 운명이라고 하였고 《陰命賦(음명부)》에서는 '편관이 왕(旺)하여 자신이 신약하면 반드시 고독하고 외로운 아내이다.'라고 하였는데, 이 괘에서는 편관이 복음(伏吟)이고 남편궁이 투합(妒合)을 이루는 형상이므로 결혼생활이 행복하지 않다고 해석하게 된다.
 필자는 기대감을 주기 위해서 부드러운 표정과 어투로 말하였다.
 "정관 午火가 남편궁에 바르게 있고, 시지와 合하므로 이는 남자분과 동거하는 것을 말합니다. 당신들의 관계에는 다만 혼인신고만 안했을 뿐인데 무엇을 물으려고 그럽니까?"

여사가 슬픈 표정을 지으면서 말하길,

"16살에 제가 정말 사랑한 사람이 있었는데 부모님의 지나친 반대에도 무릅쓰고 그와 결혼했습니다. 그리고 36살에 그와 헤어졌습니다. 비록 지금의 남자 친구는 甲辰생으로 나보다 나이는 어리지만 그는 정말 절 많이 좋아합니다. 하지만 과거에 결혼에 실패하다 보니 지금까지 그 일에 대해서 마음을 툭 털어 놓을 수 없었는데, 지금에 와서 그러한 일로 다시 상처를 받을까봐 겁이 납니다."

"내가 여사님께 선종(禪宗)의 이야기를 해드리겠습니다."

일본의 큰 사원의 한 노승과 사미승이 있었는데, 그 두 사람은 사제(師弟)간으로 산수 유람을 다니고 있었다. 그러던 중 도랑에 도달하였는데 일본 전통의상인 기모노를 입고 있는 한 여인이 도랑을 건너갈 방법이 없어서 쩔쩔매고 있는 모습을 보았다. 그러한 상황을 노승이 보더니 두말도 하지 않고 바로 그 여인을 안고 그 도랑을 한 걸음 한 걸음 건너서 건너편 언덕에 내려주고 노승과 사미승은 산꼭대기 절로 돌아왔다.

저녁에 사미승은 도저히 잠을 이룰 수가 없어서 사찰을 오락가락하면서 낮의 그 일을 곰곰이 생각하였다. 스승님께서 어떻게 여자를 안을 수가 있지? 선종의 계율(戒律)에는 출가한 사람은 여색을 가까이 해서는 안된다고 하였는데 여자를 안으신 것에 대해서 그는 밤새도록 맨발로도 걸어보았지만 의문만 쌓여갈 뿐 도저히 이해가 되지 않았다. 노승이 그러한 사미승을 쳐다보면서 말을 건넸다.

"오늘은 제자가 어찌 이상하구먼. 마치 마귀가 붙어 있는 거 같구먼. 왜 그런겨?"

"스승님 오늘 그 도랑에서 어찌하여 여인네를 안고 건너가신 겁니까?

"나는 진작 놓아버렸는데, 너는 아직도 그 여인네를 짊어지고 있구나!"

과거는 이미 지나가 버린 것을 말한다. 우리는 그것을 '명(命)'이라고 한다. 당신은 지금 살아 있으며 내일을 우리는 '연(緣)'이라고 하는데 노화상은 그 여인네를 그 때 도랑에서 내려주고 그대로 잊어버렸던 것이다.

"당신의 마음속에 있는 과거에 대해서는 이제 집착하지 마십시오. 지나가 버린 과거의 고통이나 슬픔 따윈 잊어버리세요. 과거의 일들이 지금 당신에게 부담을 주지는 못합니다. 그대로 놓아버리세요. 과거의 온갖 좋지 않았던 일들은 버리고 이제는 자기 자신의 내일을 생각하면서 삶을 꾸려 나가십시오."

◆ 생각해 볼 문제
 이 남자 친구의 조건은 어떨까?

14
親家冤家一線隔
친가원가일선격

사이좋은 사람과 원수가 되는 것은 선(線)하나 차이이다.

  결혼식을 하는 사람들은 행복해야 한다. 하지만 모든 신랑신부들이 그렇게 순조롭고 원만하게 결혼하지는 못한다.
  며칠 전에 미모가 아름답고 늘씬한 여성이 필자의 작업실로 찾아와서 결혼에 대한 하소연을 늘어놓기 시작하였다.
  "약혼식 날을 잡는데 쌍방의 의견이 서로 합의가 되지 않고 있습니다. 서로 간의 견해차이가 너무 크다보니 의사소통에 장애가 발생하여 어려운 난관에 부딪히게 되었습니다."
  임 소저가 화가 난 듯 말을 이었다.
  "시대가 이미 21세기인데 이런 미신적인 사람들이 있다니요. 약혼식이랑 결혼식 날짜를 모두 신에게 물어보고 신이 알려 주는 길일을 택하기로 하였는데 우리 부모님은 그 날짜와 沖이 되어서 참석을 하시면 안된다고 합니다. 선생님 저는 이러한 상황이 도무지 이해가 되질 않습니다."
  "아버님은 이 일에 대해서 어떻게 생각하고 계십니까?"
  "아버지께서는 겉으로는 괜찮다고 하십니다. 너희 젊은이들이 좋은 날이면 된다고요. 그런데 제가 알기로는 그 일에 대해서 아버지도 매우 맘에 두고 계시는 것 같습니다. 사실 아버지도 매우 보수적이고 전통적인 분이시거든요. 그래서 저도 이 일이 너무 걸립니다. 이전에 남자 친구와 상의를 하고 집에 돌아가서 이 택일에 대해서 다시 한 번 부탁해보라고 하였는데 그가 저에게 뭐라고 그랬는지 아세요? 약혼식이란 그저 하나의 의식일 뿐이니까, 그 날 부모님께서 참석을 하지 않으시면 되는 일이라고 하더군요.
 너무도 기가 막혀서 나는 그에게 뭐라고 하였습니다.
 '어떻게 그럴 수 있어? 나는 장녀이고 일생에 단 한번 뿐인 결혼식인데 부모님께서 날 축복해 주길 바라는 것은 당연한 것이고, 약혼식에 나의 가족이 없으면 체면도 말이 아니잖아. 그렇다고 내가 찢어지게 가난한 사람도 아니고 내 얼굴은 뭐가 되냐고!'
 너무나 어이가 없어서 그에게 뭐라고 했어요. 그도 내가 매우 화가 난 것을 알고 조금 목소리를 낮추어서 부드럽게 말하더군요.
 '결혼식도 아니고 약혼식이니 의식에 대해서 너무 신경 쓰지마. 그리고 부모님이 연세도 많으시고 미신을 믿고 있으셔서 다소 생각하는 사고방식도 완고하셔서 설득하기 어려워. 그냥 그 분들 뜻을 따라줬으면 좋겠어.'
 '왜 아직 결혼도 하지 않았는데, 그 분들의 뜻을 따라야 하는 거지? 그렇다고해서 결혼하고 나면 내 맘대로 할 수 있어?'
 '그럼 당신은 내가 어떻게 해 주길 바라는 건데?'
 라고 남자 친구가 신경질이 난 듯 말하였다.
 '그만 둬! 약혼 하지마!'
 결국엔 이렇게 되었습니다. 원래는 좋아해야 할 약혼식인데 시작부터 막혀버려서 더 이상 나아갈 수가 없었습니다. 선생님 이제 저는 어떡하면 좋을까요?"
 "사실 이러한 상황이라면 누가 맞고 누가 틀렸다고 하기는 어려운 상황입니다. 가정환경이나 생활해 온 환경도 다르고 교육 정도나 사회 계층에 따라서 사람마다 관념(觀念)이나 인지(認知)하는 정도가 다를 수밖에 없으니 양가(兩家)도 큰 차이가 날 수 밖에 없습니다. 이러한 상황이 되었으니 임 소저가 양가의 어르신을 찾아뵙거나 동료들에게 협조를 구해야지 나를 찾아와서 물을 일은 아닙니다. 당신은 아마도 방향을 잘못 잡은 것 같습니다."
 그래도 임 소저는 꿋꿋하게 말을 계속 이었다.

"나와 그가 부부의 인연이 되는지 혹은 같이 살 인연은 있는지 선생님께서 명리학적인 관점으로 살펴봐주세요?"

"이른바 사랑은 사랑을 낳고 원수는 원수를 낳는다고 합니다. 좋은 점이 많아지면 미운 점은 줄어들 것입니다. 조금 더 격려해 주고 구박은 조금만 하십시오. 이 세상에서 단 한 사람만이 당신의 행복을 책임질 수 있는데, 그 사람이 바로 본인 당신입니다."

음력 2005년 9월 11일 12시 25분				
時柱	日柱	月柱	年柱	
食神	我	偏官	正財	十星
壬午	庚午	丙戌	乙酉	干支
正官	正官	偏印	劫財	十星

괘상을 살펴보면, 본 괘국은 일간 庚金이 정관 위에 앉아 있다. 戌土인 편인을 득령하였으므로 이러한 사람은 정직하고 지나치게 고집이 센 사람이 된다. 편관성이 투출되어 있고 이 편관성은 戌土의 고(庫)에 앉아 있으며, 戌土는 午火와 합이 되었다. 이는 성격이 강직하고 기개가 있지만 성미가 조급하고 화를 잘 내며 실패를 인정할 줄 모르는 성격이다.

다시 살펴보면 남편궁의 정관성인 午火가 합이 되고 戌土의 고(庫)에 들어가 관살로 화(化)하여 丙火로 투출되었으며, 만약에 이를 차반(借盤)하여 해석한다면 남편은 키가 크고 성격이 강직한 사람이라고 할 수 있다.

괘국의 모양을 살핀 후에 임 소저에 말을 건넸다.

"당신 두 사람의 성격이 너무도 닮았습니다. 둘 다 급한 성격이고 강한 사람들이다 보니 당연히 이러한 일에 처하게 되었을 때 서로 양보를 하지 못하는 것입니다. 머지않아 두 집안이 원수가 되겠습니다. 두 사람이 2년 동안 사귀면서 도대체 어떻게 지냈을지 도무지 상상할 수가 없습니다."

"2년 동안은 괜찮았어요. 서로 의견이 달라서 기분이 좋지 않을 때에는 그가 늘 저한테 양보했거든요. 저도 제 성격이 좋지 않다는 것은 알아요. 하지만 고쳐지지가 않아요. 어째서 그가 이번에는 나의 처지를 이해해 주지 않는 걸까요?"

"당신이 지금의 성격으로 결혼생활을 적응해야 한다니 사실 나는 당신이 걱정스럽습니다. 일반적인 세상 사람의 눈에는 한 남자의 결혼생활이 행복 하느냐 아니면 불행 하느냐는 그 아내의 성격과 심성이 다른 어느 것 보다 매우 중요하다고들 합니다. 어떠한 여성이 아무리 세상에서 가장 아름답다 하더라도 성격이 조급하고 화를 잘 내고 남을 비난하는 괴팍한 성격이라면 그 여성이 가지고 있던 모든 미덕은 사라질 것입니다. 즉 그 여성에게 미덕이 있다고 하지 않을 것입니다."

혼사에서는 일반적으로 신랑 측에게 혼사에 관련된 택일을 하라고 하는데, 택일을 할 때에는 남녀의 생년월일시와 양가 부모의 띠를 가지고 판단을 하여 혼사에 좋은 날과 좋은 시간을 결정하고 그 밖에 옷을 맞추거나 기타 혼수용품을 장만하는 날 등 남녀의 혼사와 관련된 실제 상황을 상의하여 길일(吉日)을 결정하여 문서로 작성하고 신랑 측에서 이 택일한 문서를 신부 측에 보내주고 무언가 문제가 없다고 한다면 그 일정에 맞추어 혼례를 거행한다.

옛날이나 지금이나 남녀의 혼사문제는 신중히 하였다는 것을 이것으로 미루어 알 수 있다. 근래에 와서는 민간 풍속이 점차 변화되어 남녀 모두 자유롭게 연애하고 결혼하지만 황도길일(黃道吉日)을 선택하여 결혼하는 것만큼은 지금도 지켜지고 있다. 하지만 신부 측의 가족들까지 모든 것에 부합이 되어서 다시 길일을 바꾸는 일은 없어야 되는데 가끔은 신랑 측에서 택한 길일이 서로 부합되지 않을 경우 혼사의 진행이 매우 어렵게 된다.

임 소저가 말문을 열었다.

"약혼식 날은 신(神)이 알려 주는 길일(吉日)이어야 한다고 하는데, 그들이 바라는 날이 따로 있나요?"

"일반적인 도리(道理)로서는 분명 문제가 되지 않습니다. 신(神)이 길일(吉日)을 택하면 두 집안이 모두 원만하고 좋은 날이어야 하는데 남자 친구의 부모가 신명(神明)에게 길일을 택일할 때 여자 측 부모의 입장을 소홀히

하여 이러한 오해가 생겼을 뿐입니다. 당신도 기죽지 마십시오. 내가 좋은 날을 알려 줄테니 남자 친구와 이야기를 잘 나누세요. 그렇게 되면 당신이 생각하지도 못했던 좋은 결과를 얻을 수 있을 것입니다.

여자의 가장 큰 무기는 눈물이라는 것은 아시죠? 그는 강하게 이야기 하면 반발하는 성격이니 눈물로 남자 친구의 마음을 자극하고 부드럽게 당신의 의견을 이야기 하세요. 여기서 중요한 것은 당신이 남자 친구의 이야기를 좋은 쪽으로 해석하고 그를 믿는 것입니다. 남자 친구를 믿어준다면 당신과 협조해서 이 일을 해결해 줄 것입니다."

필자의 긴 이야기를 듣고 나더니 부드러운 어투로 물었다.

"저는 癸丑생이고 그 사람은 丙辰생으로 3살 차이가 납니다. 사람들이 하는 말을 들으니 3살, 6살, 9살 차이의 결혼은 나쁘다고 하던데 선생님께서도 그렇게 생각하세요?"

"12가지 띠의 기원은 언제부터 시작이 되었는지 알 수도 없고 그 연대도 확실하지 않고 그저 춘추전국시대 정도인 것으로 추정만 하고 있습니다."

명리학자들은 12지지로 운명을 해석하는데 본래는 2단계의 의견으로 나누어진다. 당왕조 이전에는 비교적 12가지 띠에 대한 비중을 많이 두고 지지의 생극(生剋)을 살펴서 해석해 왔다. 그러다가 송왕조 시대의 서자평(徐子平) 선생의 영향으로 그 이후에는 태어난 날의 천간을 중심으로 삼고 지지의 음양오행이 변화하는 것으로 그 사람의 운명을 판단하게 된 것이다.

"만약에 당신이 12가지의 띠로 살펴보는 결혼인연을 믿는다면 당신이 생각하는 이념도 당왕조 이전의 구시대적인 사고방식이라고 하겠습니다."

"외람되지만 선생님께 질문 한 가지만 더 드려도 될까요? 남자 친구의 경제 상황에 대해서 알고 싶은데요."

"괘에서 나타나는 남자 친구를 살펴보니 그에게는 2건의 부채가 있는데 그 금액을 합치면 대략 2백만 위안 정도입니다. 그 금액을 상환할 수 있는 시기는 대략 2009년쯤 가능할 것으로 보입니다. 당신이 괜찮다면 당신의 비상금으로 남자 친구를 도와 이 금전적인 문제를 해결해 주는 것도 좋은 방법이라는 생각이 듭니다."

여기에서 2건의 부채가 2백만 위안이라고 해석한 것은 丙戌과 일지 午火와 시지 午火와의 삼각관계에서 얻어진 것이다. 비상금과 금액의 숫자는 戌土로서 가능하다. 관인이 고(庫)에 들어간 것으로 이 현기를 이끌어 낼 수 있다. 자평의 고수들은 어쩌면 戌酉이 반합(半合)하여 金으로 화(化)해서 겁재가 고(庫)를 깨뜨린 것으로 해석하였다고 할 수 있다. 그렇다면 비상금은 어떻게 해석할까? 이 부분은 여러분들의 능력으로 살펴보시기 바란다.

"선생님 정말 대단하세요. 부채와 비상금 모두 선생님의 신기묘괘를 벗어나지 못했어요. 정확하게 남자 친구의 부채는 차량할부금과 카드빚으로 모두 2백만 위안 정도 될 거예요. 제가 모은 돈으로 이 빚을 상환할 수는 있습니다. 하지만 이 돈은 10년 동안 내가 아껴먹고 절약해가며 고생고생해서 모은 것이고 나의 밑천인데 차량 할부금을 상환해 줄 수는 없을 것 같아요"

"부부는 같은 나무에서 사는 새와 같아서 때로는 말을 많이 할 필요도 없습니다. 당신의 성격은 편관이 왕상(旺相)하여 신중하게 일처리를 하고 처리할 때에는 확실하게 하는 성품입니다. 지금은 젊고 패기도 있으니 오히려 남성적인 일을 하는 것이 가능하다고 하겠습니다. 지금 당신의 상황을 내 경험에 의거하여 살펴본다면 당신이 돈을 쥐고 있기는 어려워 보입니다."

서로의 이야기가 좋은 방향으로 흘러가고 있는데 무언가 미진한지 임 소저가 말을 이었다.

"저는 상당히 큰 규모에 해당하는 직거래 회사에 근무하고 있습니다. 올해 5월 초에 불량 건강식품으로 고발당해 이후의 회사 사정이 좋지 않습니다. 회사가 얼마나 유지가 될 수 있을지 걱정입니다. 혹 다른 직장을 찾아봐야 할까요?"

"당신은 일을 하는데 신중하고 책임감이 있습니다. 이 회사를 그만 둘 확률은 그다지 높지 않습니다. 괘상에서는 관살이 혼잡하고 정관은 복음(伏吟)에 자형(自刑)인데 또 다투어 습하고 戌土의 고(庫)에 들어가 있으므로 이러한 경우에는 회사의 운영상황이 좋지 않은 것으로 해석할 수는 있습니다. 그렇지만 회사는 온전하고 火가 왕성하므로 그런대로 괜찮으니 지금 당장은 위험하지 않지만 丙戌년인 내년은 복음이고 제강(提綱)이므로 이동의 조짐이 있다고 할 수 있습니다. 당신이 지금의 이 일에 대해서 결정하고 가능한 빨리 사모님이 될 준비를 하는 것이 먼저입니다."

　좋은 날을 선택하는데 있어서 제일 먼저 용신과 부합이 되어야 하고 그 다음으로 상대방의 가장 약한 세력을 선택한다. 만약에 괘에서 남자친구에 해당하는 관살이 왕(旺)하면 壬申일과 癸酉일이 가능하다. 이론 상에서는 관살이 왕(旺)하면 식신제살로 용신을 삼게 된다. 또한 12운성에서는 丙火가 申金의 자리에 있으면 스스로 병지(病地)에 앉아서 생기가 없다고도 하며 丙火가 가장 약한 날로 길일(吉日)을 선택하면 된다고 한다.

15
滿天神佛
만천신불

온 천지(天地)가 신불(神佛)이구나!

  많은 사람들이 매일매일 생각하는 것은 오직 돈을 벌어서 성공하는 것이다. 무조건 아들은 용(龍)이 되길 바라고 딸은 봉황(鳳凰)이 되길 바란다. 그러나 만약에 당신이 그에게 어떻게 하면 성공할 수 있고 어떠한 방법으로 돈을 벌 수 있는지를 묻는다면 그들은 답을 하지 못한다.
  사실 이 우주(宇宙)에는 공평한 법칙이 있어서 어떤 것을 얻기 위해서는 당연히 다른 어떠한 것을 포기해야 하는데 그 결정을 정작 실행에 옮기지 못한다. 무릇 진정한 불교인이라면 모든 것에는 인과관계가 있음을 믿고 있을 것이다. 중국의 전통사상에는 한 쌍의 인과론이 있는데 바로 '착한 일을 많이 한 집안은 경사스럽고 복된 일이 자손에게까지 미친다.'는 이야기와 '악한 일을 많이 한 집안은 그 재앙이 자손에까지 미친다.'는 이야기이다.
  이와 더불어 아비가 자애로우면 자녀는 효성스럽고, 형은 아우를 친구처럼 여기고 아우는 형을 공경(恭敬)하는 도리(道理)와 같다. 즉 좋은 일을 행하면 반드시 좋은 결과를 얻는다는 말이다.
  하지만 이 세상에는 아비는 자애롭지만 자녀가 효성스럽지 않은 경우도 있고, 형은 아우를 친구처럼 여기나 아우가 형을 공경하지 않는 경우도 있으니 선(善)을 베풀었어도 재앙(災殃)이 계속 이어지기도 하고, 덕(德)을 행한 사람도 죽음을 타향에서 맞이하는 경우도 있다. 이 때문에 어떤 사람들은 두려움이 닥치고 좌절하게 되었을 때 항상 자신이 신(神)과 멀리 떨어져 있다고 생각하고 자신을 포기해 버린다.

싱가포르에서 수업을 마치고 시간적인 여유가 있어서 진 소저 학생이 소개해 준 ○○부동산 회사의 진동(陳董) 사장과 차를 마시게 되었다. 엘리베이터를 내려 앞의 풍경을 바라보고 필자는 너무 놀라워 감탄해 버렸다. 현관 양쪽에 휘황찬란하고 장엄하게 장식된 곳에 네 분의 불상이 모셔져 있었다. 사무실에 들어가면 10여개의 책걸상이 가지런하게 놓여 있고 깊이 있는 따뜻한 색 계통으로 중국풍의 장식이 어우러져 있어서, 보았을 때 그 느낌이 수수하기도 하고 우아해 보였다. 이러한 풍경을 보고나서 필자는 상당한 규모의 회사라는 것을 판단할 수 있었다.

자세히 회사의 풍경을 관찰해 보니, 서남쪽에는 신(神)을 모시는 탁자에 많은 신상(神像)이 있었는데 정말 장관이었다. 내가 대략 살펴보았는데 탁자 위에는 스무 분 정도의 신상이 있었고, 또한 손님접대 탁자 위와 업무용 책상, 장식장에도 모두 불상들이 가득 차 있었다. 이로써 이 회사의 주인은 독실한 불교인이라는 것을 알 수 있었다. 진사장실로 들어가 서로 한바탕 자리를 양보하다가 예의를 갖추고 앉아서 이야기를 시작하였다.

진동 사장이 만족스러운 표정으로 말문을 열었다.

"선생님의 나라인 대만에서 영통하신 분으로 유명하신 어떤 분이 이전에 이곳을 찾아와 살펴보고 말씀하시길 저에게는 신불(神佛)이 가득하여 나를 감싸주니 회사가 나날이 발전할 것이라고 하더군요. 선생님께서 지금 이곳을 살펴보았을 때 사무실의 기운(氣運)이 어떠셨는지요?"

"저는 신통한 사람이 아닙니다. 하지만 내가 당신에게 영감(靈感)이 무엇이고 기운(氣運)이 무엇인지는 알려 줄 수 있습니다."

보통 사람들이 말하는 영감이라는 것은 체질에 따라 다르고 생리반응도 다르게 발생한다. 예를 들면 딸꾹질이 멈추지 않거나 하품을 하는 사람도 있고, 계속 구토하는 사람도 있는데 마치 여성이 임신초기에 구토하는 증상과 같다. 다른 어떤 사람들은 손발을 떨기도 하고 노래하고 춤추는 사람도 있으며 두통에 시달리거나 어지럽고 귓속이 가렵고 아파서 불편해 하는 사람도 있다.

다른 감응(感應)도 있는데 마치 머리가 온통 마비되고 손과 배의 주변에 닭살이 돋고 뾰루지가 생기고 등줄기가 서늘한 느낌이 든다. 때로는 이러한 현상도 없이 바로 신이 내렸다고 생각하기도 하며, 이러한 감응들은 가장 직접적으로 나타나는 현상들이다.

당신이 신의 소리를 듣거나 혹은 신의 환상을 본 적이 있다고 한다면 이는 특이한 현상이라고 할 수 있으므로 감응의 정도는 사람에 따라서 다르다. 그러다 보니 이러한 상황을 보통 사람은 이해하기가 쉽지 않다.

"기운(氣運)을 감지하는 방법은 매우 많은데 지금 내가 당신에게 가장 실용적인 방법에 대해서 직접 알려드리도록 하겠습니다. 현재 있는 장소의 지기(地氣)를 알려면 우선 창문을 꼭 닫고 에어컨을 끄세요. 그 다음에 담배를 피워 연기를 한 모금 들이마시고 내뿜으면서 연기가 어느 곳에 모이는지 살펴보면 그곳이 바로 기가 모이는 곳입니다."

필자는 계속하여 말을 이었다.

"이 곳의 기운은 정신없이 혼란스럽고 복잡합니다. 여기 있는 신단(神壇)도 그렇고 사장실의 문이 향하는 좌향으로 기(氣)가 흘러 나가니 이러한 형상으로 배치되어 있다면 사업의 운영상태가 좋지 않고 업무를 진행시키는데 장애를 받거나 뜻을 펴기도 어렵습니다. 내 경험으로 비추어 보건데 당신 회사의 경영 상태는 좋지 않고 지금은 어려운 상황일 것으로 보입니다. 지금 당신 나라의 부동산 경기가 부진하다면 자금조달 문제로 힘겨워서 걱정이 끊이지 않을 것입니다. 또한 신체방면으로는 뇌신경쇠약으로 인하여 불면증에 시달리며 마음이 둥둥 떠서 터무니없는 생각을 할 징조가 보입니다."

이상의 내용은 오주패의 배합과 풍수지리를 함께 참고하여 해석한 것이다.

"최근 2년 동안에 상가 등의 부동산 경기도 나쁘고 실제로 몇 건의 매출실적을 기대하기조차도 어려운 상황입니다. 그로 인한 스트레스가 가중되어 종교적으로 도움을 요청해 보기도 하고 또 고명하신 선생님들에게 미진한 부분에 대한 도움을 요청하였지만 아직도 아무런 효과를 보지 못하였습니다. 오늘은 선생님께서 싱가포르에 강의 일정이 잡혀 있다고 하여서 제자분께 뵙고 싶다고 특별히 부탁을 하였습니다. 지금 이러한 상황을 어떻게 하면 극복할 수 있을지 알려 주십시오."

"부동산업의 경기가 좋지 않은 것은 국가 정책의 영향이니 전체의 큰 환경입니다. 비록 개인의 운이 아무리 좋아서 은행에서 저금리로 대출을 받고 광고로 투자자를 모집한다고 해도 어려울 것입니다. 하지만 그 기운(氣運)을 장악할 수 있으니 부처님과 신에게 도움을 요청하더라도 신에게 운명을 물어보지 마십시오."

"선생님께서 사무실의 배치와 기(氣)가 움직이는 방향으로 최근 2년간 회사의 경영 상태를 바로 아시고 게다가 지금 회사의 운영상태가 좋지 않은 것까지 아시네요. 제가 주제넘게 선생님께 가르침을 청합니다. 회사에 모시고 있는 신불(神佛)들은 어떻습니까? 알려 주십시오."

"너무 집착하지 마십시오. 대만의 속담에 '소가 많으면 똥 없는 땅 없고 자녀가 많으면 아비는 굶어 죽는다.'는 이야기는 신에게 너무 미루기 때문에 일이 성사가 안된다는 말입니다. 그리고 속된 말로 '안되면 조상님 탓이고 잘되면 내 탓이다.'라는 말도 있습니다. 모든 일은 확실하게 처리해야지 너무 미신만을 믿어서는 안됩니다.

사업을 경영하는 것은 신용을 지키는 것에서부터 시작입니다. 시장의 수요와 발전방향을 계획하여 경영하고 쓸데없는 생각으로 스스로 자신의 길을 잃지 않도록 조심하십시오. 신불(神佛)이라고 하더라도 특별히 당신을 돌보는 것이 아니라 당신의 마음을 진정시켜 줄 뿐입니다. 잡념을 없애고 영감을 계발(啓發)하여 스스로 깨달아야 알 수 있습니다. 그리고 전체적으로 살펴보는 것은 괘국의 배합과 기운을 참고해서 해석할 뿐이지 신(神)의 기적으로 나타나는 것은 아니니 오해는 하지 마십시오."

괘국을 살펴보면 정편인이 천간에 투출되었고 지지로는 재가 왕하고 인성들이 과다한데 절각살(截脚煞: 천간이 스스로 사지에 앉아 뿌리가 없다는 의미)을 이루고 있다. 십성이 상징하는 인사물(人事物)을 운용하여 해석하면 인성은 투출되었으나 무력한 상황이다. 인성은 문화, 교육, 종교, 신앙을 나타내므로 이 사람은 독실하게 신불(神佛)을 의지하지만 문화수준이나 교육정도가 낮을 것이다. 또한 부동산은 은행에 대출을 받아서 얻은 것으로 해석이 가능하며 지지의 재성이 왕(旺)하여 신약하므로 '재다신약(財多身弱)으로 집은 부자이나 사람은 가난하다.' 라고 할 수 있으니 이 사람은 자산은 있으나 현금이 없다는 해석도 가능하다.

음력 2005년 7월 7일 10시 X분					
分柱	時柱	日柱	月柱	年柱	十星
正印	偏印	我	正印	偏印	十星
甲申	乙巳	丁卯	甲申	乙酉	干支
正財	劫財	偏印	正財	偏財	十星

괘국을 다른 주제로 대입을 하게 되면, 바로 이 사람에게는 두 여자가 있어서 양옆에 앉혀 놓고 복을 누리고 있다는 추측도 가능하다. 다시 환경을 살펴보면 그가 거주하는 곳은 지하철역이거나 철로 부근과 대략 300m 정도 떨어져 있다. 이상의 추측은 오주괘에 나타나 있는 것을 근거로 해석한 것이다. 운명을 해석할 때에는 의뢰인과 서로 이야기하는 가운데 다시 괘국을 대입하여 나타나는 현기(玄機)에서 신기하고 영험한 해석의 효과도 발생할 수 있다.

오주괘를 자세히 연구하고 나서 바로 진동 사장에게 이야기 하였다.

"당신은 앉아서 '제인지복(齊人之福)'을 누리고 있습니다. 작은 부인은 당연히 사업파트너이고 당신 부인과도 오랫동안 알고 지내는 사람이군요. 당신의 부인 성격은 좋지 않아 보이고 당신을 존중하지도 않으며 자주 당신과 친구에게 실수하면서도 스스로는 알지도 못합니다. 더욱이 당신이 고민스러워 하는 것은 고부간의 갈등이 가장 큰 원인이었던 것으로 보입니다."

일간 丁卯가 지지 2개의 申金과 암합(暗合)이 되므로 배우자가 2명이라는 것을 의미한다. 申金과 巳火의 합은 문호(門戶)의 합으로 사업궁을 상징하므로 한 여인은 사업파트너라고 하게 되는 것이다.
　어머니와 배우자의 관계가 화목하지 않은 이유는 申金의 정재성이 월지에 득령하였는데 그 자리는 어머니궁에 해당한다. 甲木 정인은 또 처궁에서 뿌리를 얻었으니 이러한 경우에는 서로 바꾸어서 해석이 가능하다. 처성이 득령한 것은 강하다는 것을 상징하고 어머니는 물러나서 양보하는 의미가 된다.
　다시 甲木 인성이 일지 卯木에 뿌리를 두는데 연지의 酉金과 월지의 申金이 반합(半合)으로 卯木을 沖하므로 원국의 卯木과 申金의 암합(暗合)의 정(情)이 깨지게 되니 고부간의 갈등으로 해석할 수가 있는 것이다.
　상대를 존중하지 않는 것은 재성이 인성을 깨뜨리는 것으로 해석이 가능하다.
　필자의 설명을 다 들은 후에 진동 사장이 바로 인터폰을 눌러 재무회계 담당자를 오라고 하고 필자에게 말을 하였다.
　"선생님께서 말씀하신 사업파트너는 재무회계 담당자입니다. 그녀가 근무한지는 8년이 되었는데 그 동안 불행한 결혼생활을 하다가 몇 년 전에 그 불행한 결혼생활을 끝내버렸습니다. 저는 16세부터 회사의 임시직으로 시작하여 비록 몇 년 동안은 책도 읽지 못하고 공부를 못하였어도 사람이 어떻게 살아야 하는 것이 도리인 줄은 알고 있습니다만 어쩌다 보니 동정심이 생겼고 오랫동안 함께 사회생활을 하다 보니 정이 들어 자연스럽게 가깝게 지내게 되었습니다.
불가에서는 '전생의 인연이 이번 생의 인연이 되는 것이며 결혼의 인연은 하늘이 정한다.'고 하였으나 우리는 같이 4년 정도를 지내면서 서로 양보하고 신뢰하다보니 감정적으로 잘 맞습니다. 그녀도 나의 이중생활에 대해서 좋은 쪽으로 생각하고 있다보니 나의 결혼에 대한 관념이 변해 버렸습니다. 만약 아이들이 아니었다면 오래 전에 가정을 버렸을 것이고, 지금의 그녀와 나란히 잠들고 함께 날아 다녔을 것입니다. 지금 하나의 의문이 나를 곤란하게 하고 있는데 그녀들은 어쨌든 모두 나의 아내인데 어쩌면 이렇게 성격이나 취미가 다르고 사람들을 대면하고 처리하는 것에 이렇게도 큰 차이가 있습니까?"

 "명리학의 관점에서 이 문제를 해결하기 위해서는 그녀들이 출생한 연월을 대입하여 살펴보면 더욱 정확한 답을 얻을 수 있습니다."

 "본처는 己酉년 巳월 생이고 소화(小華)는 壬子년 辰월 생입니다."

 "부인의 성격은 대단히 강하고 쉽게 화를 잘 내고 솔직하고 정서적으로 기복이 심한 편입니다. 말은 직설적이고 솔직하며 친구들과 함께 있을 적에는 사람을 놀라게 하는 말도 잘합니다. [부인의 출생년이 패국의 일지를 극(剋)하여 재성이 인성을 깨뜨리는 형국이 되므로 바로 알 수 있는 것은 고부갈등이 발생한다는 것이다.] 그리고 부인은 당신에게 불만이 많고, 당신의 자존심을 건드리다 보니 부인과 함께하는 시간보다 떨어져 있는 시간이 많아지게 되는데 이는 '역마충(驛馬沖)'과 관련이 있다.] 그러다 보니 친구들에게 체면이 말이 아닐 것입니다. 이러한 부분들이 부부사이에 발생하는 마찰의 주요원인이 됩니다.

소화님은 참 총명하고 영리하며 사람의 마음을 잘 이해하고 바깥 인연들도 좋습니다. [도화(桃花)이므로]하는 일도 아주 꼼꼼하며 책임감도 강하여 공적으로든 사적으로든 당신에게 힘이 되어 줍니다.《論命要訣(논명요결)》에 말하길 '사람들이 대화를 나눌 때 많은 이야기를 하다보면 듣는 사람은 그 중의 좋은 말들을 기억하게 되어서 서로 간의 마음이 통하는 기회가 많아진다.'라고 하니 그녀가 친절하게 손님을 대하는 모습들은 도저히 부인이 흉내를 낼 수 없는 부분이라고 하겠습니다."

 "아내의 성격이 너무 조급하고 정서적으로도 불안정하다 보니 어린 아이처럼 세상물정을 잘 모릅니다. 그리고 항상 눈을 부릅뜨고 성질을 부리다보니 간접적으로도 부부의 관계에 영향을 미칠 수밖에요. 선생님께서 판단하시기에 우리 부부가 이러한 관계로 평생 함께 할 수 있겠습니까?"

 진동 사장의 이러한 말을 듣고 필자는 결혼에 대한 이야기를 하였다.

 "젊었을 때에는 호르몬 작용으로 결혼을 하게 되고 사랑의 결정을 이룬 다음에는 감정이 점점 싱거워지면서 부담은 더욱 더 증가됩니다. 이렇게 되면서 사랑은 떠나가고 가정을 지켜야 된다는 의무감만 남게 되므로 이혼에 대한 생각까지 하게 되고, 가정에 대한 관념과 개인의 도덕성에 따라서 결정이 나다보니 사실 명리학의 관점에서 판단하기에는 무척 어려운 부분입니다."

진동 사장이 한숨을 쉬며 말했다.

"결혼생활이 아름답기만을 바랄 수는 없고 허물만 많아지게 됩니다. 지금의 상황은 가장 곤란한 시기로 땅도 잘 팔리지 않고 자금은 날이 갈수록 어려우니 만약에 가까운 시일에 자금을 확보할 방법이 없다면 연말에 가서는 재무적으로 어려움에 처하게 될 것입니다. 선생님 이 어려운 시기를 어떻게 극복해 나가면 되겠습니까? 혹여나 귀인의 도움을 받을 수는 있겠습니까?"

"어떤 이가 저에게 귀인은 어떤 사람이냐고 묻더군요. 태어나면서부터 우리는 매우 많은 사람들의 도움을 받습니다. 의사는 우리 어머니의 자궁에서 나를 꺼내주고 그 다음에는 다른 사람들이 음식을 주고 또 다른 사람들은 우리를 가르쳐서 글을 읽을 수 있도록 해주니 이렇게 성장해가는 과정에서 도와주는 모든 사람들이 다 귀인이지요.

명리에서는 귀인을 신살(神煞)로 대입을 합니다. 귀인을 의미하는 말을 보면 '병정(丙丁)이 돼지와 닭에 앉는 것을 말한다.'고 하였으니 본 괘상에 대입을 하면 연지의 酉金은 닭이니 귀인인데 안타깝게도 일지의 인성을 沖하고 化하지 않았으므로 이것이 귀인을 대표하지만 효험이 없다고 하겠습니다. 정말 도움이 되는 인연은 亥월을 기다려야 비로소 실질적인 효과를 얻으실 것입니다.

그리고 귀인을 의미하는 다른 십성인 인성이 있습니다. 이 인성을 귀인이라고 할 수 있는데 그는 어른을 상징하고 어머니처럼 나를 보호하고자 하는 마음을 품지만 보답을 바라지 않는 자애심을 말합니다. 인성은 보호를 의미하므로 방으로 해석하기도 합니다. 이 정인의 특성을 지금의 괘상에 대입을 하면 바로 확실하게 드러나는데 월간의 정인 甲木의 장생지는 亥水이고, 이것이 상징하는 것은 亥월에 집이 완공되는 것을 의미하므로[담보대출 받은 이자 부담이 줄어들 것이다.] 亥월이 또한 귀인이라고 할 수 있습니다. 이는 귀인이 있어서 도와주는 의미가 되므로 부동산이 매매되어 이 어려운 난관을 극복하게 될 것이라는 해석이 가능합니다. 이렇게 정리해보니 당신이 너무 걱정을 하신 것 같습니다."

　조지 버나드 쇼(George Bernard Shaw)가 예전에 '두뇌가 명석한 사람은 자기의 적성을 환경에 적응시키고 머리가 나쁜 사람은 환경을 자기의 적성에 맞게 개조하려 한다. 몸은 하나의 지도자이며 생각할 줄 알고 상황의 변화에 따라 대응할 줄 알고 걱정으로 고통스러워하면서도 회사에서 변화되는 환경 속에서 경쟁하면서 살아가는 것은 변하지 않고 계속 이어질 것이다.'라고 하였듯이 개인이든 조직이든 논할 것 없이 모두 지속적으로 개선시킨다면 시대의 흐름과 추세에 부합될 것이다. 대자연의 만물은 하늘의 선택을 받아야 살아남는다는 것을 우리에게 보여 주고 있지만 하늘의 뜻에만 순응할 것이 아니라 노력으로 성장을 해야지, 그렇다고 노력도 하지 않고 그냥 앉아서 기다리기만 해서는 안된다.

◆ 생각해볼 문제
　괘상에서 나타나 있는 것은 소화(小華)의 감정이 얽혀 있는 형상인데 전 남편과의 문제가 甲申년부터 계속 뒤엉켜오다가 지금은 모두 소화가 원하는 대로 회복되었다. 다만 그녀의 전남편은 이미 재혼을 하였으니 이 사각관계를 어떻게 해결해야 할지 모르겠다. 여러분들은 이 문제의 해답을 괘 속에서 찾아 낼 수 있겠는가?

16
花前月下也偸期
화전월하야투기

달밤에 꽃밭에서 만날 것을 언약하다.

　인생을 살아가는 중에 가장 처리하기 어려운 일은 아마도 남녀관계일 것이다. 이 세상에서 남자를 제외하면 모두 여자인데 두 종류의 사람으로부터 발생하는 문제들은 매우 복잡하고 또 어려운 연습문제와 같다.
　만약 당신이 10명의 남자에게 질문을 한다면 그 중 8명은 '여자의 마음은 모래 위의 바늘과 같이 모호하여 겉으로 보이지 않는다.'고 할 것이며, 당신이 10명의 여자에게 묻는다면 그 중의 8명은 '남자들은 정말 괴상한 동물이다.'라고 할 것이다. 이렇게 남자와 여자의 생각이 서로 다르다는 것을 알 수 있다. 서로 시기하고 서로 속이다보니 진실성은 떨어지고, 생각하는 사고방식도 같지 않고 서로 무관심하다보니 이들은 화합하지 못하는 관계가 되는 것이다.
　바람에 흔들리는 갈대와 같이 여인은 변덕이 심하다. 만약 당신이 시간을 내어 인터넷으로 여인의 변덕에 대해서 검색을 해본다면 여기에 대한 형용사와 속어는 이루 다 열거를 할 수가 없을 정도로 많이 볼 수 있다. 명리학을 연구하고 임상하는 과정에서 많은 젊은이들이 필자에게 말하기를 여자의 마음은 도무지 알 수 없다고 한다. '필요해'라고 하더라도 실은 '필요 없어'라는 뜻이기도 하고 '싫어'라고 말을 하여도 사실은 '좋다'는 뜻이기도 하니 도대체 마음을 드러내지 않으니 어떻게 해줘야 하는 것인지 모르겠다는 것이다.
 다만 예전에 상처 받은 여성들이 하는 말을 들어 보면, 그들의 심리는 일종의 불안감과 두려움으로 뒤섞여 있어서 정서가 불안정하다. 그리고 변덕스러운 특성이 나타나는 이유는 결혼하지 않은 여성의 경우에는 감정적인 부분과 생리적으로 균형이 잡히지 않았기 때문에 마음속 깊은 곳에서 혼란스러움으로 힘들어 하고 있는 것이다.
 요즈음 사회는 모든 것이 변화되어 가고 있다. 더욱이 남녀의 생활 속을 들여다보면 진실한 것 같지만 그렇지 않은 기이한 현상이 발생하고 있다. 처음에는 비정상적인 것 같아 보였지만 이렇게 급속하게 변화되어 가는 복잡한 사회 속에서는 오히려 진실하지 않은 것이 정상적인 것처럼 보이기도 한다.
 진정한 사랑은 단지 좋은 느낌만 있을 뿐 때와 장소를 가리지 않고 찾아오는 것이다. 어쨌든 삼각관계가 발생해서는 안되지만, 일단 발생하면 그들은 바로 서로를 속이는 일들이 생겨나고 당사자들에게는 상처와 두려움이 되어 방황하면서도 오히려 속수무책(束手無策)이 되어버린다. 단지 한 순간 성욕 때문에 결국에는 마음속의 길을 잃어버리게 되는 것이다.
 두 이성의 관계를 놓고 말한다면 애욕(愛慾)이 있어서 마음이 움직이고 외도의 인연이 만들어지는 것이다. 생활 속에서 바람을 피우는 사건 중에는 당사자들은 항상 스스로 그럴싸한 변명을 늘어놓는다.
 미혼자가 양다리를 걸치거나 또는 동시에 두 명의 이성 친구를 가질 수 있는지에 대해 사회적으로나 법률적으로는 어떠한 판정이나 제재를 가할 수는 없다. 이때에는 단지 전통적인 도덕관념으로써 제약하거나 두 사람의 내면의 세계를 보다 강력하게 통제하는 수밖에 없다.
 성경에 '사랑은 영원히 멈출 수 없다.' 라고 자세히 적혀 있듯이 두 사람이 기꺼이 배우고 또 배우길 원하며 늘 상대방을 즐겁고 기쁘게 할 수 있는 방법을 생각한다면, 그 두 사람의 생활은 당연히 달콤하고 즐거울 것이며, 삼각관계가 되거나 바람을 피우는 등의 곤란한 일은 없을 것이다.
 대만 남부에 역학을 공부하는 왕씨 성의 여성[자미두수의 대가이신 곤원 선생이 소개해 준]이 한 명 있는데 풍만한 몸매에 이목구비(耳目口鼻)가 뚜렷하고, 화장을 하지 않는 것으로 보아 천성이 순진하다는 것을 숨길 수 없었다. 그녀는 중국 산동성의 억양이 섞인 말투로 곧바로 문제를 말하였는데, 그녀는 내가 감정상의 곤혹스러움에 대해서 명리학적인 관점으로 그 의혹을 풀어주길 바랬다.

음력 2005년 9월 20일 戌시				
時柱	日柱	月柱	年柱	十星
正官	我	正印	偏官	
甲戌	己卯	丙戌	乙酉	干支
劫財	偏官	劫財	食神	十星

　괘국에 나타나 있는 것을 살펴보았을 때 合이 많은 것은 이성인연이 좋은 것을 의미한다. 쉽게 사랑의 소용돌이에 빠지며 스스로 헤어날 방법이 없다. 관살이 혼잡(混雜)되고 투출되어 있으니 제 삼자의 역할을 하게 될 가능성이 매우 높으나 스스로는 알지 못한다. 천간은 정관과 合이 되고 지지에도 合이 많으니 스스로는 자존감이 없고 의지가 확고하지 않아 쉽게 환경의 유혹에 빠지고, 자신을 치켜세워 주거나 좋은 말을 듣는 것을 좋아한다.

　《雜論(잡론)》의 구결(口訣)에서 '관살혼잡(官殺混雜)인 사람은 색을 좋아하고 음탕하다고 하니 이러한 의미는 남자는 여색을 밝히고 여자는 음탕하고 천하다.'라고 말이다. 또 '관살혼잡(官殺混雜)이더라도 재성이 있으면 길하고 재성이나 인성이 없는 자는 흉하다.'고도 하였다. 그리고 고서에는 '투합(妬合)하고 무정하면 오히려 원수가 된다.'는 이야기도 있다.

　이상의 이론을 종합하여 판단하면,

　"당신은 두 남자 사이에서 맴돌고 있습니다. 이것은 매우 위험한 사랑 놀음이므로 자중해야 할 것입니다. 그렇지 않으면……."

　왕 소저는 놀란 기색을 띠며 말하길,

　"저도 관상과 자미두수를 공부해봤지만, 오늘 이렇게 오주괘의 신기함을 직접 보게 되네요. 뜻밖입니다. 이렇게 정확하게 풀이할 수 있다니 정말 신기할 따름입니다. 그렇다면 제가 어떠한 선택을 해야 할지 알려 주세요."

"선택을 하려면 속세를 초월하는 지혜가 있어야 합니다. 경험이 우리에게 말해 주듯이 당신이 통제하려고 하는 어떠한 것이든 다시 돌아와서 오히려 당신을 통제하려고 할 것입니다. 감정도 그렇지 않습니까?"

"그 두 사람은 동료인데, 우연한 기회에 깊이 빠지게 되었고, 해서는 안 될 일을 했어요. 지금 생각해보니 정말 스스로 귀찮은 일을 사서 했던 거예요. 일이 이 지경까지 오니 저도 정말 어떻게 해야 할지 모르겠어요. 그래서 특별히 선생님께 가르침을 청하러 왔습니다. 그리고 제가 두 남자 사이에 맴돌고 있는 것을 어떻게 추단하셨는지도 궁금합니다. 어떻게 추단하신 건가요? 정말 궁금합니다."

"己卯 일주가 월지와 시지의 戌土와 투합(妒合)되어 있는데 여기에서는 戌土의 동태를 주의해서 살펴야 합니다. 그리고 戌土는 겁재성으로 남성이라는 명사를 의미하기도 하므로 이 괘에서의 많은 합을 살피고 관살혼잡(官殺混雜)의 습성을 미루어 판단한다면 정확하게 괘에서 의미하는 것을 파악할 수 있습니다.

이 괘에서 또 한 가지 판단할 수 있는 것은 바로 일주의 己卯는 천간의 己土와 지지의 卯木이 자기 자신을 의미한다. 일지의 卯木은 남편궁으로 남편을 대표하는데 만약에 당신이 오늘 질문한 사항에 관계된 사람이 남편 또는 남자 친구였다면[가까운 사람인 경우에는 괘를 통하여 풀이할 수 있다] 풀이하여 나오는 답은 또 달라집니다. 따라서 괘를 판단하는 비법은 당신이 바로 그 당시에 질문한 문제에 대해 명확히 이해하고 사람과 사물의 해석방향을 결정해야 합니다."

선택방법은 '간지독립분석법(干支獨立分析法)'을 사용하고 출생년월을 보조적으로 대입하여 해석하게 된다. 이러한 방법을 왕 소저에게 상세하게 설명해 주었다.

"두 사람 모두 닭띠이고 丁酉생이에요."
라고 왕 소저가 이야기 했다.

"두 사람의 성격은 띠가 동일하다보니 해석하는 이론적인 근거가 중첩되어 모호해지므로 어쩔 수가 없습니다. 이것이 바로 명리학의 맹점이라고 할 수 있습니다. 이러한 경우에는 월령과 간지의 독립분석법으로써 해석하는 수밖에 없겠습니다."

간지독립분석법을 운용할 때에는 천간이 뿌리를 얻었는지 관찰하고 지지의 투출여부에 따라서 명국의 희기(喜忌)를 판단한다. 예를 들어 본 괘국에서는 연간 乙木[A군이라 칭함]이 酉金인 편관에 앉아 있는 것을 살펴서 간지의 삼각관계를 배합하여 해석할 수 있다.

"A군은 체격이 건장하고 성질이 거칠고 불같이 급하며 사고능력은 민첩하고 말재주가 뛰어나니 분명 사업을 하는 사람일 것입니다. 하지만 현재 사업이 불안정하여 포부는 크나 펼치지 못하고 있습니다. 감정적인 면에 대해서 그는 당신에게 지극정성으로 노력하고 있습니다. 지나치게 관심을 갖고 사랑하다보니 때로는 A군이 부담스럽게 느껴지기도 합니다. 甲木[B군이라 칭함]은 재고(財庫)에 앉아 있으므로 돈이 남아돕니다. 경제적인 조건은 A군보다 좋군요. 이 사람의 성격은 보수적이고 자신이 옳다고 생각하는 바를 고집합니다. 만약에 필자의 판단이 틀리지 않는다면 그는 분명히 공무원일 것입니다. 그리고 괘국에서 B군을 나중에 알게 된 애인이라고 한다면, 두 사람의 감정은 아주 원만합니다. 유일한 결함이라면 그가 유부남이라는 것입니다."

모두 알다시피 경험의 법칙들이 우리에게 말해 준다. 40세 정도의 여성이 교제하는 상대라면, 아마 70%이상은 거의 유부남일 것이다. 괘에서 이렇게 오묘한 이치들이 나타내 주듯이 甲木이 戌土의 고(庫)에 앉아 있고 또 일간 己土와 合이 되었다.[정재가 투출됨을 주의해야 한다.] 이는 이성과의 연분이 좋으며 여자 친구들이 매우 많다는 것을 의미하므로 혼외정사(婚外情事)라고 해석한다.

왕 소저는 그 동안에 역리(易理)의 육친에 대한 신기한 추론에 대해 전혀 이해하지 못하였던 것 같다. 그 동안 자신이 알고 있었던 것과는 많이 달랐기 때문에 몹시 놀라운 듯 말하였다.

"대단하시네요. 선생님 정말 존경스럽습니다. 지난주에 B군이 오랜 만에 휴가를 얻어서 특별히 저를 데리고 태국에 여행을 갔었어요. 여행을 갔다가 막 돌아왔을 때에 A군이 피곤하게 달달 볶으며 문책 하는듯한 말투로 '도대체 어디 갔었어? 누구랑 같이 놀다 온거야? 어떻게 잘 지낸다는 전화 한 통 안해? 걱정되어서 죽을 뻔 했잖아.'라고 말하는 거 있죠. 이러쿵저러쿵 한바탕 잔소리를 늘어놓는데 정말 못 견디겠더라구요.
B군과 함께 보낸 며칠 동안에 그의 사람됨이 참 착하고 원칙적인 사람이라는 것을 느꼈어요. 저를 대하는 것도 세심하고 자상해서 정말이지 아주 보기 드문 좋은 남자라고 생각했어요. 그런데 유감스럽게도 그는 가정이 있고, 비록 그 사람 부인과는 별거 중이지만, 어쨌든 결혼하기엔 망설임이 생겨서 딱 잘라서 결단을 내리지 못한 채 이러지도 저러지도 못하고 있는데 정말 어떻게 해야 좋을지 모르겠어요."

"애인을 한 명 더 얻으면 반대로 평온함 · 여유로움 · 자유 등은 잃게 되는 것입니다. 많은 일들은 모두 한 생각에서 비롯되는 것이므로 문제는 하나 입니다. 당신의 감정도 마음이 움직이는대로 충분히 도덕적 관념과 자신의 지혜로서 판단하실 수 있을 것입니다. 제가 두 가지 표준적인 방법을 알려드릴 테니 참고하십시오. 첫째는 내가 옳다고 생각하는 것은 다른 사람도 옳다고 생각한다는 것이고, 둘째는 현재 옳다고 생각하는 것은 미래에도 옳다고 확신할 수 있다는 것입니다. 명리를 연구하고 배우는 사람들은 어떻게 명리를 운용하는지에 대해 잘 알아야 합니다.
바둑도 직접 두는 사람보다 옆에서 구경하는 사람이 더 명확하다고 하는 속담도 있듯이 당신은 명리학적 관점으로 이 두 남자의 운이 당신 사주의 길흉(吉凶)에 부합하는지에 대해 한번 살펴보고, 더 나아가서는 당신이 어떠한 처신을 해야 할지 결정을 해야 합니다."

"선생님과 이야기를 나누면서 명리를 추론하는 또 다른 풀이방법에 대해 이해하게 되었네요. 선생님 말씀이 맞아요. 진정한 선택은 제 자신을 제어하는 것에 있었어요."

필자는 이전에 이와 유사한 사례를 풀이한 적이 있다. 파일로 잘 보관해 두었는데, 그 몇 가지 사례는 다음과 같다. 독자들과 함께 나누고자 하니, 괘의 변화를 다른 관점에서 한번 해석해 보기 바란다.

[사례 1] 애정관계에 대한 질문

음력 2002년 10월 8일 15시 18분				
時柱	日柱	月柱	年柱	十星
偏印	我	正官	偏印	十星
壬申	甲申	辛亥	壬午	干支
偏官	偏官	偏印	傷官	十星

괘상을 해석해 보자.

① 고서를 살펴보면 '복음반음(伏吟反吟)이면 눈물을 흘린다.'라고 하여 복음(伏吟)은 불길한 징조를 의미한다. 사실 복음이라는 것은 상태를 추측하는 하나의 명사일 뿐이다. 복음 자체의 길흉화복에 대해서는 괘국의 희기(喜忌)를 참고하여 종합적으로 살펴서 판단해야 한다.
필자의 상담 경험에 비추어보면, 복(伏)은 중복의 의미가 있다. 일지의 남편궁이 시지의 申金 편관과 복음이 되는 것은 두 차례의 혼인이나 두 명의 남자와 동시에 교제를 하는 것을 나타내거나, 또는 직장에 변동이 있을 수 있다고 해석할 수 있다. 어떻게 말을 꺼내어 해석할지는 상담을 하러 온 사람의 질문사항에 따라서 이론을 정하고 풀이한다.
② 일간 甲木이 申金에 앉아 있으니 살인상생(殺印相生)의 구조이다. 이러한 사람은 총명하고 영특하며 성품이 강직하고 기개가 있다. 또한 논쟁을 잘하고 싸우기도 좋아하며 실패를 인정할 줄 모른다. 만약에 이러한 괘국을 적절하게 배합한다면 걸출한 여장부가 될 수 있다. 이와 반대로 혼인이 깨지거나 감정이 뒤엉켜 분명하지 않다 보니 궤도를 이탈하는

현상이 나타난다.

③ 편관들이 지지에 있고 무력한 정관이 투출된 상황이다. 편관성인 申金은 남편궁에 앉아 있고 문호(門戶)인 시지와 복음이다. 申金은 편관으로 이성을 의미하는데 시지에 있는 申金은 어두움을 상징하기도 하니 이는 몰래 사랑을 나누는 것으로 해석할 수도 있다.

④ 본 괘국의 壬水는 亥월의 월령을 얻고 또 申金에게 도움을 받고 있다. 따라서 금수왕상격국(金水旺相格局)이라 부를 수 있다. 《五行元理消息賦(오행원리소식부)》에서는, '水가 월령을 잡으니 지혜가 있고 단단한 金은 능히 무엇이든 할 수 있으며, 金水가 함께 있으면 총명하며 색(色)을 좋아한다.'라고 하였으며, 《論命細法(논명세법)》에서는 '壬癸水가 왕성한 사람은 총명하고 지혜로우나 여자의 경우에는 음란하고 천(賤)한 경우가 많다.'라고 하였으니 이는 얽매이지 않고 감정을 내버려 두는 것을 말하며 도화(桃花)의 의미가 된다.

이 괘는 壬午년에 한 여성이 와서 애정문제에 대하여 질문한 것을 기록해 둔 것이다.

"정관은 천간에 노출되고 편관이 지지에 있는 것은 당신이 두 남자 사이에서 맴돌고 있음을 말합니다. 한 사람은 원래 남자 친구이고 다른 한 사람은 나중에 알게 되었는데 예전부터 알고 있는 남자 친구의 자리를 빼앗았군요. [정관이 천간에 투출된 것은 정해진 것을 의미하며 공개적인 남자 친구를 뜻하고 편관이 시지에 있음은 숨어 있는 것을 의미하며 직장에서 함께 일하는 동료관계로 해석할 수 있다.] 일이 이렇게 되었는데도 어떠한 선택을 해야 할지 모르는 상태이군요. 내 판단이 틀리지 않다면 당신의 이러한 삼각관계는 회사 내에서 이루어진 것으로 보입니다."

이 여성은 고개를 끄덕이며 말했다.

"남자 친구와는 99년도 己卯년에 알게 되었어요. 그때 그 사람은 사업에 실패하고, 또 이혼한지도 얼마 되지 않아서 매우 낙담한 상태였어요. 그 사람과 얼마 동안 교제한 후에 서로 대화가 잘 통한다는 것을 알게 되었어요. 생각하는 것도 그렇고 관심사도 서로 비슷하였거든요. 그러다가 이후에 둘이 함께 컨설팅회사를 운영하기 시작하였고 함께 노력해서 운영하다보니 얼마 지나지 않아 사업도 나날이 발전하고 서로의 사랑도 더욱 깊어지고 행복했습니다.

그런데 올해 壬午년 巳월부터는 그 사람이 전처와 아이들에게 왕래하는 것이 빈번해졌고, 제가 물어보면 그 사람은 담담하게 아버지로써의 역할을 다하는 것이라고 말했어요. 여러 차례 대화를 해보아도 사정은 늘 똑같이 반복되어서 결국엔 제가 그 사람의 냉담함을 견딜 수 없게 되었고 그러면서 저도 변하기 시작했죠.

회사 관리부장과 몰래 가라오케나 야간업소 등에 다니면서 말도 안되는 삼각관계를 만들게 되었어요. 지금은 너무 수치스럽고 불안해 죽겠습니다. 그리고 이 사랑이 언제쯤 끝날지도 모르겠으니 정말 이러지도 저러지도 못한 채 후회만 할 뿐입니다. 어쩌다 일이 이렇게 복잡하게 뒤얽혀 버렸을까요? 때로는 내가 왜 이렇게 탐욕스럽게 변했는지 내 자신이 매우 원망스럽기도 합니다."

"운(運)이란 것은 사람을 괴롭히는 것입니다. 모든 것에는 인과관계가 있습니다. 의지만 확고하다면 너무 자책하실 필요는 없습니다. 괘에 허진둔법(虛辰遁法)을 적용시키면 일간 甲木이 연지 午火를 만나면 홍염도화(紅艶桃花)라고 하여 여름의 불이 상관으로 투출되었습니다. 이러한 경우 여성은 왕상(旺相)한 상관이 투출되면 감정기복이 크고 변덕스럽고 유행에 민감하여 유행의 첨단을 걷는 것을 좋아하고 개혁적인 성격이라고 할 수 있습니다. 홍염도화(紅艶桃花)가 나타나는 사람은 이성과의 인연이 매우 좋음을 의미하기도 하고 쉽게 감정적인 다툼이 발생할 수도 있습니다. 잘못하면 부적절한 관계를 만들기도 하고 밀애를 나누는 결과를 만들 수도 있습니다. 이 사랑을 끝내려면 상관의 여기(餘氣)를 기다려야 합니다. 즉 내년 癸未년 가을이면 자기 스스로 반성하고 각성하면서 이를 끝내게 될 것입니다. 그렇지 않다면 甲申년 寅월에 가서 甲木이 녹(祿)을 얻어 남아있는 관을 없애니, 비로소 진정한 끝이라고 할 수 있습니다."

여성은 잠깐이나마 깊이 생각하더니 방법이 없다는 듯이 말했다.

"오히려 이렇게 어긋나는 도화(桃花)의 애정은 어쩌면 전생의 빚이 아닐까요? 그저 이 악연을 끊을 수 있는 방법이 있다면 선생님께서 가르쳐 주세요. 다시 한 번 선생님의 가르침에 감사드려요."

[사례 2] 언제쯤 박사학위를 취득할 수 있는지의 질문

동일한 시진이면서 대략 30분 차이도 나지 않은 시간에 미국으로부터 전화가 왔다. 전화한 그녀는 언제쯤 박사학위를 취득할 수 있는지와 자신의 인간관계에 대해 물었다.

음력 2002년 10월 8일 15시 X분					
分柱	時柱	日柱	月柱	年柱	
比肩	偏印	我	正官	偏印	十星
甲辰	壬申	甲申	辛亥	壬午	干支
偏財	偏官	偏官	偏印	傷官	十星

이 오주괘는 같은 공간에서 시간의 변화에 따라서 해석하는데 있어서 매우 중요한 연구 가치를 가지고 있다. 학문적으로도 음(陰)에 해당하는 달과 양(陽)에 해당하는 태양의 흐름법칙과 명리에서 추울 때와 더울 때 조후용신법의 해석 방법을 증명할 수 있다.

오주괘를 풀이해 보자.

① 일간이 편관에 앉으면 이는 성격이 강직하며 실패를 인정하지 않는 특성이 있다.
② 식신이 제약을 받는 경우에는 언어적 표현력이 좋지 않으며, 논리적 사고력이 떨어짐을 나타낸다.
③ 편인이 두 글자 있으므로 성격은 민감하고 시기심이 많으며, 영리하고

신경질적이다.
④ 분간의 甲木은 비견성이 묘고(墓庫)에 앉아 수장되어 동료들과의 관계가 좋지 않음을 의미한다.

壬午년 巳월 그녀는 열정과 이상을 가득 안고 자신이 동경하던 나라인 미국을 향해서 박사학위를 공부하러 떠났다. 그런데 반년도 되지 않아 그녀는 풀이 죽고 의기소침해져서 필자에게 어떻게 하면 인간관계가 좋아질 수 있을지에 대해 물었다.
이 오주괘는 앞의 사례와 같은 시간의 괘이긴 하지만, 질문한 사항이 다르기 때문에 괘를 풀이하는 방식이 다르다. 시간까지 서로 같은 두 개의 괘를 해석할 때에 유일한 구별은 분주에 중점을 두고 해석하는 것이다. 본 오주괘에서 분주와 다른 글자들과의 충극형합(沖剋刑合)의 조짐은 없으며 주로 상징하고 있는 내용들은 앞의 사례와 거의 비슷하다. 우리는 현재 좋은 인간관계를 가질 수 있는 괘상에 대해 이야기 하고 있다.
우선 도화성(桃花星)과 십성이 다른 상황에서 의미하는 부분을 파악해야 한다. 이는 다음과 같다.

① 도화성: 모두 알고 있듯이 사람과의 관계를 상징하며, 이성과 인연의 상을 의미한다. 괘에서 도화성이 희신이 되어 쓸모 있으면 인맥이 좋아서 인간관계가 저절로 증진된다. 기신은 그 반대이다.
② 정인성: 자비롭고 선량하며 조용하고 자상하다. 아량이 넓고 포용력이 있고 현실에 만족할 줄 안다. 또한 내성적이고 보수적이며 외부의 압력에도 굴복하지 않으며 희생봉사정신이 투철하다.
③ 편재성: 성격이 다정하고 명랑하다. 대범하고 호탕하며 의리를 중시하고 마음에 담아두지 않는 성격이다. 언행이 일치하며 위선적인 면이 없다.
④ 식신성: 똑똑하고 고상하다. 감성적이고 부드러우며 타인에게 관심을 갖는다. 말재주는 뛰어나지만 이치에 맞지 아니한 것을 끝까지 우기지는 않는다. 또한 생기발랄하지만 너무 과장되게 표현하지 않는다. 투기하지

않고 성실하며 재예(才藝)가 출중하고 가무(歌舞)에 능하다.

인간관계가 좋지 않은 괘상은 다음 십성이 가지고 있는 의미를 확대하여 해석할 수 있다.

① 상관성: 논쟁을 좋아하며 표현능력이 매우 뛰어나지만, 자신의 재능을 믿고 남을 얕잡아 본다. 제멋대로 굴며 괴팍하고 승부욕이 강한데, 반항심이 특히 강하다. 오만한 기세로 남을 무시하며, 예민하고 변덕스러우며 허영심이 많고 사치스럽다. 또한 법을 무시한다.
② 편관성: 용감하고 결단력이 있지만, 편파적이고 다투기 좋아하고 잘난 척하며 승부욕이 강하다. 자신과 견해가 다른 사람은 배척한다. 일반적인 도리를 따르지 않으며 법에도 굴복하지 않는다.
③ 편인성: 선천적으로 의심과 시기심이 많으며 체면을 중시하고 지나치게 겉치레에 신경을 쓴다. 야박하고 신랄하게 말을 하며 신경질적이고 편안한 느낌은 없다.

미국에서 전화를 한, 소미(小美)는 어떻게 하면 인간관계를 증진시킬 수 있는지에 대해 물었다. 내가 해석해 보았던 경험으로 십성의 특성을 확대하여 풀이해 보았다.
오주괘를 살펴보면 편인이 있고 편관이 왕상(旺相)하며 식상은 실령(失令)하였다 이러한 십성의 특성은 모두 인간관계가 좋지 않다. 그래서 전화상으로 소미에게 말하였다.
"인간관계를 개선하려면 당신의 성격을 바꾸는 것에서부터 시작해야 합니다. 당신은 유능하고 매우 똑똑합니다. 그러나 천성적으로 시기와 의심이 많으며 체면을 중시합니다. 일을 함에 있어서 자신의 능력을 과시하고 싶어하며, 승부욕이 넘치고 지기 싫어하는 성격을 가지고 있는데 이 모든 것이 다 인간관계에 영향을 미칠 수 있는 원인들입니다.
괘상에서 보여 지는 바에 따르면 午火 식상성이 뒤집혀 월령을 잃고 또 제압을 받고 있으니 당신이 영어로 표현하는 능력이 좋지 않음을 의미합니다.

게다가 당신은 지기 싫어하고 체면을 중시하는 성격을 가지고 있어서 인간관계의 어려움을 야기 시키게 된 것입니다. 이것이 바로 인간관계가 원만하지 않은 가장 중요한 원인이라고 할 수 있습니다."

전화기 너머로 희미하게 우는 소리가 들렸지만 필자는 계속 말을 했다.

"인간관계의 성공여부는 다른 사람의 의견을 파악하고 이해하는 것에 달려 있습니다."

소미는 흐느끼며 말했다.

"평소에 친한 친구들과의 교류는 그런대로 괜찮아요. 하지만 몇몇 교수님께서 말씀하실 때에는 영국식 어조가 짙어서 듣기가 매우 힘들어요. 간혹 학우들과 대화할 때 말뜻이 제대로 전달되지 않거나 말을 더듬거리는 경우가 있어 너무 창피했는데, 지금은 언어공포증까지 생겨서 점점 듣기만하고 말을 잘하지 않는 습관이 생겼어요. 그러다보니 상황은 더 나빠졌고 다른 사람들이 절 거만하고 어울리기 싫어하는 사람이라고 생각하는 것 같아요. 더 기가 막힌 것은 교내의 레크리에이션 관련 프로그램에는 저에게 참여할 기회조차 주지 않았어요."

"랄프 왈도 에머슨(Ralph Waldo Emerson)의 '공포심이나 두려움은 이 세상의 어떠한 것보다도 수많은 사람들을 패배로 몰아넣는다.'는 말은 단지 사람과 사람 사이에 소통을 위한 다리일 뿐이지 인간관계의 좋고 나쁨에 절대적인 영향을 미치는 것이 아닙니다. 예를 들어 외국인이 중국어를 할 때에도 발음이 명확하고 말투가 부드럽습니까? 저 같이 40여 년 동안 국어로 강의를 했던 사람도 강의할 때 대만 사투리를 섞어서 쓰기도 합니다. 그러니 자신에게 너무 지나치게 요구하지 마십시오. 대부분의 일들은 적응할 시간이 필요하므로 짧은 시간 내에 서둘러 실현하려고 하지 마십시오. 언어능력을 증진시키기 위해서는 소설이나 산문류의 쉬운 책들을 많이 읽고 영화를 보거나 라디오를 많이 들으세요.

평상시에 중국인들과의 대화는 적게 하고 외국인들과의 접촉을 늘려서 듣고 말하는 능력을 키우면서 늘 웃으면서 사람들과 명랑하게 지내고, 계산적이기 보다는 남에게 베풀며 살아 보십시오. 모든 일을 상대방의 입장에서 생각해 보고, 자신의 의견과의 균형점을 찾아보세요. 이러한 것들이 모두 인간관계를 증진 시킬 수 있는 방법입니다."

필자의 말이 끝나자 소미는 감동한 듯한 목소리로 말하였다.

"선생님의 격려와 가르침 정말 감사합니다. 그리고 한 가지 더 질문이 있는데요. 제가 언제쯤이면 박사학위를 받을 수 있을까요?"

학업에 대해서는 식상 또는 관인 상생의 구조를 살피게 되는데, 박사학위에 대한 부분은 관인성을 집중해서 관찰하게 된다. 괘에서 정관이 투출되고 포태법에서 연지가 병사(病死)에 해당되니 이는 학업에 좌절을 겪게 되고 성적이 만족스럽지 못한 것을 의미한다. 언제 박사학위를 받을 수 있을지는 정관성이 녹(祿)을 얻는 해까지 기다려야만 가능하다.

"2005년[乙酉]에는 순조롭게 박사학위를 받을 수 있을 것입니다."

그 다음은 학교의 학과나 과목 그리고 학교 교직 등을 참고하여 해석한다. 필자는 갑자기 30분 전에 풀이 했던 삼각관계의 예가 떠올랐다. 호기심도 생기고 궁금하기도 해서 필자는 약간 얼버무리듯 소미에게 물었다.

"당신이 질문한 것과 시간은 같은데 다른 국가에 있다면 해석이 똑같이 맞을지 모르겠군요. 30분전에 소분(小芬)[소미의 옛 친구]이 지금 삼각관계에 빠져 있는데 어떻게 선택해야 할지 몰라서 정말 힘들다며 필자에게 질문을 했었습니다. 두 사람이 동일한 괘상이어서 그런데 당신의 미국에서 생활이 정말 궁금합니다. 혹시 마음이 잘 통하는 이성 친구를 알게 되지는 않았습니까?"

소미는 잠시 멈칫거리는 듯 하면서 필자에게 말했다.

"감정적인 일도 선생님의 이 오주괘를 속일 수 없나 보네요. 사실은 러시아 학장님이 계시는데, 그분이 저를 항상 격려해 주고 저에게 희망을 주면서 제가 자신감을 갖도록 도와주셨어요. 그리고 중추절 전날 저녁에 그 분의 열정이 한 고독한 외국 유학생의 마음을 녹여 버렸어요.
그렇다고 대만의 제 남자 친구를 배신할 수는 없고 혼자서 외국에서 생활하는 것은 정말이지 외롭고 힘드네요. 오래 전에 선생님께서 저한테 해 주셨던 이야기를 아직도 기억하고 있습니다. 3년을 고생해서 박사학위를 취득하면 이후에 직장에서 다른 사람들이 30년 투자한 만큼의 대우를 받을 수 있다는 그 말을 지금도 되새기면서 고생을 실감하고 있어요."

소미의 이 말을 듣고 필자는 문득《李陵答蘇武書(이릉답소무서)》중의 '외국으로 멀리 몸을 피하는 일은 옛사람들이 슬피 여기면서, 멀리 바라보며 서로를 회상하니 어찌 그립지 않을 수 있겠는가!' 라는 구절이 떠올랐다. 대만으로 돌아 올 수 있는 길이 그녀에겐 얼마나 끝없이 멀고 아득하게 느껴졌을고!

◆ 생각해볼 문제

소미(小美)는 언제 박사학위를 딸 수 있을지에 대해 질문하였는데, 그렇다면 미국시간으로 해석해야 할까 아니면 대만시간으로 해석해야 할까? 또 일광절약시간[서머타임]은 어떻게 추론할까?

후기 : 소미는 乙酉년 子월에 순조롭게 박사학위를 취득했다.

[사례 3] 이직(移職)에 대한 질문

이 오주괘는 유흥업소에서 일하는 한 여성이 이직(移職)에 관하여 질문한 것이다.

음력 2006년 5월 11일 15시 X분					
分柱	時柱	日柱	月柱	年柱	十星
食神	正印	我	食神	劫財	十星
丙辰	癸酉	甲申	丙戌	乙酉	干支
偏財	正官	偏官	偏財	正官	十星

이 오주괘는 관살인 申酉戌이 삼회(三會)가 되어 금국(金局)이 형성되었다. 이는 감정이 범람하고 있음을 의미한다. 《幽微賦(유미부)》에서는 '노래하고 몸을 파는 사람은 관살이 중복되어 있고 合이 많으면 선량하지 않다.'라고 하였으며, 《女命富貴貧賤篇(여명부귀빈천편)》에서는 '合이 많으면 정절을 손상시키고 이름을 더럽힌다.'라고 하였다.

유 소저가 입을 열었다.

"직업을 바꾸고 싶은데 저에게는 어떤 직업이 맞을까요?"

"컴퓨터를 다루거나 문서작성 혹은 회계업무를 할 줄 아십니까?"

유 소저는 고개를 저으며 말했다.

"할 줄 모르는데요. 전혀 해본 적도 없어요."

"그럼 도대체 할 줄 아는 것이 무엇입니까?

유씨는 갑자기 손을 들어 주먹을 꼭 쥐고 5, 10, 20 이라고 소리치고 필자에게 웃으면서 술자리에서 하는 게임이나 술 마시는 것이 자신의 특기라고 말했다.

"오주괘에 나타나는 바로는 당신은 공공기관의 업무와 잘 어울립니다. 괘에서 관살이 교차하고 삼회금국(三會金局)이 되므로 合이 많습니다. 이는 감정이 풍부하고 모든 사람을 널리 사랑하고 또한 이성과의 인연이 특히 좋은 것을 의미합니다. 그러나 상대적인 단점은 정이 너무 많은 나머지 쉽게 삼각관계에 빠질 수 있다는 점입니다."

라고 말하자, 유 소저는 솔직하게 답하였다.

"일부일처(一夫一妻)제도의 혼인방식은 결국 속박이에요. 저는 남자들이 저를 장악하거나 통제할 수 없게 만드는 여자입니다. 근본적인 관점에서 말하면, 어째서 사회는 남자가 밖에서 여자들과 함부로 관계를 갖는 것은 묵인하면서 여성들의 부덕(婦德)에 대해서는 회의적입니까? 여자는 절대로 여러 남자 친구들과 사귀어서는 안된다는 것인가요?"

"아가씨는 성격이 너무 급하고 강합니다. 자기가 옳다고 생각하는 것만 고집하면서 체면을 중시하지요. 또 때로는 다른 사람의 말이나 생각을 지나치게 신경 씁니다. 이러한 점들은 모두 직장 내 인간관계에 이롭지 않습니다. 감정의 도덕관념에 대해서는 명언을 하나 주겠습니다. 찻주전자 한 개가 네 개의 찻잔과 한 세트인 것을 보셨을 것입니다. 하지만 하나의 찻잔이 네 개의 찻주전자와 세트인 것을 보셨습니까? 모든 사람들은 자신의 생각과 견해에 따라서 감정이 움직이기 마련입니다. 그러므로 옳고 그름에 대해서도 자신이 스스로 책임을 져야 하는 것입니다."

유 소저는 필자에게 다시 물었다.

"친구가 회계사무소에서 일해 볼 것을 권했는데 가능할까요?"

"그 일은 당신에게 맞지 않습니다. 일간이 역마에 앉아 있으므로 살국(殺局)이 되어 주동적입니다. 때문에 잠자코 있지 못하고 참을성이 없습니다. 또 식신성이 묘(墓)에 들어가 있으므로 숫자에 대한 개념이 없습니다. 옛말에 '직업에는 귀천이 없고 어느 직업에서든 뛰어난 사람은 나오기 마련이다.' 라고 하였습니다만 많은 경험들이 우리에게 알려 주는 것이 있습니다. 사람이 성공하기 위해서는 미리 준비를 잘해 놓아야 한다는 것입니다. 그러니 당신도 젊었을 때에 독서를 많이 하고, 공부도 열심히 하는 것을 권합니다. 특기를 한 가지 정도 배워 놓는다면 가장 좋겠습니다. 혹시 사무직 쪽으로 방향을 잡아보시는 것은 어떻겠습니까? 예를 들어 부동산 매매, 카 세일즈, 전문 경영인 등 말이지요."

"충고의 말씀 고맙습니다. 그쪽 방면으로 힘 닿는대로 열심히 노력해 보도록 하겠습니다."

유 소저가 떠나는 뒷모습을 보면서 필자는 갑자기 지두 크리슈나무르티(Jiddu krishnamurti)의 '도도하게 흐르는 갠지스강의 물도 무수한 물방울들이 모여서 이루어진 것이다. 모든 사람의 성격을 바꾼다는 중대한 운동도 작은 개인에서부터 시작되는 것이다.' 라는 말이 떠올랐다. 그녀가 마음속 깊은 곳에서부터 변화를 이루고 항상 처음과 같은 마음으로 언제나 열심히 정진하여 무언가 얻기를 바란다.

[사례 4] 남편이 바람을 피우고 있는지의 여부

음력 2005년 2월 16일 17시 X분						
分柱	時柱	日柱	月柱	年柱		
正財	傷官	我	劫財	正官	十星
癸巳	辛酉	戊申	己卯	乙酉	干支
偏印	傷官	食神	正官	傷官	十星

 이 오주괘는 아주 재미있는 괘의 예이다. 한 중년 부인이 그녀의 남편이 혹시 바람을 피우고 있는 것은 아닌지에 대해 찾아와 물었다.
 오주괘를 해석해 보자.

① 乙木이 투출되었는데 酉金에 앉아 있으면서 제강(提綱)인 정관의 녹(祿)을 파손하였는데 이러한 경우 책에서는 제강이 파손되면 의지할 곳이 없다고 하였다.
② 卯酉가 주체의 움직임과 沖하고 있다. 卯木은 또 일지 申金과 합이 되므로 남편이 정기적으로 남편궁으로 돌아오는 것을 말한다.
③ 고서에서는 戊申일의 경우 독신이거나 배우자를 잃은 사람을 말하며, 혼인에는 불리하다고 하였다.
④ 辛金 상관이 시간에 투출하였으니 이는 성격이 예민하고 변덕스러우며 반항심까지 있다. 또한 자극적인 것을 좋아하며 법을 가볍게 생각한다.
⑤ 戊申 일주가 시지와 반합국(半合局)이며 분주의 癸巳와 요합(遙合)이 되므로 비밀연애의 징조로 관찰한다.
 이상의 내용을 정리하면 그녀의 남편은 책임감이 강한 사람이다. 괘상에 나타나는 바에 따르면 남편은 분명 다른 지역에 근무하고 있을 것이다.

 격위법(隔位法)을 대입하면 5일마다 정확한 시간에 집에 돌아올 것이다.

바람을 피우는지 여부에 관한 문제는, 괘의 접재성인 己土를 살펴야 하는데 이 己土 주변에는 정관 乙木이 있으며 연월이 마침 천극지충(天剋地沖)이 되고 있다. 이러한 괘상을 해석한다면 바람은 피우지 않는다고 볼 수 있다.

하지만 괘의 戊申 일주가 酉申과 회국(會局)이 되고 분주 癸巳와는 멀리 천간과 지지가 슴을 이루고 있는데, 이러한 경우에는 떳떳하지 못한 관계를 의미하기도 한다.

부인은 내가 말하려다 멈추는 모습을 보고 더욱 직접적으로 물었다. "괘에서 어떤 실마리라도 찾으셨나요? 염려마시고 솔직하게 말씀해 주세요."

필자는 잠시 쉬었다가 다시 말했다.

"남편이 바람을 피우는 것 같지는 않습니다. 오히려 부인께서 이성 친구와 친하게 지내고 있는 것으로 보입니다. 만일 빨리 마음을 정리하지 않으신다면 亥월에 가서는 결혼생활이 깨지게 되어 가정이 산산조각 날 수가 있습니다."

부인은 놀랍기도 하고 의아해 하기도 하며 말했다.

"정말 신기하네요. 혹시 신 받으셨어요?"

"음양오행에 대한 알고 있는 이치로 살피고 십성과 육친을 괘에 대입시켜 해석하기만 하면 됩니다. 일반적으로 명리연구를 하는 사람들은 모두 이러한 능력을 갖고 있으니 너무 놀라실 필요는 없습니다."

부인은 필자의 말을 듣고 여기에 대해서 이렇게 설명하였다.

"남편은 반년 전에 회사에서 고웅(高雄)으로 발령을 받았어요. 매주 정기적으로 집에 돌아와 가족과 함께 하긴 하지만 떨어져 있는 시간이 더 많다 보니 저 혼자 생각을 많이 하게 만들었어요. 일을 하면서 저보다 12살 어린 丙辰생 남자 친구를 알게 되었습니다. 시작할 때는 즐기고 싶은 맘도 있었고 또 40세의 여자도 매력이 있음을 증명하고 싶었습니다. 그래서 저의 허영심을 채우려고 그와 교제를 하게 되었어요. 윤리를 어긴다는 것을 알면서도 저도 모르는 사이에 그와 바람을 피우더라고요. 이제 와서 다시 되돌리려고 하니 어려움이 있습니다."

"무슨 어려움이 있다는 겁니까?"

"경제적인 어려움을 도와주려고 그 사람 대신에 80만 위안의 카드빚을 졌어요. 금전적으로도 감정적으로도 얽혀 있는데 헤어진다는 것이 말처럼 쉽겠어요? 더욱이 걱정스러운 것은 어느 날 남편한테 카드빚에 대해 들키기라도 하면 전 무슨 변명을 어떻게 해야 할지 모르겠습니다."

"괘에서 자녀성이 천간지지에 있고 또 회합(會合)을 이룹니다. 때문에 부인은 예전에 두어 번 유산을 한 적이 있으실 겁니다. 현재는 아들과 딸이 한 명씩 있군요. 둘 다 잘생겼고 예쁘네요. 그리고 똑똑하고 슬기롭고 학업성적도 상위권이겠습니다. 자녀들을 먼저 생각을 해야 합니다. 점점 더 깊이 빠져 스스로 빠져나오지 못하시면 안됩니다."

필자는 그녀의 마음을 돌리기 위해 일부러 그녀의 모성본능을 불러일으켰다. 그랬더니 부인은 조급해하며 물었다.

"제가 어떻게 해야 할까요?"

"어떤 일은 때를 기다렸다가 바로 결단을 내려야 합니다. 금전에 대한 부분은 그가 빚을 상환할 능력이 있는지를 봐야 합니다. 만일 지금 단계에서 상환할 능력이 없다면 순리에 맡기십시오. 카드빚에 관한 문제는 투자에 실패했다든가 등등의 선의의 거짓말을 만드세요. 그리고 적당한 시기에 남편 분과 어떻게 카드빚을 갚아 나갈지에 대해 상의하십시오. 지혜롭게 이 도화(桃花)를 잘 보내길 바랄 뿐입니다."

옛사람들이 '신선이 북을 칠 때에도 실수할 때가 있는데 누군들 실수할 때가 없겠는가.'라고 말하였듯이 곧바로 뉘우치고 고칠 수만 있다면 아름답고 행복한 인생은 늘 당신과 함께 할 것이다.

[사례 5] 애정과 관련된 질문

음력 2005년 11월 9일 X시 X분					
分柱	時柱	日柱	月柱	年柱	
傷官	比肩	我	比肩	正官	十星
辛酉	戊午	戊辰	戊子	乙酉	干支
傷官	正印	比肩	正財	傷官	十星

① 신살(神煞)에서에서는 '申子辰 도화(桃花)가 酉金에 앉아 있으면 상관도화(傷官桃花)이다.'라고 하였으며 《천리마(千里馬)》에서는 '상관이 도화이면 기녀의 운명이다.'라고 하였다.
② 《女命富貴貧賤賦篇(여명부귀빈천부편)》에서는 '비겁이 투출되어 있는 경우에는 남편을 두고 다른 여자와 다투게 된다.'라고 하였다.
③ 곳곳에 도화(桃花)의 合이 많으면 이 사람은 개성이 강하고 주색(酒色)에 빠져 있으며 결혼인연은 좋지 않다.

이상을 미루어 판단한다면 戊土가 왕상(旺相)하므로 성품이 돈후하고 선량한 사람이다. 감정적으로는 많이 베풀지만 받는 것은 적다. 비견이 남편을 두고 다투고 있으며 지지[子午卯酉]가 도화(桃花)이면서 많은 合을 이루고 목욕(沐浴-곽 선생님관법)에 해당한다. 이는 이성인연이 매우 좋고 쉽게 유흥업소에 빠지거나 다른 사람과 남자를 두고 다투는 상황으로 풀이할 수 있다.

그녀가 말했다.
"선생님의 해석은 정말 정확합니다. 제가 가라오케에서 일을 하면서 구애하는 사람들 대다수는 진짜 사랑이 아니에요. 오직 어떠한 목적에 다다르기 위함일 뿐이죠. 이런 곳에서는 저 역시 좋은 결과를 찾을 수 있을 거라는 어떠한 희망도 가질 수 없어요. 그렇지만 사랑도 간절히 원하면 오는 것인지, 올해 7월에 한 남자를 알게 되었어요. 그 사람은 이미 결혼을 하였고, 현재는 부인과 별거 중인데 이혼할 가능성이 아주 높아 보입니다. 그 사람이랑 제가 좋은 결과를 맺을 수 있을까요?"

"나는 서둘러 이 사랑을 정리하라고 하고 싶습니다. 그렇지 않으면 내년 丙戌년 卯월에 소송에 휘말릴 조짐이 보입니다."

《繼善篇(계선편)》에서 '水火가 서로 손상시키고 있으면 시비(是非)가 그칠 날이 없다.'라고 하였으니 내년 丙戌년을 괘에 대입시키면 水火가 교전(交戰)하므로 상관견관(傷官見官)이 되어 사람들과 시비가 생겨 소송을 당하게 될 수 있다.

◆ 뒷 이야기

이 아가씨는 丙戌년 辰월에 다시 나를 찾아와서 하는 말이 그 남자의 부인이 법원에 자신을 '가정파괴범'으로 고소하여 신문지상에 크게 실렸었다는 이야기를 해 주었다.

17
神乎其技
신호기기

그 기술은 귀신도 곡할 지경!

수 년 동안 필자의 일이자 책임이며 즐거움이었던 것은 바로 사람들이 하소연하는 생로병사와 희로애락을 들어주는 것이다. 이러한 하소연을 하는 사람들은 대학생이거나 사업을 하는 분들도 있고 혹은 사회 인사들이다. 내가 이러한 이야기들을 들으면서 알게 된 것은 너무나 많은 사람들이 이 세계를 바꾸고 싶어 한다는 것이다. 하지만 자기 자신을 바꾸고자 하는 사람은 적어도 너무 적다. 여러분들도 자세히 관찰하고 기억들을 떠올려 보면, 사람들이 주위의 모든 사물에 대해 그렇게 불만스러워 하고 있다는 것을 알게 될 것이다. 그들은 자신의 직업을 바꾸고 싶어 하고, 사장을 바꾸고 싶어 하고, 집을 바꾸고 싶어 하고, 차를 바꾸고 싶어 하며, 심지어는 배우자마저 바꾸고 싶어 한다. 한 마디로 말해서 모든 사람들은 자신의 외면에 있는 세계만을 바꾸려고 하지 자신을 바꾸려 하는 사람은 아주 드물다는 것이다.

만약에 당신이 인생을 이해하고 있다면 한 사람을 변화시킨다는 것이 매우 어려운 일이라는 것을 알 것이다. 왜냐하면 사람은 하나의 물건이 아니기 때문이다. 사람들은 자기만의 사상이 있고 관념이 있으며 인지하는 바가 있다. 또한 자기 자신의 독특한 경험과 과거가 있고 다른 사람들과는 다른 생활환경이 있다. 그런데 어떻게 그들이 자신을 바꿀 수 있도록 영향을 끼칠 수 있겠는가? 스스로가 바꾸려고 생각하지 않는다면 어떤 누구도 그 사람을 바꿀 수는 없다.

어느 보험회사의 여사장이 자신의 대학 동기인 임씨 성을 가진 친구를 데리고 우리 집에 찾아와서 직업에 관한 일을 물었다.

그 내용이 조금 특별하므로 독자들과 함께 나누고자 한다.

음력 2006년 11월 30일 20시 X분					
分柱	時柱	日柱	月柱	年柱	
食神	偏印	我	正印	偏財	十星
甲申	庚戌	壬子	辛丑	丙戌	干支
偏印	偏官	劫財	正官	偏官	十星

이 오주괘의 일주 壬子는 양인(羊刃)과 정관이 子丑合이 되었고, 丙火는 戌土에 앉아 자형(自刑)이 되었다. 이러한 경우에는 직장에서의 이동을 의미하나 변동을 원하지 않고 주저하고 있는 것으로 해석하게 된다. 필자는 괘를 보면서 물었다.

"부서 이동 때문에 고민이십니까?"

"저는 항공기기와 관련된 부서에서 회계업무를 오랫동안 해왔어요. 지난주에 다른 부서 담당자가 재건설 담당부서에 와서 회계 업무를 맡아달라고 했어요. 표면적으로는 승진이지만 사실상 월급은 동일하고 업무환경만 바뀌게 되는 것이에요. 그래서 서로 기본적인 의견을 주고받은 후에 부서를 옮겨서 일을 도와주는 것으로 동의했어요. 그런데 다시 곰곰이 생각해 보니 지금 하고 있는 업무가 익숙해졌기 때문에 구태여 업무 이동을 할 필요가 없을 것 같아요. 그런데 이미 구두로 승낙을 한 상태라 지금 어떻게 해야 할지 결정을 하지 못하고 있어요. 어떻게 해야 할지 선생님의 조언이 필요합니다. 부탁드립니다."

라고 임 소저가 말했다.

"회사에 근무한지는 10년 되셨습니까? 아니면 20년 되셨습니까?"

이러한 해석은 질문한 사람의 연령을 어느 정도 대입해서 논단해야 하는 것은 기본이다.

임 소저는 잠시 동안 깊이 생각한 후 말을 했다.

"올해로 꼭 20년이 되어 가네요. 무슨 문제라도 있나요?"

"오주괘에 나타나는 오묘한 부분을 확인해 본 것일 뿐입니다. 정관과 합하여 편관으로 흘러가고 인성이 투출되어 있는 사람은 사람됨이 진실하고 정직하며 패기가 있고 업무능력이 뛰어나서 상사의 두터운 신임을 얻을 수 있음을 의미합니다. 내 판단이 틀리지 않았다면 임 소저는 항상 일등만 해왔을 것입니다."

"선생님의 판단이 아주 정확하십니다."

라고 임 소저는 웃으며 대답했다.

오주괘에서 이동의 의미는 관인으로부터 야기된다. 우선 간지를 평가하는 방법으로서 두 가지 부분을 각각 살펴보도록 하겠다.

① 현재의 업무는 辛丑이 용신이 된다.

壬子 일주가 정관인 丑土와 合이 되고 인성인 辛金은 투출되었다. 그리고 辛金 인성은 또 연지의 丙火와 合되어 丙辛合이 된다. 이러한 사람은 직장에서 상사의 총애를 받는다고 해석할 수 있다. 또한 인성이 정관과 合이 되었으니 상사를 위해서 공무에 충실하고 법을 지키며 규칙을 어기지 않고, 품행이 단정하고 정직하게 일하며 공명정대(公明正大)한 사람이라고 해석할 수 있다. 신중하게 행동하고 성실하여 꾀를 부리거나 사리사욕(私利私慾)을 채우려고 하지 않는다.

② 미래의 업무는 庚戌이 용신이 된다.

庚戌은 편인이다. 귀록(歸祿)을 얻은 분지의 申金과 戌土가 반합(半合)으로 금국(金局)을 이루어 기운이 왕성하다. 이러한 경우에는 미래의 상사는 똑똑하지만 신경질적인 성격으로 법에도 복종하지 않으면서 자신과 견해가 다른 사람은 배척하고, 일을 할 때에 통상적인 도리를 따르지 못하고 쉽게 유혹에 빠져 법률을 어기게 된다. 여기에 신살괴강(神煞魁罡)의 특성으로 추론한다면 이 사람은 난폭하고 강한 성격 이기도 하.

필자는 괘를 해석한 후에 임 소저에게 말했다.

"원래 하시던 업무는 익숙하고 안정적입니다. 또 동료들과 사이가 좋아 즐겁고 상사로부터 깊은 신임을 얻고 있습니다. 만일 업무환경을 바꾼다면 그 일에 적응하기 위해 처음부터 마음가짐을 새롭게 해야 합니다. 새로운 업무의 문서 처리에 있어서 어떠한 문건은 위조된 장부를 만드는 것처럼 회계 규정에서 벗어나는 것일 수도 있습니다. 필자의 경험에 비추어 판단해 보건대, 새로운 상사는 당신의 회계 업무 능력을 빌릴 뿐 아니라 당신의 준법정신이 투철한 이미지와 책임감에 신용도까지 빌리려고 하는 것 같습니다."

임 소저는 놀란 기색을 나타내며 말했다.

"제가 걱정하고 있던 일들을 선생님께서 한 마디로 밝혀 주셨네요. 이제 정말 어떻게 해야 할지 알겠어요."

"괘상을 풀이하는 것은 단지 정보를 참고해서 살펴볼 뿐입니다. 어떻게 선택할지에 대해서는 본인에게 달려 있습니다."

"제 남편은 庚子생인데요. 건축회사에서 근무하고 있는데 예전에 경기가 안좋을 때에는 제 비상금을 많이 손해 보게 했어요. 최근 몇 년 동안 부동산 경기가 회복되니 또 저한테 자금 좀 투자해 달라고 하는데요. 선생님 그 사람이 제 조언을 들을 수 있게 하는 좋은 방법이 없을까요?"

"남편궁이 양인(羊刃)이고 관살이 왕성하므로 남편은 체면을 중시할 뿐만 아니라 강직하고 굳건한 성격으로 성질이 급하고 쉽게 화를 냅니다. 그리고 당신은 壬水가 양인(羊刃)에 앉아 있으며 金水가 왕성하면서 정관과 합이 되어 편관에 머무르게 되니 역시 옳다고 생각하는 바를 고집하는 강한 성격을 갖고 있습니다. 그러니 두 분은 자주 다투지 말고 서로에게 관심을 많이 가져주기를 당부 드립니다. 부부가 함께 하기 위해서는 서로 참고 양보하고 이해해 가면서 함께 행복하고 화목한 가정을 이루어 나가는 것입니다."

라고 이야기한 후에 계속해서 말을 이었다.

"이전에 손해를 보셨던 비상금 액수가 대략 4백만 위안 입니까?"

임 소저는 화를 내며 말했다.
"더 많은 액수였어요."
"2천 만 위안은 아니겠죠?"
필자는 의심스러워 물었다.

금액을 이야기 한 것은 오주괘에서 나타나는 숫자로써 말한 것이다. 본 오주괘에서 나타나는 숫자는 2와 4이므로 필자는 4백만 위안 이거나 2천만 위안 이라고 해석한 것이다.

"전 그저 평범한 공무원이에요. 그렇게 손해 볼만한 큰돈은 있지도 않아요. 자세히 계산해 보면 대략 7백만 위안 정도 되는 것 같아요. 그나마 癸未년에 남편이 양심은 있었는지, 3백만 위안 넘는 아파트 한 채를 제 명의로 변경해 주었어요. 아파트 값을 제한다면 진짜 손해 본 금액은 선생님이 말씀하신 대로 거의 4백만 위안이 됩니다. 선생님이 말씀하신 숫자가 정확하네요. 그러면 그 사람이 지금 비상금을 얼마나 갖고 있을지도 알 수 있을까요?"

임 소저 옆에 있는 여사장이 궁금해 하며 물었다.

"명리학은 통계학으로 어떠한 흐름에 대한 조합이라고 할 수 있습니다. 그러다보니 100%의 정확도는 있을 수 없습니다. 그러나 서로 다른 거리에서 변화하는 십성에 포함된 의미와 그 계기(契機)에 대해서만 잘 이해하고 있다면, 당신도 매우 정확하게 풀이할 수 있는 경지에 오를 수 있을 것입니다.

"비상금에 대해서는 개인 사생활에 관련된 문제이고, 아직 당사자의 허락을 받지 않았으므로 알려드릴 수 없음을 양해바랍니다."

임 소저는 크게 웃으며 말했다.

"이 친구가 저한테 종신보험에 가입하라고 하던걸요. 걱정하지 마세요. 우린 자매처럼 친한 단짝 친구 사이라 못 할 이야기가 없어요. 그러니 편안하게 모두 말씀해 주세요."

"예금을 알기위해서는 월급을 알아야 합니다. 괘상에 나타난 것에 다시 직업의 성격과 근무 연수를 종합해서 판단합니다. 당신의 현재 월급은 대략

5만 위안 정도이고 아무리 많아도 5만 2천 위안은 넘지 않겠네요."

"기본급에 수당을 더하고 보험료를 제한다면 매월 대략 5만 위안 정도 수령합니다."

임 소저는 연신 고개를 끄덕이며 말했다.

오주괘에서 예금을 추론하는 비법은 재고(財庫)에서부터 단서를 찾아서 해석하게 된다. 경전에 이르길 재고가 생지(生地)이거나 왕지(旺地)이면 돈으로 벼슬을 얻거나 명예를 얻는다. 예를 들어, 辰은 土의 재고가 되니 가을에 생(生)을 받아서 겨울에 왕성해진다; 丑은 火의 재고가 되니 여름에 생(生)을 받아서 가을에 왕성해진다; 未는 金의 재고가 되니 겨울에 생(生)을 받아서 봄에 왕성해진다; 戌은 水의 재고가 되니 봄에 생(生)을 받아서 여름에 왕성해진다고 하였다.

丑월의 壬子 일주가 득령하였으니 두 채의 집을 의미한다. 여기에서 당령한 글자가 인성인 경우에는 더하기 1을 의미하므로 두 채의 집으로 해석한 것이다. 본 오주괘의 재고인 戌土는 시지에 떨어져 있으나 충극(沖剋)은 없으니 비상금이 있는 것으로 해석할 수 있다.

필자는 종이 위에 50만과 100만의 숫자를 적었다. 그리고 아주 자신 있게 종이 위의 두 숫자를 가리키며 임씨에게 물었다.

"50만 위안 인가요. 아니면 100만 위안 인가요?"

"약 100만 위안이요. 인생은 기복이 심하다는 것을 젊었을 때는 몰랐는데 나이가 들어가다 보니 운명이란 존재를 조금씩 알 것 같습니다. 지금 모아 놓은 비상금까지도 명리학의 오묘한 이치에서 벗어나지 못할 줄은 정말 몰랐어요. 한 가지만 더 물을게요. 지난주 토요일에 배 선생이 창화현(彰化縣) 화미(和美)에 있는 시댁에 내려갔는데 이웃에게 3층짜리 건물을 소개받았다고 합니다. 구조가 반듯하고 가격도 합리적이고 제가 보기에도 마음에 들어요. 게다가 강한 구매 유혹을 받았어요. 선생님께서 이 괘를 가지고 그 집의 길흉에 대한 부분을 살펴봐 주실 수 있나요?"

풍수학에 '산관인정(山管人丁), 수관재(水管財).'라 하여 산은 사람의 성정을 관리하고 물은 재물을 관장한다 하였고, 옛날부터 전해지는 말에는

'칠분만두(七分巒頭), 삼분이기(三分理氣).'라 하여 100%중에서 70%는 형기(形氣)이고 30%는 이기(理氣)라고 하였다. 즉 형상법이 이법보다 중요하다는 뜻이다. 때문에 지리는 현장답사가 중요하지 이렇게 이론적으로만 살펴서 길흉을 점치는 것이 아니다. 풍수용어에는 '나침반의 선 하나가 어긋나면 부귀(富貴)를 볼 수 없다.'라는 격언도 있다. 이처럼 이러한 명언들로도 현장답사의 중요성은 충분히 증명 할 수 있다.

구태여 괘상으로써 지리적인 위치나 환경을 살펴본다면, 집의 좌향이 충극(沖剋)이 있는지를 살펴보고, 채광의 정도와 집의 가격 및 집에서 몇 미터 떨어진 곳에 도로가 있는지 정도는 가능하다. 그러나 여기에서 우선되어야 할 사항은 괘상에 현기가 나타나 있어야만 가능하다는 것이다. 나타나 있지 않다면 해석할 방법이 없다.

집에 대해 추단하려면 인성이 용신이 되므로 괘에서 나타나 있는지의 여부를 살피고 필자는 그녀에게 물었다.

"사려고 하는 아파트는 동남쪽에서 서북쪽을 바라보는 좌향이고 금액은 대략 5백만 위안 정도 되겠습니다."

"맞아요. 맞습니다. 중개인 말이 건설업자가 대략 5백만 위안에 팔고 싶어 한다고 합니다. 12가구를 지었는데 지금 이 건물만 아직 나가지 않았다고 합니다. 다른 건물은 모두 650만 위안에서 780만 위안 사이에 모두 팔렸다고 합니다."

라고 임 소저는 흥분하며 말했다.

필자는 가격차이가 그렇게 많이 난다는 것을 듣자마자 더욱더 자세히 괘상을 관찰한 후 의심스러워 물었다.

"이 집의 지리적 위치를 살펴보니 큰길은 15m 정도 떨어져 있고 들어갈 수 있는 진입로는 8m를 돌아가야 하니 대략 40m 정도가 됩니다. 게다가 집 앞에는 약간의 문제가 있습니다."

土는 도로가 되고 戌土는 15m 이상의 도로를 나타내며 丑土는 8m 이하의 골목길을 말합니다. 괘상에서 子丑合이 되고 丑戌이 형(刑)되니 이는 형극(刑剋)의 상이 있음을 나타낸다.

임 소저는 해명하는 듯 말했다.

"이 집은 많은 건물들 중에서 가장 옆에 있는 건물이에요. 구조가 반듯하고 외관이 아주 좋아요. 그런데 유일한 결점이 바로 집 옆 2m 떨어진 곳에 공터가 있고 건축물이 담을 경계선으로 둘러싸여져 있습니다. 그러다 보니 밖에서 보았을 적에는 겉면은 넓고 뒷면은 좁아 보아 보입니다.

마치 옛날 말로 하면 집이 분기조(畚箕厝: 집의 앞뒤 면적이 다를 때 쓰는 말로 앞은 넓고 뒷부분이 좁은 경우를 의미하는 삼태기집과 의미가 유사함)의 형태 같아요. 그런데 어느 풍수 선생님이 저한테 그 집을 사라고 권장 하시더라구요. 그분은 제가 그 집을 사게 되면 자손 삼대가 크게 융성할 것이라고 말씀 하셨어요."

"어떤 일은 그냥 듣기만 하는 것이 좋을 때도 있습니다. 너무 믿지는 마십시오. 지리적 배치도 사람의 성격을 살피는 것과 크게 다르지 않습니다. 동선과 채광을 확실히 파악한 후, 다시 기가 흘러가는 방향과 좋은 기운이 모이는 곳이 잘 어우러져서 일반적으로 문제되는 것이 없다면 자연스럽고 아름다운 주거환경을 만들 수 있을 것입니다. 그러나 본인이 삼태기집[재물을 모으기 쉽지 않다는 의미가 담겨져 있음] 같다고 느껴서 기피하게 된다면 담장을 허물 것을 권해드립니다. 그곳에 원예나 조경 등의 장식을 구상할 수도 있고, 또 동시에 친화적인 환경으로 가꿀 수도 있을 것입니다."

"제가 또 어리석은 질문 한 가지가 있는데, 선생님께서 방향 좀 제시해 주셨으면 좋겠어요. 가능할까요?"

여사장이 부끄러운 듯 머뭇거리며 말했다.

"무슨 일인지 편안하게 다 말씀해 보십시오."

"지난달에 제가 남편의 외도 증거를 잡았는데, 오랜 생각 끝에 그 사람을 용서하기로 결정했어요. 사실 제가 그 일에 대해서 중요시 하지 않는 것은 아니지만 심사숙고한 끝에 내린 결정입니다. 가장 큰 이유는 아이에게 따뜻하고 완전한 가정을 주기 위해서입니다. 그런데 선생님 남편이 정말 그 여자와 헤어졌을까요? 혹시 아직 미련이 남아서 확실히 정리를 하지 못한 건 아닐까요?"

라고 여사장이 필자에게 물었다. 임 소저는 여사장에게 위로의 말을 건넸다.

"내연의 여인은 영원히 내연의 여인일 뿐이잖아. 그저 정(情)이나 욕망(慾望)을 발산하는 대상일 뿐이야. 그러니까 너무 의심하고 샘내거나 걱정하지 마. 결혼이라는 것은 그래도 법적인 보호도 받고 사회적으로 인정해주는 인연으로 그저 우연히 맺어지는 인연관계는 아니잖아. 게다가 너희 남편만이 아니라 아주 오래전부터 이러한 일들은 있어왔고, 예전에 우리 남편도 그랬던 적이 있었어. 그때는 정말 나도 너랑 같은 마음이었지. 가장 가슴속에서 지우기 힘들었던 때는 과거 3년 동안이나 집을 나가서 시부모님 문안조차 하지 않았던 적이 있었어. 그때 그 원망이 얼마나 컸겠어! 나중에 친구 소개로 불교의 교리를 접하면서 위로를 받고 스스로 편안함을 얻을 수 있게 되었지. 그러면서 속에 있던 모든 복잡한 심정들이 해소되었어. 이미 산산조각 나버린 마음도 사랑이 있어서 그랬던 것이더라구. 그래서 포용하기로 마음먹으니 마음이 점차 맑고 개운해졌고, 지금의 나는 인연법을 배우면서 불법을 듣다보니 행복해졌어. 그러다가 때로는 아주 기이한 감응(感應)을 하기도 해."

라고 열심히 이야기를 하더니 임 소저가 필자에게 물었다.

"선생님 이런 감응은 괜찮은 건가요? 혹시 이후에 나쁜 영향을 줄 수도 있나요?"

"우리가 자주 하는 말 중에 '나에게 올 것은 언젠가 올 것이니 피할 수 없고 오지 않을 것이라면 아무리 원하더라도 오지 않는다.' 라는 말이 있습니다. 이것이 바로 자연입니다. 자연은 기다리는 것이 아니라 자연 속의 염원으로 끊임없이 자기 자신을 성장시키고 계획하는 것입니다.

괘국에 인성이 투출되어 있습니다. 특히 월령을 잡은 丑土 중의 辛金이 투출되어 더욱 영험합니다. 이러한 경우에는 형이상학부분이나 신비학에 대해서 많은 흥미와 천부적인 자질이 있다고 할 수 있습니다. 게다가 기이한 감응에 대해서도 역시 예민합니다. 감응여부는 인연이 있어야만 가능하므로 너무 신경 쓰실 필요는 없습니다. 시간이 되면 자연스레 영험해질 것이며 피하고 싶더라도 피할 수 없을 것입니다. 언제든 새로운 영역에 대한 도전을 받아들일 준비를 하고 있으십시오."

여사장이 이러한 이야기를 듣고 나서 무언가 생각하는 듯하더니 나에게 물었다.

"그럼 제가 주의해야 할 것이나 미리 준비해야 할 것은 무엇인가요?"

"전통적인 불교경전을 많이 읽으십시오. 원문으로 읽으면 더욱 좋습니다. 원문을 읽다가 잘 모르거나 의혹이 있는 부분은 주석을 다시 보면 됩니다. 사람들은 저마다 독특한 최상의 지혜가 있기 때문에 경문을 이해하는데 서로 다른 능력이 있습니다. 예를 들어 인순도사(印順導師)의《般若波羅密多心經(반야바라밀다심경)》268자 주해는 총 4권의 책에 걸쳐서 평론과 주석이 있습니다. 또한《中國佛敎經典寶藏(중국불교경전보장)》은 백화문으로 된 1권의 책에 주해가 되어 있습니다.《六祖壇經(육조단경)》에는 육조와 법달스님의 대화가 들어 있는데 그 안에 선종의 기록이 상당부분 들어있습니다. 여러분들께서도 단경의 제7편 기연품(機緣品)을 참고하시면 도움이 될 겁니다."

경전을 자주 읽으면 잠재능력을 불러일으켜 저마다 최상의 지혜를 증진시킬 수 있다. 그러기 위해서는 모든 일을 근심하지 않고 걱정하지 않으며, 일체를 아무것에도 얽매이지 않는 상태이어야 하며, 또한 주변 환경의 영향을 받지 않아야 한다. 이렇게 해야만 진정으로 청명한 마음을 얻을 수 있다.

관심 있는 독자들은 이 오주괘의 숫자를 산출한 원리에 대해서 분석해 보시기 바란다.

18
錯卦更靈驗之一
착괘갱영험지일

틀린 괘가 더 잘 맞는 경우 (1)

　우리는 옳은 것과 틀린 것, 밝음과 어둠, 차가움과 뜨거움, 빠름과 느림, 왼쪽과 오른쪽, 위와 아래등과 같이 두 가지가 대립되는 세상 속에 살고 있다. 이것들은 그저 여러 대립들 중의 예에 불과하다. 하나의 극단이 있으면 동시에 또 다른 하나의 극단이 존재하고 있음을 나타내는 것이다. 맞는 것이 있다면 반드시 틀린 것이 있다. 똑같은 이치로 누구도 잘못이 없을 순 없다. 오늘의 진리는 종종 어제의 착오를 넌지시 암시하기도 하므로 어제의 착오 없이 오늘의 진리를 깨달을 수는 없는 것이다.
　인생의 많은 소중한 경험을 책 속에서 모두 배울 수는 없다. 반드시 일련의 잘못된 과정 속에서 체험하고 끊임없이 누적되면서 실제를 토대로 직접 경험한 것을 바탕으로 이루어지는 것이다. 명리학을 하는 분들이라면 점괘를 틀려본 경험이 많이들 있을 것이라고 믿는다. 육효괘(六爻卦)·미괘(米卦)·기문둔갑(奇門遁甲) 등에서 특히 절기가 바뀔 때나 혹은 날짜를 잘못 기록하거나 오늘 저녁이 며칠인지 잊어버린 상황에서는 더욱 점괘를 틀리기 쉽다.
　필자는 점괘를 잘못 해석한 경험이 여러 번 있는데, 이러한 경우에 어째서 틀린 점괘가 오히려 더 영험한지 도무지 이해할 수 없었다. 진덕(陳德) 사형이 일찍이 했던 말을 돌이켜 생각해 보면, 틀린 점괘에서 오히려 정답을 보여 주는 경우가 많다.[정확한 괘가 오히려 틀린 괘의 정보를 나타내기도 하는데 아마도 명리학을 배우시는 분들이라면 이러한 경험이 있을 것이다. 특히 재물과 연관된 주식매매나 로또 혹은 야구도박 등의 괘를 풀이해야 할 경우에 그렇다. 똑같은 괘인데 오히려 같지 않은 결과를 얻게 되는 것이야말로 바른 가운데 잘못된 것이라고 할 수 있다.]

즉 재물은 사람의 마음을 현혹시키고 남이 잘되는 것을 질투하며 신기루를 좇다보니 결국에는 아무것도 남지 않게 된다.

이상의 두 가지 이론은 서로 충돌이 일어나 나를 더욱 어리둥절하게 만들 뿐이었다. 이렇게 헤매고 있는 가운데 문득《了凡四訓(요범사훈)》이라는 책의 한 구절로 '선(善)은 올바름이요. 악(惡)이란 치우침으로 이는 모두가 알고 있는 자연의 법칙이다. 하지만 선한 마음으로 시작하였어도 악한 결과를 가져오는 경우가 있으니, 그 마음이 비록 올바르다고 할지라도 바르지 못한 결과를 가져오니 이는 올바른 가운데 그른 것이지 이를 올바른 가운데 옳았다고 할 수 없다. 그러나 악한 마음을 먹고 행하였는데 선한 결과를 가져왔다면, 그 마음이 그르더라도 오히려 옳게 바뀌었으니 이것은 바르지 못함 속의 옳음이지 바르지 못함 속의 그름이 아니다.'라는 이야기가 생각나면서 이 이치로서 필자는 명리학에서 은연(隱然) 중에 나타나는 계기(契機)가 틀린 점괘에서도 영험(靈驗)하게 나타난다는 것을 깨닫게 되었다.

다음은 내가 잘못된 점괘를 가지고 상담하면서 느낀 것을 알려드리고자 한다. 이 괘는 어느 부인이 질병에 대해서 문의한 것이다.

정확한 괘는 丙辰일인데 필자는 丙戌일로 잘못 알았다.

괘는 조토(燥土)가 당령하여 천간의 물방울들은 뿌리를 얻지 못한 채 묘고(墓庫)에 앉아 있다. 팔자를 아는 사람이라면 이것은 화염토조(火焰土燥)의 괘임을 쉽게 알 수 있을 것이다.

생각하건데 어떠한 걱정거리가 있어서 질문 하든지 관계없이 이 괘의 주인은 부인과 질병이 있다는 해석이 가능하다.《淵海子平(연해자평)》의 「論疾病(논질병)」에서도 '수명은 土를 보는데 土가 왕한 계절에 출생하면 방광(膀胱)과 신경계통의 질병을 얻게 된다.'라고 되어 있다.

음력 2003년 9월 15일 戌시				
時柱	日柱	月柱	年柱	十星
食神	我	偏官	正官	十星
戊戌	丙戌	壬戌	癸未	干支
食神	食神	食神	傷官	十星

이 괘국은 세 가지 부분에 대해서 토론해 볼 수 있다.

① 화염토조(火焰土燥)는 아들이 없다. 《滴天髓(적천수)》의 「여명장(女命章)」에서는 '불이 이글거리고 土가 메마르면 아들이 없고, 土가 습하고 金이 막혀 있어도 아들이 없다; 물이 넘쳐서 木이 둥둥 뜨게 되도 아들이 없고, 金이 차갑고 물이 얼어도 아들이 없다; 인성이 중첩되어 있거나, 재성과 관살이 태왕하면 아들이 없고, 식상이 가득하여도 아들이 없다.'라고 하였다.
② 지지에 土가 왕(旺)하면 부인과 질병이 생기기 쉽다.
③ 투출된 관살은 뿌리가 없고 남편궁은 복음(伏吟)이다. 이러한 상은 감정기복이 심하여 자주 논쟁을 일으킬 수 있으며, 이성의 유혹을 견디지 못하여 또 다른 이성이 생길 수 있기 때문에 심한 경우에는 결혼을 두 번 할 수도 있다.

실제 상황을 이야기해 보면, 남편은 양명해운회사의 1등 항해사이다. 정상적인 결혼을 하였으나 아마도 남편이 선원이기 때문에 같이 있는 시간은 적고 떨어져 있는 경우가 많아서 신혼 때부터 오랫동안 떨어져 지낸 관계이므로 부부간의 관계는 서로 원만하다. 만약에 남편이 선원이 아니었다면, 괘상에 관살이 혼잡하고 남편궁에 복음이 나타나므로 결혼을 두 번 할 가능성이 매우 높다고 할 수 있다. 그런데 자문을 구하는 과정에서 부인은 이미 이성 친구와 깊은 관계를 가졌던 경험이 두 번 있음을 밝힌 바 있다.

대를 이을 아들은 없고 한 명의 딸이 있다.

해석을 위해서 이야기 도중에 호기심이 생겨서 필자는 부인에게 물었다.
"시지인 자녀궁에 식신성 戊이 있으니 딸이 한 명 있음을 나타냅니다. 그러나 괘에 나타난 화염토조(火焰土燥)로 보아서는 당신은 비뇨기계통 혹은 자궁 등의 부인과 질병이 있을 것으로 나타나는데 이러한 경우에는 임신하기가 힘든 것으로 해석합니다. 그리고 자녀성과 자녀궁이 복음이므로 이 또한 부인이 자녀를 낳는 것이 쉽지 않다는 징조입니다.
또 관상까지 같이 살펴본다면, 부인의 누당(淚當)부위가 움푹 들어가 있는데 이는 자녀의 인연이 약함을 상징합니다. 이상의 모든 징조들이 모두 자녀에게 불리한데 어떻게 딸이 있을 수 있습니까?"
부인이 쓴웃음을 지으며 말했다.
"젊을 때는 놀기 좋아하여 세상물정도 몰랐었고, 정말 아이를 낳고 싶을 때는 이미 자궁을 들어내어 낳을 수 없어서 입양하는 방법 밖에 없었어요."

음력 2003년 9월 15일 21시 X분					
分柱	時柱	日柱	月柱	年柱	十星
傷官	傷官	我	偏官	正官	干
己巳	己亥	丙辰	壬戌	癸未	支
比肩	偏官	食神	食神	傷官	十星

부인과 같은 날 저녁 9시 ×분에 오 소저와 오 소저의 남자 선배가 우리 집으로 회사개업과 관련되어 필자에게 조언을 구하려 왔다. 이때 필자는 조금 전에 풀이했던 날짜가 잘못되었다는 것을 알게 되었는데 오히려 그 틀린 괘가 더욱 영험(靈驗)하였다. 조금 전의 틀린 점괘와 정확한 점괘를 대조하여 해석한 부분에 대해서 토론해 보고자 한다.
자세히 오주괘를 살피고 연구한 후에 말했다.
"부인은 자녀가 두 명 있습니다. 첫째는 똑똑하고 활발하여 움직이는 것을 좋아하고, 둘째는 마음이 어질고 자애로우며 조용하고 이해심이 많습니다. 하지만 안타깝게도 자녀들과 가족이 함께 즐거움을 누리지는 못하고 있겠습니다."

　오주괘에 나타난 부분을 살펴보면, 상관은 왕상(旺相)하고 관살이 고(庫)에 들어가 일지를 형충(刑沖)하므로 이러한 경우에는 이혼할 가능성이 있다. 지지의 식상은 자녀성과 형충(刑沖)하니 이는 유산을 의미하거나 또는 식신이 지혜성이기도 하지만 형충(刑沖)으로 인하여 성격이 불안정하고 경솔하다고 해석할 수 있다. 여기에서는 뜻을 확대해석할 필요는 없다. 천간에 투출된 식상의 쓰임만 정확하게 파악하면 된다.

　공부하시는 분들은 아마도 의혹이 생겨날 것이다. 천간에 두 개의 己土가 있고 상관은 딸에 해당하므로 자녀에 대해서 딸아이가 두 명 이라고 해야 할 텐데, 어찌하여 남매지간이라고 하였을까?

　이유는 간지는 독립적이고 그 글자가 어떤 성의 간지에 앉아 있는지를 분석하여 해석하는 방법이다.

　오 소저가 말하기를,

　"3년 전에 이혼했고 자녀양육권은 전남편에게 있습니다. 이혼한 중년 여성에게 가장 걱정되는 것은 일이지 감정적인 문제는 아닙니다. 앞으로 나 자신을 먹여 살릴 수 있을지 모르겠습니다."

　"직장은 평온하고 순조롭지만, 성격이 조급하고 현재에 만족할 줄 모릅니다. 그리고 고향을 떠나서 직장을 구하려고 하는군요?"

　식상인 辰戌은 沖하고 상관은 투출되었으므로 이는 지금 당장 마음이 불안하다는 것을 의미한다. 사업궁과 제오주인 己亥 분주와의 沖은 녹마충(祿馬沖)이라고 하여 이는 다른 지역에서 직장을 구하고 가정을 이룰 수 있다고 해석하게 된다.

　오 소저가 입을 열었다.

　"고웅(高雄)에서 하는 일을 그만두고 대중에서 적당한 직장을 찾고 싶어서, 오늘 대중에 와서 선배오빠와 상의했어요. 선배의 제의로 선생님께 궁금한 사항을 질문도 하고 자문도 얻고 싶어서 이렇게 찾아뵀습니다. 그런데 아직 여기 온 목적에 대해서 말하지도 않았는데 선생님께서는 놀랍게도 손바닥 보듯 훤히 다 알고 계시네요. 그렇다면 지금의 계획이 이루어질 수 있을까요?"

"괘에서 십성이 심각하게 沖을 하고 있으므로 이런 경우에는 있는 그대로를 지키고 움직이지 않는 것이 가장 좋습니다. 만약 환경을 새롭게 바꾸고 싶다면 내년 봄 정도가 좋은 시기라고 생각됩니다."

이상의 두 괘의 차이점을 보면 혼인(婚姻), 자녀(子女), 신체건강관련 등 모두 확실히 다른 점이 있다. 사실 진짜 원인은 일간과 기타 간지의 형충회합(刑沖會合)의 관계로 인하여 서로 다른 결과를 만들어 낸 것이다.

19
錯卦更靈驗之二
착괘갱영험지이

틀린 괘가 더 잘 맞는 경우 (2)

음력 2004년 6월 22일 13시 50분				
時柱	日柱	月柱	年柱	
劫財	我	傷官	偏官	十星
己未	戊午	辛未	甲申	干支
劫財	正印	劫財	食神	十星

※입추(立秋)가 지난 시간이므로 辛未월이 아니라 壬申월이 옳다.

 이 사례를 해석하기 전에 독자들과 매우 흥미로운 사주풀이의 경험사례를 이야기해 드리고자 한다. 대략 두어 달 전에 방문한 적이 있던 외모나 품격이 빠지지 않는 의사에 대한 괘가 있는데 그 때 이런 대화를 나눴던 기억이 난다.
 "현재 당신의 주변에는 세 명의 아름다우면서 어머니 품과 같이 포근한 느낌을 주는 여성들이 있는데, 그 중에 한분은 다른 도시에서 오랫동안 거주하고 계시는 부인이니 여기에서 다시 논할 필요는 없겠습니다. 다른 한

분은 키가 크고 미모도 뛰어나며 풍만한 유부녀로서 그녀는 검은 색의 옷을 좋아하며 환경이 매우 밝은 곳의 주변에 살고 있습니다. 집 부근에서 대략 100m 정도 거리에 12m 이상 되는 큰 하천이 있고 그 하천의 양쪽으로는 큰 가로수들이 일정하게 심어져 있습니다. 그녀의 집은 6m 정도가 되는 길이 서로 만나는 지점에 있거나 그 길모퉁이에서 마주 보이는 모서리에 그녀의 집이 있을 것입니다. 그리고 비스듬한 쪽으로 관성제군(關聖帝君)의 사당과 비슷한 건물이 있을 것입니다.

또 다른 한 분의 여성은 아주 젊고 예쁜 미인입니다. 외향적이고 활발한 여성으로 이 여성과의 관계가 특별히 좋군요. 말재주가 뛰어나니 영업과 관련된 업무를 수행하는데 이 여성과 당신이 사귀게 된 계기는 어떠한 경제적인 측면 때문일 수도 있고, 어쩌면 당신에게 조금 남아있던 진실한 사랑일 것입니다."

의사 선생이 한 동안 생각을 하고 나서 말하길,

"운명을 해석하는 것이 이렇게 자세할 수가 있다니! 정말 세밀한 부분까지 파고들어가 이렇게 귀신같이 알아낼 줄은 미처 생각도 못했습니다. 오늘 이곳을 찾은 목적은 인사이동에 대한 문제와 직원의 승진에 대한 문제였는데, 이렇게 개인적인 이야기가 나올 줄은 꿈에도 생각하지 못했습니다. 선생님을 속일 수가 없겠습니다. 조금 전에 말씀 하신 그녀는 간호사이고 저와 약품에 관련된 업무를 함께 하고 있습니다."

의사 선생이 다시 말을 이었다.

"명리라는 학문이 이렇게까지 범위가 넓고도 크며 정밀하고 심오한 학문입니까? 외람된 말이지만 혹시 신을 받으셔서 활용하시는 건 아닌신지요?"

"정확한 해석을 하기 위해서는 반드시 청결한 마음이어야 하고 그 영감이 떠올라서 음양오행과 함께 어우러져 풀이해야만 귀신처럼 맞추는 경지에 도달하는 것이 가능합니다. 하지만 안타까운 사실은 항상 판단을 할 때마다 이렇게 정확한 것은 아닙니다.

당신은 옛날의 우리가 알고 있는 풍수(風水), 의술(醫術), 명리(命理), 관상(觀相), 점술(占術)등의 오술(五術)이 모두 같은 곳에 뿌리를 두고 있다는 것을 잊지는 마십시오. 당신이 병원에서 환자를 진료하고 돈을 버는 시간에 나 또한 이렇게 상담을 하면서 돈을 벌고 있는 겁니다. 그러나 세월이 흘러 가면서 변화하다 보니 운명을 판단하는 업은 지금 이 지경에까지 떨어지고 말았으니 어쩌면 이는 시간이 흐르면서 발생한 문제라고 하겠습니다."

의사라는 직업은 한 분야로 정리가 된 상태에서 교육을 받고 그대로 학생에게도 의사의 길을 가르쳐서 양성하는 과정을 밟게 되므로 체계가 성립되어 이렇게 대단한 성과를 얻게 된 것이라고 할 수 있겠다.

다시 괘의 상황으로 돌아가서 틀린 괘에 대해서는 시험 삼아 이러한 상황을 대입할 수 있겠는데, 만약에 내가 경험을 한 것이 아니라면 도리어 이게 무슨 헛소리인가 하는 생각을 할 수 있을 것 같다. 그 이유는 기본적으로 발생할 수 없는 일이기 때문이다.

다시 본 오주괘로 돌아와서 말을 하자면, 그 날 키가 크고 다소곳하고 친절하며 웃는 모습 또한 아리따운 젊은 여성이 찾아와서 필자에게 묻기를,

"유영(劉瑛: 가명)이라는 이름 어때요?"

필자는 웃으며 답을 해 주었다.

"이름을 들었을 때 좋은 느낌이 들고, 아름다운 선율의 여운을 남기는군요. 그런데 글자의 뜻으로 본다면 별로 고상하지는 않습니다. 그렇다고 이름을 바꾸라는 말은 하지 않겠습니다."

유 소저가 다시 모호한 답을 하였다.

"아빠의 말씀을 들어보면 내가 태어날 적에 오랫동안 계속 울었답니다. 그런데 울음을 그치지 않던 아이가 항상 피아노 소리만 들으면 바로 울음을 그치고 그 소리를 듣더랍니다. 그래서 유영이라는 이름을 지어주셨다고 했어요. 그런데 이 이름을 풀이했을 때 제 결혼생활에 어떠한 영향을 줄 수 있는지 궁금합니다."

괘를 살펴보면 戊午 일주가 앉은자리가 정인인데, 또 둘이나 되는 未土와 투합(妬合)이 되어 있다. 이러한 경우에 고서에서는 '투합은 무정하여 오히려 원한이 된다.'고 하였는데 지금 괘의 형상을 살펴보면 월령을 잡은 상관

이 투출되어 있고, 지지는 다시 일지와 쟁합(爭合)을 하고 있는 형상이 남편 이외의 또 다른 남자가 있을 조짐이 있다. 그러나 문제가 발생했다면 도대체 남편이 바람을 피웠다는 말인가? 아니면 본인이 바람을 피웠다는 말인가?

 이것이 바로 명리학에서의 맹점(盲點)이자 결점(缺點)이다. 만약에 풍부한 임상경험이 없다고 한다면 이러한 상황에서 정확하게 판단한다는 것은 매우 어려울 것이기 때문이다.

 괘상을 자세하게 분석해 보면, 상관이 투출되었으므로 이 사람은 총명하고 자기 좋을 대로 행동하며 남과 경쟁하였을 때 이기는 것을 좋아하고, 호탕하다 보니 사소한 것에 연연하지 않으며 형식이나 규범 등을 무시한다. 戊午 일주는 월지 未土가 겁재이기도 하면서 이성의 인연이 되기도 하는데, 다시 여기에서 중요하게 살펴볼 부분이 있다.

 戊午 일주는 고정된 것으로 자기 자신을 대표한다. 가령 처음에 뽑은 괘로서 다른 사람을 대입할 때에 午火는 남편궁이 되므로 남편의 상황을 읽어낼 수 있다.

 현재 우리는 남편궁의 午火와 未土가 合하는 관계를 보고 판단할 수 있는 것은 午火의 재성이 辛金인데 未土 중에는 辛金이 암장되어 있지 않으므로 이것은 남편과 감정적으로 서로 이끌리는 부분이 없다는 것을 의미한다.

 이상과 같이 여러 측면으로 살펴보았을 때 일간에 해당하는 유 소저는 당연히 외부에 인연이 있다는 이야기가 된다.

 "부부는 한 평생을 손잡고 함께 가야할 인연으로 서로 의지하면서 서로 잡아주는 가까운 관계이지만, 이렇게 성격적으로 차이가 나는 환경에서 성장하였고 만남의 인연도 다르며 사람을 대하는 방식도 서로 다르기 때문에 생활을 하면서도 항상 충돌이 끊이지 않습니다. 그래도 다행스러운 것은 사업을 하는 것이 잘되어 그럭저럭 하루하루를 잘 보내고 있는 것입니다.
그리고 이름이 결혼생활에 미치는 영향은 전혀 없으므로 당신이 크게 신경 쓸 일은 없겠습니다. 괘에 나타난 부분을 살펴보면 당신의 성격은 거만하고 총명한데다 민첩하기도 하며 재주가 많고 자기 자신의 생각대로 행동하고 승부욕도 매우 강합니다."
 그녀가 거주하는 집의 좌향은 동남에서 서북을 바라보고 있는데, 주변의 환경은 6m 정도 되거나 6m 너비의 골목길이 있는 모퉁이가 될 수도 있고 두 번째 집이 될 수도 있다.
 집에서 비스듬히 약 50m 정도 떨어진 곳에 토지신(土地神)을 모신 사당이 있다. 필자의 판단대로라면 성격과 거주지의 환경이 이와 비슷하다. 예전에 내가 어느 의사와 이야기 한 것과 비슷하다는 생각이 문득 들어서 필자는 얼른 화제를 바꾸어서 물었다.
 "당신은 어디에서 근무하십니까?"
 "○○병원에서 근무하고 있어요. 정말 놀랍습니다. 지금 선생님께서 말씀하신 내용과 제가 살고 있는 주거지가 같습니다."
 라고 유 소저가 답을 한 후에 필자는 어물어물 거리면서 말을 이었다.
 "그렇다면 혼인에 대해서도……."
 내가 주저하는 모양을 유 소저가 보더니 직접적으로 물었다.
 "선생님, 있는 그대로 말씀해 주셨으면 합니다. 저에게 이혼의 징조가 있나요?"
 이러한 질문을 듣고 나서 나도 대담하게 이전에 의사와 이야기를 나눴던 실제사례를 가지고 가설을 세워 페어 맞추기 형식으로 이야기를 하였다.
 "당신은 남편을 두고 다른 이성을 만날 수 있는데, 그 남자는 대략 40여세 정도로 이미 결혼을 한 사람입니다. 그 남자의 키는 건장해서 대략 174cm 정도 되고 얼굴색은 희고 동글동글하며 눈빛이 살아있고 눈에 쌍꺼풀이 있습니다.
 괘에서 보여 주고 있는 것은 木火가 손상을 받았으니 이는 당연히 안경을 끼고 있을 것이며, 만약에 조금 더 확대해석하여 성씨까지 살펴본다면 未土를 근거로 하여 이야기 할 수가 있습니다. 未土는 土에 속하고 그 색은 황색이며 그 속에는 乙木이 들어 있으니 이는 초목이 되고, 이것은 전원의 땅 위에서 풀이 자라고 있는 형상을 상징하며, 성씨로 본다면 황(黃)씨라고 할 수 있습니다.

가령 寅木으로 올바른 자리를 삼아서 판단한다면 이(李), 임(林), 진(陳) 등의 성씨가 가능하고 그 외에 午未가 合하여 火로 화(化)하니 이것은 인성을 의미하고, 인성은 귀인·어른·선생님·의사 등을 대표한다는 것을 알고 있을 것입니다. 그래서 간호사를 의사와 짝지어 보는 것은 가능하고 내가 판단한 것이 틀리지 않았다면 당신의 연인은 의사일 것입니다."

이렇게 이야기를 마치자 유 소저가 말하기를,

"저는 진작부터 선생님을 믿고 있었습니다."

어쩌면 이 부분의 해석으로 그녀의 심리적인 방어선은 넘어섰을 것이다. 유 소저가 감상에 젖은 채 말을 이었다.

"작년 10월에 아이의 교육 문제로 부부가 다투었는데 그로 인해서 부부 간의 화목함에 금이 갔어요. 사실 그냥 한 집에서 살고 있기는 하지만 우리 부부는 그저 길가다 만난 남과 같은 느낌이에요. 항상 나를 보는 그이의 눈빛이 냉담하다보니 저 또한 마음이 차가워져서 강하게 남편을 거부하게 되었고, 그러다보니 싸워서 지기 싫어하는 성분은 더욱 강하게 나타나게 되었던 거예요.

사람의 마음이 침울한 상태에서 도와 줄 사람이 없으니 더욱 유혹이라는 감정의 소용돌이 속에 빠져들기 쉬었는지도 모르겠어요. 돌이켜 생각해 보면 이렇게 밖에서 다른 남자를 만나는 것은 사실 가치 없는 일이지만, 지금의 상황에서는 이미 엎질러진 물이라고 밖에 할 수 없습니다. 그리고 어떻게 하는 것이 잘 정리를 하는 것인지도 모르겠어요. 이 모든 것은 다 남편이 책임을 져야 합니다."

"라빈드라나드 타고르(Rabindranath Tagore)가 말하기를 '세상에서 가장 멀리 있는 것은 삶과 죽음이 아니라 내가 그녀 앞에 서 있고, 내가 그녀를 사랑한다는 것을 모르는 것이다.' 라고 말했습니다."

세상에서 가장 멀리 있는 것은 당신의 마음속에 있는 냉담함이고 사랑하는 사람 앞에서 건널 수 없도록 도랑을 파는 것이다. 이러한 이야기는 그들의 부부에게 가장 아름다운 길을 열어주는 방법이다. 부부사이의 냉전을 고칠 수는 없다고 하더라도 좋은 뜻으로 이해하고 해석하다보면 바야흐로 해결책은 나올 것이기 때문이다.

유 소저가 흥분하면서 이야기하였다.

"8개월 동안 그는 저를 대하는 태도가 너무 냉담했고, 제 속마음을 이야기 할 때에는 듣지도 않고 묻지도 않았어요. 이러한 결혼생활에 대해서 저는 이미 어떠한 희망을 가지고 있지도 않아요."

"당신은 총명하고 지혜로운 사람이고, 또 부부간의 문제를 해결해 줄 수 있는 자녀도 있습니다. 지금 당신이 먼저 해결해야 할 숙제가 있는데, 이러한 상황에서 어떠한 것을 원하는 겁니까?"

이는 분주에 나타나는 상관패인격(傷官佩印格) 때문이다.

"결혼이라는 것은 따지지도 계산하지도 말고 보살피고 배려하는 것이며, 서로 포용하면서 의지하고 보듬어주면서 상대의 좋은 점은 칭찬을 많이 해 주고 결점은 조금만 생각하셔야 합니다. 이렇게 부부란 서로 같은 마음으로 협조해 가면서 함께 아름다운 미래를 만들어 가는 것입니다. 부부의 행복한 관계 속에서 자녀들도 가정이 진정으로 따뜻한 곳이며 보살펴 주는 곳이라는 것을 스스로 깨닫게 될 것입니다. 다시는 닭의 털이나 마늘껍질 같은 하찮은 일로 쉴 새 없이 싸우는 일은 하지 말고 서로 양보하십시오. 이렇게 하지 않는다면 나중에는 가정이 찢어지고 부서지는 결과를 얻을 지도 모릅니다. 당신도 잘 알다시피 결혼의 실패로 인한 상처를 가장 크게 받는 사람은 누구입니까? 남편도 아니고 더구나 당신도 아닙니다. 그것은 당신들의 가장 사랑하는 아이들입니다."

필자는 노파심에서 번거로움을 마다하지 않고 부인에게 설명을 해 주었다. 유 소저는 부드러운 말투로,

"그렇다면 제가 어떻게 해야 하나요? 남편에게 가서 용서를 빌까요? 제가 정말 이렇게 될 줄은 몰랐습니다."

"만약에 당신이 이 결혼생활을 정상으로 돌리고 싶다면 아래의 몇 가지 방법을 알려드릴 테니 참고하십시오."

① 서로 마주보고 이야기 하는 것이 가장 효과적인 방법이다. 만약에 그

를 마주대하기 싫다면 편지를 써서 당신이 보고 느낀 점들과 좋은 뜻을 가지고 있다는 것을 알린다.
② 어느 쉬는 날을 택하여 아이를 대신 보내 미리 약속을 한 다음에 남편이 좋아하는 음식을 준비하여 온 가족이 함께 만찬을 하면서 가족의 소중함을 느끼게 해준다.
③ 학교에서 아이들과 함께 활동을 하거나 회사에서의 여행을 이용하여 부부가 서로 자연스럽게 만나는 기회를 많이 가진다.
④ 가령 경제적으로 허락한다면 아이들과 남편이 일정을 잡도록 하여 짧은 기간이라도 온 가족이 함께 해외여행을 갈 수 있도록 한다.
⑤ 하루를 골라서 낭만적인 밤이 되도록 좋은 술과 맛있는 음식을 준비하여 남편과 함께 먹으면서 술이 들어간 틈을 이용한다면 술의 도움으로 비교적 좋은 이야기들을 나눌 수 있을 것이다.

"아이들에게는 당연히 건전한 가정이 필요하고 마땅히 어떻게 노력을 해야 될지 알 것 같습니다. 선생님 고맙습니다."
일주일 후에 유 소저가 여행지에서 사온 팽호(澎湖)의 기념품을 가지고 누추한 필자의 집을 찾아와 감사의 뜻을 전해 주었다.
항상 하는 말이 '하늘이 만든 겉가지는 오히려 살아날 수 있지만, 스스로 만든 겉가지는 살릴 수가 없다.'고 하였다. 어떤 일에도 모두 인과의 관계가 있으므로 한 부인의 결혼생활에서도 당연히 어떤 희망이라는 것이 있으니 그것은 자녀이다. 자녀는 이미 그녀의 정신적인 지주가 되므로 무너지는 것에서부터 구해야 하는 것이다. 운명을 논하고 판단을 할 적에도 당연히 자녀를 주축으로 하여 판단하면 아름다운 풍경의 청사진이 나타나게 된다. 그녀가 감정적으로 생활을 하던 중에도 오히려 조그만 희망이 있었듯이 말이다. 여기에 대해서는 아내가 남편을 사랑하는 것보다도 그녀의 아이들을 사랑하는 마음이 더 크다는 것을 충분한 통계와 숫자로서 증명할 수 있을 것이다.

20
錯卦更靈驗之三
착괘갱영험지삼

틀린 괘가 더 잘 맞는 경우 (3)

진 소저가 필자에게 학원에 투자를 하면 어떻겠는지를 물었다. 질문할 당시에 작성한 괘는 다음과 같다.

음력 2005년 2월 27일 19시 10분				
時柱	日柱	月柱	年柱	
正官	我	比肩	偏官	十星
甲戌	己未	己卯	乙酉	干支
劫財	比肩	偏官	食神	十星

※청명(淸明)이 지난 시간이므로 己卯월이 아니라 庚辰월이 옳다.

정확하게 괘를 적으면 庚辰월이 된다. 대만시간으로 0시 34분에 청명(淸明)으로 절기가 바뀌기 때문이다.

진 소저가 필자를 바라보며 말했다.

"친구 한 사람과 사업을 하는데 투자를 확대하고자 합니다만 제가 투자를 해도 될까요?"

"괘국에서 일간 己土가 甲木의 정관과 合을 하고 비견 己土는 乙木을 만나 살(煞)의 관계가 형성되어 있고, 지지는 형충(刑沖)과 合이 혼잡 되어서 청하지 않습니다. 내가 당신에게 해주고 싶은 조언은 여러 방면으로 자세히 살펴보고 평가를 한 다음에 다시 결정을 하는 것이 좋겠습니다."

"자세히 좀 설명을 해 주셨으면 좋겠습니다."

"친구는 월간의 비견인 己土를 그대로 놓고 풀이를 하면 적당하겠습니다. 괘국에서 己卯 월주와 己未 일주는 천간은 같고 지지는 관살과 合이 되었습니다. 이것이 의미하는 바로는 2개월 전에 그녀가 당신을 찾아와 투자에 대하여 제의한 것을 의미합니다. 서로 일을 하고자 하는 마음이 대단했던 것 같습니다. 이는 己卯 월주와 己未 일주가 모두 사업궁인 甲戌과 合을 하고 있기 때문인데, 이러한 형태로 관살과 合하는 괘상의 경우에는 일을 하고자 하는 마음이 매우 적극적이며 서로 마음도 잘 통한다고 할 수 있습니다. 그러나 당신의 성격은 사내처럼 매우 괄괄하고 예의를 중시합니다. 관살이 득령하고 정관과 합하고 편관이 머물러 있는 상황에서 비견이 왕성하기 때문에, 일의 추진력도 강하고 적극적이며 낙관적인데다가 다시 또 사람을 통솔하는 능력까지도 있습니다. 그러다보니 회사의 직위조차도 두 번째라고 한다면 인정하지 못합니다."

다시 괘상을 자세하게 살펴보게 되면 지지는 卯酉沖이 있고 다시 卯未가 合이 되며 戌未는 형(刑)이 된다. 이러한 상이 의미하는 것은 이후에 사업을 하는 과정에서 두 사람이 서로 주도권을 얻기 위해서 다툼이 일어날 것이라는 해석이 가능하다.

진 소저가 의혹이 가득한 표정으로 다시 묻기를,

"그녀의 특징이나 근황에 대해서도 살펴 볼 수 있습니까?"

그녀의 눈이 반짝반짝 빛나면서 혹시나 하는 마음에 물었지만, 이러한 부분이야 내가 십성을 다방면으로 분석하는 것에는 전공이니 아무런 문제가 없었다.

"당신의 친구는 키가 작고, 쌍꺼풀이 있는 매력적인 눈을 가지고 있습니다. 성격도 강하고 과격한 면이 있는데다가 일을 처리하는 능력에서도 과감하고 박력이 있습니다. 그녀의 결혼생활은 부부가 화목하지 않거나 그렇지 않다면 주로 떨어져 있을 때가 많다 보니 그로 인하여 일에 온 마음을 몰두하는 것입니다. 건강까지 살펴본다면, 신경통의 고질병이 있으며 자녀는 아들과 딸 한명씩을 두었습니다. 첫째는 활동적이고 운동하는 것을 좋아하며 둘째는 마음이 착하고 조용하면서도 영리합니다."

진 소저가 놀라면서 말했다.

"이전에 팔자명리학의 기초를 공부했었는데, 이렇게까지 자세한 풀이가 가능한지는 몰랐습니다. 무슨 기술을 사용하신 거예요?"

"괘를 풀기 위해서는 마음으로 얻어서 이치에 관통해야 하며, 음양오행의 계절에 대한 변화를 명확하게 알고 또 간지가 서로 형충(刑沖)되거나 合이 되고 천(穿)이 되는 과정을 잘 알아야 합니다. 그리고 여기에 십성을 적용시키고 육친을 대입하여 요점을 파악하게 되면 이러한 풀이가 바로 가능하게 되어서 신의 경지라고 할 수준에 도달하게 됩니다."

여기에서 신체가 작다는 것은 일주가 己卯이고, 앉은 자리가 절지(絕地)가 되기 때문이다. 부부사이가 화목하기 어렵거나 멀리 떨어지는 일이 많다고 보는 것은 卯酉沖의 형상을 근거로 하여 풀이한 것이다. 성격이 강하고 격렬하며 과감하고 결단력이 있는 것은 己卯의 乙木이 투출되어 옆에서 극(剋)하기 때문이다. 더구나 연지에서 酉金 식신이 제살을 하고 있으므로 용신을 삼게 되니 그로 인하여 일에 몰두하고자 하는 것이라고 판단을 하는 것이다.

건강방면으로 신경통이 있다고 보는 것은 金木이 싸우고 있는 것을 보고 이론적으로 판단한다.

자녀는 식상으로 정하여 풀이를 하게 되는데, 큰 아이는 연지의 酉金으로 판단하니 卯酉沖이 되어서 활동적인 것을 좋아하며 노는 것을 좋아한다고 하게 되고, 작은 아이는 시지 戌土 속의 辛金으로 판단을 하게 된다.

암장되어 있으니 조용함을 상징하고, 머리가 좋은 것으로 풀이하게 되는데 만약 아이들이 성년이라고 한다면 이 아이는 근검절약하고 가정을 잘 돌보며 보수적인 성향을 가지게 된다는 해석도 가능하다.

이상과 같이 여러 가지로 해석을 할 수 있는 것은 괘국을 빌려 육친의 자리를 정하고 삼각관계로 풀이하여 대입하는 것이다. 만약 더욱 정밀하고 자세하게 풀이를 하려면 다시 여기에 사주팔자를 넣어서 해석하면 된다.
 "저는 바로 질문해서 답을 얻는 스타일입니다. 외람된 말씀이오나 선생님의 괘국 안에서 저의 투자 사업이 어느 종류의 형태인지도 알 수 있나요?"
 "이것은 대단히 예민한 문제입니다. 기본적으로는 답이 없습니다. 그러나 당신이 팔자의 기초적인 논리를 알고 있으므로 우리가 학문의 이치로써 탐구하여 생각해 볼 수는 있습니다. 명리학으로 100가지 질문을 모두 정확하게 맞춘다는 것은 불가능하다는 것을 경험으로 알고 있습니다. 다만 예외적으로 직업의 유형에 따라서 설명을 할 수는 있지만 달리 특별한 방법은 없습니다."
 모든 것은 경험을 통해서 그 법칙을 얻고 통계적으로 정리하는 것이니 나중에 천천히 시간을 두고 십성의 원리를 연구하고 오행의 숨은 뜻도 파악한다면, 서로 다르게 조합이 되었을 때 해석하는 방법도 다르다는 것을 이해하면서 자연스럽게 깨닫게 될 것이다.
 그렇게 해서 어느 종류의 일인지를 판단한 다음에 말했다.
 "괘국 안의 甲木은 정관성이고, 이 정관은 자신의 직업을 대표합니다. 木을 기본으로 하여 그 특징을 살펴서 판단할 수 있습니다. 직업의 종류로 본다면, 의류제조업, 의류판매업, 인쇄업, 교육문화사업, 회계수학관련, 한약, 원목가구점, 농장 등등이 가능하겠습니다. 성격적으로 분석을 한다면, 인자하고, 균형을 지키고, 규칙적이고, 원칙적이며, 자기주장이 뚜렷합니다. 그리고 신체적인 특징은 머리카락, 경락, 간과 쓸개, 임파선 등이 해당됩니다. 지금 우리는 이러한 부분들을 열거해 놓고 다시 한 번 객관적으로 살펴봐가면서 정리하는 것입니다. 대만의 산업들 중에서 특히 의류제조업들은 외부로 옮겨가고, 인쇄와 가구와 농장은 여성이 하기에는 비교적 적합하지 않은 업종이며, 옷을 판매하는 것은 체인점 형식으로도 운영을 할 수가 있고, 돈을 많이 투자하지 않아도 되고 스스로 제품을 만들지 않아도 되니 합작투자까지 할 일은 아니라고 봅니다.

한약재를 취급하는 것은 전문적인 지식과 자격증이 있어야 하니 일반적으로 아주 미비한 투자가 될 것입니다. 회계와 수학 관련은 종사하는 사람들이 워낙 많아서 가령 회계사무소를 차린다면 또 회계사를 두거나 그러한 경력과 자격증이 있어야 합니다. 이렇게 서로 비교를 해 본 다음에 유일하게 가능한 일로는 문화교육과 연관된 사업이라고 하겠습니다. 여기에 성격을 보면 己土로 태어나서 인자한 것과 균형을 이루고 규칙적인 습관도 있으니 이것이 가장 유력하다고 봅니다."

필자의 긴 설명을 듣고 진 소저가 말문을 열었다.

"감탄하고 또 감탄했습니다. 곧 학원을 운영하려고 하고 있으니 교육사업이라고 할 수 있겠습니다. 가령 제가 투자만 하고 회사의 운영에는 관여하지 않아도 되겠습니까? 돈이 좀 될까요?"

"사업에 투자하기 위해서는 먼저 동업자의 성격을 잘 알아야 합니다. 서로 성격이 맞지 않는다면 다시 적당한 투자처를 찾아야 할 것입니다. 속담에 '나를 알고 상대를 알면 백번 싸워도 백번 이긴다.'라고 하였듯이 오랫동안 그녀와 사귀었다면 잘 알고 있을 거 아닙니까."

"사실 친구의 소개로 6개월 전에 알게 되었습니다. 그 사람의 학원설비와 아이디어가 대단히 좋아서 투자를 할 생각을 했던 것입니다."

괘국에서 정관과 合하고 비록 편관이 득령하였으나 아쉽게도 자신은 사지(死地)에 앉아 있고 편관은 재성의 도움을 받지 못한 채 지지의 형충파해(刑冲破害)를 만났다. 더군다나 비겁이 왕성하니 비록 관살의 보호를 받는다고는 하지만 재성이 없으므로 재물을 얻는 것은 쉽지 않다고 해석할 수 있다. 고인의 시에 '어떤 사람은 다른 사람의 재물을 하루 종일 헤아리다가 집에 가지만 자신의 수중에는 땡전 한 푼도 없다.'라는 시구가 전해지기도 하며, 불교의 선가(禪家)에는 이러한 이야기가 전해진다.

어느 스승과 제자가 깊은 산속에서 여우가 토끼를 쫓아가는 것을 보게 되었다. 그것을 보고 어린 동자승이 스승께 말하기를,

"제가 추측하기에 토끼는 당연히 잡힐 것입니다."

스승이 그 말을 듣고는,
"틀렸다. 여우는 토끼를 잡을 수가 없느니라."
왜 그렇습니까? 하고 동자승이 묻자,
"여우가 토끼보다 빠르기는 한데, 토끼는 튀어 오르는 속도가 있으니 어떻게 뛰어가서 토기를 잡을 수가 있단 말이냐?"
스승이 한참 생각에 잠긴 동자승에게 말하기를,
"아직도 모르겠느냐? 쫓아가는 여우에게는 한 끼의 식사에 불과하지만 도망가는 토끼에게는 목숨이 달렸단 말이야~!"

이러한 이야기를 들려주고, 진 소저에게 한마디 덧붙였다.
"위의 이야기는 정말 맞는 말입니다. 모든 일에는 전력을 다해야 하고 꼼꼼하게 생각하는 것이 중요합니다. 다른 사람에게 기대어서 돈을 벌겠다는 생각은 절대로 하지 말아야 합니다. 그리고 뒤에 들려 준 고사를 잘 생각하고 신중한 선택을 하시기 바랍니다."

21

感悟生死
감오생사

삶과 죽음에 대한 한 생각

　죽음에 대한 이야기는 대만에서 나이 드신 노인들에게는 대단히 금기시 되는 이야기이다. 그러다 보니 죽음에 관한 글자까지도 사람들이 꺼리게 되는데, 왜 죽음에 대한 풍습은 모두 공포심으로만 가득할까? 우리들은 왜 예전부터 약속이나 한 듯이 자연스럽게 두려움이 생겨나는 것일까? 태어나서 죽는 것은 교육하고 선전한다고 되는 것이 아니라고 한다면 풍습 속에서 어떠한 복잡하고 신비로운 현상이 나타나기 때문일까?
　인도의 오쇼 라즈니쉬(Rajneesh Chandra Mohan Jain)라는 철학자의 저서 《영혼의 반역》이라는 책을 보면 죽음에 대한 요지가 낙관적이며 즐겁다는 태도이다. 종교를 믿는 벗이나 친지들이 세상을 떠났을 때, 서로 상갓집의 바쁜 일손을 도와주고, 출상을 치르기 전에 그들은 상갓집에서 큰 소리로 노래도 부르고 먹고 마시면서 춤도 추면서 논다. 그리고 난 후 죽은 사람이 재가 되어 대지에 뿌려지고 나면 본래의 온 곳으로 돌아가니 이것은 흙으로 돌아가는 대자연의 법칙이므로 사망의 의식으로 충분히 함께 하고 즐거운 기분으로 작별을 한다.
　그런데 대만의 장례식 문화를 보면, 한 무더기나 되는 의식에 따라 장례식을 거행하고 때로는 전기(電氣)로 꾸며진 꽃차를 부르기도 하며, 딸들의 통곡소리와 애도하는 이들로 인하여 이보다 더 시끌벅적할 수가 없다. 이러한 장례절차나 의식이 사실은 죽은 사람을 위한 것이며 존중하는 마음과 뜻을 기리는 것인데, 그 결과는 번잡한 의식절차로 인하여 상갓집의 정신적인 부담만 가중된다.

어쩌면 우리는 죽음을 두려워하여 죽음과 연관된 일들에 대해서는 금기하고 배척하게 되었을 것이며, 이로 인해서 상갓집의 의식도 죽음에 대한 두려움으로 가득한 것일지도 모른다. 인생을 살다보면, 자고로 누구라도 죽지 않을 수는 없다. 그러니 낙관적으로 죽음을 대하고 받아들이는 것이 옳을 것이다. 이것이 인생의 희로애락(喜怒哀樂)을 거치는 과정에서 맨 마지막으로 통과하지 않을 수 없는 관문일 것이다.

음력 2006년 7월 29일 21시 X분						
分柱	時柱	日柱	月柱	年柱	十星
正財	比肩	我	偏財	正財	十星
丙辰	癸亥	癸丑	丁酉	丙戌	干支
正官	劫財	偏官	偏印	正官	十星

진(陳) 사형이 경(經)을 읽는 반에서 공부하는 후배를 데리고 와서 죽음의 시기에 대해서 물었는데, 내용이 특별하여 여기에서 공개해 여러분들과 함께 이야기를 나눠 보고자 한다.

사람의 수명과 생사에 대해서 판단을 하는 방법은《三命通會(삼명통회)》의 오행생사에 대한 이치로 설명이 되어 있는 내용 중에 '金木이 생왕(生旺)하고자 할 적에 사지(死地)를 보면 두려워한다.'는 독특한 내용이 있다.

예를 들어 金은 죽으면 넓어지고, 木이 죽으면 그냥 재가 되어버린다. 그러나 水와 土는 木金과 다르다. 火는 木 속에 숨고 土에서 잠을 자므로 왕성함을 바라지 않는다. 왕성하게 되면 불타서 가루가 되면서 죽음이 가까이 다가오니 이를 두려워하는 것이다. 죽음이란 소멸(消滅)이고, 이로써 평온함을 얻어 아름다워진다는 것을 미처 생각하지는 못한다.

그 의미는 金木은 사절(死絶)을 만나면 두려워하고 火가 지나치게 왕

(旺)하거나 혹은 쇠약하면 죽게 된다.

고서를 살펴보면, 대단히 많은 죽음에 대한 기록들이 있는데 필자는 그러한 내용을 바탕으로 수년에 걸쳐서 검증을 해 보고 통계를 내어 결론을 얻어 낼 수가 있었다. 상담을 한 자료 중에서 자기 자신의 사망을 보는 방법에 대한 사례가 있어서 그 방법을 공개하여 공부하는 벗님들과 함께 연구해 보고자 한다.

① 십이운성에서 사(死), 묘(墓), 절(絶)에 해당하거나 묘고(墓庫)와 合이 되거나, 沖이 되어 원신(元神)이 운에서 여기(餘氣)로 흘러가는 월이 사망의 시기가 될 수 있다.
② 火土가 왕(旺)하고 지나치게 조열하면 혈관의 병이 되고 의외의 사망에 이를 수 있다. 또한 金水가 쇠약하면 만성질환이 된다.
③ 보호해 주는 인성이 깨어지거나, 활동성이 있는 식상이 合이 되거나 혹은 사주에 식상이 없다면, 이미 오랫동안 질병을 앓고 있거나 혹은 병상에 누워있는 것으로 해석할 수 있다. 또한 행동이 불편하여 전문적으로 간호를 할 사람이 필요한 상황이다.
④ 고서에서는 '재성은 양명(養命)의 근원이다.' 라고 하여 재성이 공망(空亡)이거나 깨어지거나 겁재에게 공격을 받으면 사망의 징조가 된다.
⑤ 편관이 당령했거나 혹 앉은 자리가 편관이고, 또 많은 편관들이 날뛰는 상황에서 인성이 편관을 화(化)해 주지 못하면 이는 죽음을 의심하지 않을 수 없다.
⑥ 일주가 쇠약한데 인성의 도움이 없고 설기가 너무 심한 경우 일주의 수명을 생조하는 글자가 공망(空亡)에 들어가는 달은 위험하다.

이전의 경험을 필자에게 말을 해 준 사형(師兄)들이 사람을 데리고 찾아와 필자에게 의견을 물었던 적이 있는데, 거기에는 대략 두 가지의 목적이 있었다. 그 하나는 팔자와 오주괘를 함께 연구해 보고자 함이며, 둘째는 그들이 미처 답을 할 수가 없었던 문제를 이야기하기 위해서였다.

예를 들면, 바람난 사건이나 언제 이혼 할 수 있을지에 대한 문제라든가 생사의 문제들이다. 위의 괘국을 자세히 살펴보고 풀이한 후에 진 사형에게 말하였다.

"癸丑 일주가 편관 위에 앉아 있으면서 또 水의 여기(餘氣)도 됩니다. 만약 질병을 논한다면, 괘상은 흉(凶)하다고 하겠습니다. 다만, 월령의 酉金이 편인인데 시주의 癸亥를 생조하고 있으니 이로 인하여 약한 것이 도리어 강하게 되었습니다. 눈앞의 병세는 비교적 안정적이며 살아야겠다는 의지도 강하므로 바로 사망한다고는 할 수 없습니다. 그러나 연주의 丙戌에서 재성은 실령하였고 또 고(庫)에 들어갔습니다. 그리고 분주의 丙辰과도 沖이 되고 있습니다.

괘국에서 재성은 뿌리도 없는데다가 또 沖까지 만났으니 이는 흉한 조짐으로 해석됩니다. 다시 살펴보면, 별로 좋지 않은 형상이 겹치는데 일간 癸水가 스스로 여기(餘氣)에 앉아서 다시 분주의 고(庫)에 들어가 버렸습니다. 오주괘의 해석하는 방법 중에 가장 신비한 것은 분주에 나타나 있는데 이 분주의 응용에는 특별히 자세한 관찰과 순발력과 추리력을 필요로 합니다. 만약 이 괘상에서 여러 가지로 나타나고 있는 현상을 잘못 해석하지 않았다면 이 사람은 마땅히 여름에 심혈관의 질환을 얻게 될 것이고 또 혈광지재(血光之災)도 있으니 현재 병원에 입원하여 치료를 하고 있는 중이라고 봅니다."

진 사형이 손뼉을 치면서 바로 말했다.

"오주괘의 연구가 이 정도로 독창적일 줄은 몰랐네. 이미 신기함의 도(道)를 넘어서 대단한 경지에까지 도달하다니. 귀신처럼 정확하구만. 정확히 맞췄네. 후배의 남편이 올 여름에 갑자기 심장병이 발생하여 수술을 하게 되었고, 좋아졌다가 지금은 또 나빠졌다고 하네. 비록 의식적으로 살아나려고 하는 의지도 강하지만 오랫동안 병상에 누워 있어서 몸에도 부담을 많이 받고 있는데, 의사 말로는 그 노인네에게 또 무슨 유전병이 있다면서 후배에게 오래 살지 못할 것이므로 마음의 준비를 하라고 했다네."

"그 분이 올해[2006년] 몇 살 이십니까?"

"甲子생이니 올해 83세네."

《喜忌篇(희기편)》에서 '녹(祿)이나 귀인을 만나면 전실(塡實)되어 흉

(凶)하다.'라고 하였는데, 이 괘국에서는 癸丑 일주와 시주의 癸亥가 子水를 공협(拱夾)으로 끼고 있어서 子水의 녹(祿)을 얻어 희신으로 작용을 하게 된다.

지금 바로 甲子년의 간지를 괘국에 넣게 되면 전실(塡實)이 되어 버린다. 亥子丑이 방합(方合)이 되고 또 분주의 辰土와 子水가 합이 되어 癸水의 넘쳐흐르는 세력이 일사천리(一瀉千里)로 뻗어 나가므로 꺼리게 된다.

《繼善篇(계선편)》에서는 '아랫배가 차가운 병은 반드시 水에 火가 손상된 사람이다.'라고 하였다. 또한 신장은 북방의 水가 되고 심장은 남방의 火가 되는데 신장의 水가 상승하고 심장의 火가 하강하면 물이 불 위에 있게 되므로 기제(旣濟)가 되는데 만약 상하가 서로 사귀지 못하면 냉질(冷疾)의 질병이 된다.

다른 해석 방법으로 한마디의 말이 또 있으니 '어린 신랑은 운에서 오는 沖을 두려워하고 노인은 合을 꺼리며, 젊었을 때에는 왕지(旺地)를 만나면 기뻐하고 노년에는 신왕(身旺)의 운(運)을 만나는 것을 꺼린다.'는 이야기가 있다. 필자는 사형의 후배에게 계속해서 말을 이었다.

"괘상을 살펴보았을 때 병은 신장에서 발병하였을 것입니다. 가령 그 사람이 쥐띠가 아니었다면 이렇게까지 엄중하지는 않았을 텐데, 세운의 子水와 전실(塡實)이 되어 질병이 더욱 심해졌습니다."

필자의 말을 듣고 사저가 답하길,

"그렇습니다. 정확하게 신장에 문제가 생겼어요."

라고 하고 바로 또 묻기를

"이 상황을 잘 지나갈 수 있을까요?"

평소에 운명을 해석할 적에 내가 가장 꺼리는 것이 바로 이러한 것들이다. 예를 들어 로또의 당첨 여부나 바람피우는 문제, 언제 이혼할 수 있느냐, 언제 죽겠느냐 등등의 이야기인데 그 중에서 바람피우는 문제를 가장 싫어한다.

사주의 구조에 대해서 이론적으로 본다면 연주와 일주가 바라보고 합이 되고자 하며 일지와 시지는 암합(暗合)이 되는데 혹 재성이거나, 관살이 남편궁과 合하거나 시주와 合을 한다면 이러한 것은 모두 바람을 피우게 될 가능성이 매우 높은 조짐으로 판단을 한다.

가령 어떤 사람이 종교적으로 경건한 신앙심을 갖고 있거나 혹은 관인상생이나 일간이 생왕(生旺)으로 구성이 된 팔자인데 그 사람이 바람을 피운다고 판단을 하게 되면 그것은 잘못된 판단이다.

여기에서 한 가지 더욱 주의해야 될 중요한 문제가 있다. 만약 잘못 판단을 했을 경우에는 배우자는 내심으로 의심을 하고 꺼리게 될 가능성이 있다는 것이며 마음에 의구심과 두려움이 발생하여 날마다 풀밭에서 뱀이 나올까봐 두려워하는 병사의 마음으로 긴장된 생활을 하게 될 것이다. 그러므로 잊어서는 안되는 것이 있다. 유명한 명리의 고수가 하는 말 한마디는 매우 곤혹스러운 상황을 만들 수도 있기 때문이다. 그래서 운명을 예측한다는 것은 매우 큰 책임이 따르는 직업이라고 내가 항상 말하는 것이다.

"항상 말하지만 염라대왕이 한밤중에 데리러 올지도 모릅니다. 염라대왕은 절대로 새벽까지 기다려 주지 않습니다. 후배님 남편은 이미 80세가 넘으셨는데 다시 무슨 계획이 필요하시나요? 이미 평균수명도 넘었는데 남편 또한 무엇을 원하시겠습니까? 모든 것은 자연에 순응하는 것이 좋을 것 같습니다."

진 사형이 필자를 바라보면서 말하기를,

"후배님의 남편이 대략 언제쯤 극락세계로 왕생하실지를 알고자 하는 것이라네. 그렇게 해서라도 마음의 준비를 하려는 것이지."

필자는 웃으면서 진 사형에게 말했다.

"이러한 부분은 사형(師兄)의 점괘에서도 나오지 않을 터인데. 어째 나에게서 답을 찾으려고 하십니까?"

'아이고~' 하고 탄식을 하더니

"당연히 알고 있으면서 뭘 그러나."

라고 진 사형이 필자에게 말을 하였다.

생사의 수명에 대한 이론에 근거하여 판단할 수는 있다. 하지만 가장 가까운 사람이고, 오랫동안 잘 알고 지내온 사이라서 더욱 더 말을 하기가 어려웠을 것이다. 그래서 내가 한 마디 더해 주었다.

"진 사형께서 자상하시다보니 후배님이 궁금해 할까봐 먼저 참지 못하고 물으셔서 한 말씀 드리도록 하겠습니다. 남편이 9월[戌月]을 넘기신다면, 다시 戊子년은 지탱하실 수 있을 것입니다."

"한 가지 질문이 더 있어요. 선생님께서 생각하시기에 산소를 쓰는 것이 좋을까요? 아니면 화장을 하는 것이 낳을까요?"

우리는 장자가 죽음에 대한 표현을 매우 낙관적이며 품위 있는 태도를 취하고 있다는 것을 알 수 있는데, 장자(莊子)의 《列禦寇(열어구)》에 이런 이야기가 나온다.

장자가 죽으려고 하는데 문인들이 그의 장례식을 후하게 치르고자 하자 그가 말했다.

"나는 천지(天地)로 관을 삼고 일월(日月)로 벽을 삼으며 별들로 옥구슬을 삼고, 만물을 문상객으로 삼으려 하는데 이것이야말로 가장 아름답지 않겠는가? 다시 무슨 후장을 하겠다는 건가?"

이러한 장자의 말에 제자가 말하기를,

"우리는 스승님의 시신을 새들이 쪼아 먹을까 두려워서 그럽니다."

"사람이 죽어 땅 위에 두면 날짐승이 쪼아 먹어버리고, 묻으면 지하의 개미들이 먹어버리게 되는데 지금 너는 날짐승의 음식을 빼앗아버리고, 개미들에게도 주지 않겠다는 것이니 어찌 이렇게 편협한 생각을 할 수 있단 말이냐?"

다음날 진 사형이 전화를 했다.

"내가 지난주에 점괘를 얻었을 때 알았는데, 후배의 남편은 가을을 넘기지 못 하겠구먼."

하는 이야기를 전해 들으니, 의외로 생각하지 않았던 것도 오주괘의 답안과 다르지 않다는 것을 알게 되었다. 정말 운명에 때가 되면 그 때가 언제인지 알 수 있고, 때가 나타나지 않았다면 아직 때가 아닌 것이다. 모든 것은 운명이 정해 놓은 틀 속에 존재 한다는 것이 감탄스럽기만 하다.

생사의 수명을 해석하여 맞추는 것은 많은 경험과 임상을 해봐야 할 것이다. 가령 잘못 판단을 한다면 답을 구하는 사람은 불안하고 초조하고 또 공포심을 가질 수 있기 때문에 사망에 대한 추단은 특별히 신중하게 해야 할 것이다. 만약 100% 정확하게 판단이 되지 않는다면 필자의「批命口訣(비명구결)」속에 있는 이야기를 참고하여 판단하시기 바란다.

「모든 악한 일은 하지 말고 많은 선행을 받들어 행하라. 선행과 적덕을 많이 행하면 타고난 수명에 12년을 보태게 될 것이다.」

22
⋮
抉擇
결택

선택에 대한 결정

　인생을 살아가는 과정에서 반드시 선택해야 할 것은 의·식·주가 된다. 여기에는 학과를 결정하는 것도 포함이 될 것이며, 직업의 종류나 친구를 사귀는 것, 배우자를 선택하는 것 등등 헤아릴 수 없을 정도로 많다. 시시각각(時時刻刻) 우리는 그 미로 속에 빠져 곤혹스러워 하면서 어려운 선택을 하게 되고, 이후에 무슨 결정을 하게 되더라도 당신은 처음에 선택한 것을 유지시키고 지키는 것을 좋아한다.
　어느 날 한 쌍의 젊은 연인이 상담실에 찾아와 삼각관계에 대해 필자에게 물었다. 일생을 함께 할 반려자를 선택하는데 누구로 결정해야 할 것인지 알 수 없기에 명리학적인 관점에서 어떤 선택이 가장 옳은 선택인지가 궁금하며, 누구를 선택하는 것이 그녀의 운명에 어울리는 사람이 될 것인지를 알고자 했다.
　이러한 모든 상황에 대한 이야기를 다 듣고서 필자는 슬그머니 화가 치밀었다. 지금까지 무수히 많은 외도와 양다리와 불륜의 사례에 대해서 상담을 했지만 오늘처럼 현재 사귀고 있는 남자 친구와 함께 온 상태에서 다른 남자 친구와의 관계까지 살펴달라고 한 것이 도무지 내 상식으로는 납득이 되지 않아서이다. 아마도 세대차이인가 보다.
　즉, 두 사람의 남자 친구 중에서 운명적인 풀이로 보았을 때 어느 남자를 선택하는 것이 더욱 좋을 것인지를 알고자 한 것이다.

　유행에 민감한 신세대들이라서 결혼에 대해서도 개방적인 태도를 취하고 있는 것 같다. 이런 신세대들을 보면서 요즘에는 봉건시대적인 사상을 가지고 있는 사람은 거의 없지 않을까 싶다. 이제 이야기를 시작해야 하는데 필자의 속은 다시 시끄러워졌다.

　괘에 나타난 것을 대담하게 해석하게 되면 어린 친구의 자존심에 상처를 줄까봐 염려가 되어서였는데, 생각지도 못하게 그들은 희희낙락거리면서 개방적인 말을 하였다.

　"선생님께서는 있는 그대로 말씀해 주세요. 나쁜 이야기라도 숨기려 하지 마시고 다 이야기해 주세요."

　지금 바로 오주괘를 가지고 이 문제를 풀고자 한다.

음력 2004년 7월 18일 7시 30분				
時柱	日柱	月柱	年柱	十星
比肩	我	偏印	比肩	
甲戌	甲申	壬申	甲申	干支
偏財	偏官	偏官	偏官	十星

　세 개의 甲木과 세 개의 申金이 겹쳐서 보이니 속칭 복음이다. 고서에는 '복음반음이면 눈물을 흘린다.'라고 하였는데, 편관인 申金이 복음으로 해석이 되는데 그것도 중첩되어 있는데 이것은 두 남녀를 대표하고 세 글자의 申金은 자형(自刑)까지 이루고 있으니 하나하나가 모두 불안정하며 마음은 둥떠 있는 상태이다. 이러한 경우에는 감정적인 부분이나 하는 일 등에 신경을 써서 머리가 복잡하다고 해석할 수 있다.

　당시 내가 이러한 상황에 대해서 어떻게 입을 열어 설명을 해야 할지 고민하는데 머릿속에서 문득 장천(長天) 사형이 예전에 필자에게 보내주었던 《十天干與十二地支三重見推斷口訣(십천간여십이지지삼중견추단비결)》이란 책에 적혀 있던 내용이 문득 생각났다. 거기에는 '甲木이 셋이면 그 사람은 고독하고 申金이 셋이면 고향을 떠난다.'라고 되어 있었다.

　甲木이 셋이면 고독하다는 말을 풀이해 보면, 사람이 하는 일이 독립적이고 고집스러우며 괴팍하기까지 하니 필자의 개인적인 사주풀이의 경험으로 100명 중에 90명 이상은 결혼생활에 위기가 올 수 있으므로 반드시 조심해야 한다. 그렇게 조심하지 않는다면 반드시 이혼으로 막을 내리게 된다는 해석이 가능하다.

　申金이 셋이면 고향을 떠난다는 말과 비슷한 내용이 《絡繹賦(낙역부)》에 있는데, 여기에서는 '녹(祿)이 충파(沖破)를 만나면 고향을 저버리고 다른 땅으로 떠난다.'라고 하여 같은 의미로 볼 수 있다. 세 글자의 申金이 자형(自刑)으로 寅木을 형합(刑合)하는 격으로 일반적여 보이지는 않는다. 甲申 일주가 녹(祿)을 寅木에 둔 상황에서 세 申金과 沖하니 바로 녹(祿)이 충파(沖破)되어서 고향을 떠난다는 말과 부합이 된다.

　옛날 고서를 이용하여 괘상에 나타난 조짐을 풀이하여 진 소저에게 아래와 같이 설명해 주었다.

　"당신은 여기 사람이 아닌데, 甲申년 초에 대중(台中)으로 오셨군요. 만약 필자의 판단이 틀리지 않는다면 당신은 당연이 북부지역에서 왔을 것입니다."

　"맞아요. 저는 대북에 사는데 연말에 회사의 인사이동으로 인해서 1월에 대중의 지점에 발령을 받아 오게 되었고 하는 일은 의료보건기자재 매매를 하고 있습니다."

　"발령을 받고 얼마 되지 않았는데 왜 그만 둘 생각을 하셨습니까?"

　여기에서 이동한 경로를 살펴보면, 申金과 寅木은 모두 동하는 역마성이다. 그렇다면 어떻게 북에서 남으로 온 것으로 해석이 가능한 것일까? 이는 월지 申金 속의 壬水가 천간에 투출되었는데, 이는 일간 甲木의 인성이 되고 장생지가 된다.

　괘국에서 세 개의 申金은 寅木과 형충(刑沖)하고 있는데 이 寅木은 남방에 해당하는 丙火의 장생지가 된다. 이러한 현상을 살펴 본 결과 남방으로 이동을 하게 된 것이다. 申金의 여기(餘氣)는 바로 시지 戌土의 고(庫)에 해당하니 土는 방위로 중앙이 되어 중부라는 뜻이 되니, 북부에서 남으로 이동을 하여 중부에 거처를 정하게 된 것이라고 해석할 수 있다.

"선생님께서는 어떻게 제가 그만두고자 한다는 것을 아셨어요?"

"편관에 해당하는 세 글자의 申金이 자형(自刑)이 되고, 연주와 일주는 복음(伏吟)입니다. 또한 사업궁은 戌土의 고(庫)에 들어간 상황인데다 戌土는 또한 편관성의 여기(餘氣)가 되니 이러한 괘상이 의미하는 것은 마음은 뒤숭숭하고, 몸과 마음이 지쳐서 뜻이 있어도 펼치기 어려우니 하는 일에 대한 스트레스는 자꾸만 쌓여간다고 할 수 있습니다.
다시 괘상을 살펴보면 申金과 戌土가 정관성인 酉金을 불러와 合을 이루고 거기에다 申金 세 글자는 복음(伏吟)을 더하게 되어 자형(自刑)으로 작용하므로 관살혼잡(官殺混雜)의 형태가 되니 이러한 경우에는 감정상의 문제로 인하여 당신은 매우 힘든 상황이라고 해석할 수 있습니다."

"선생님께서 판단하신 내용이 아주 정확하게 맞습니다. 며칠 전에 사직서를 우편으로 보내서 9월에 이직하겠다고 하였어요. 그리고 지금은 심리적으로도 힘들어서 일도 하지 않고 있는데 이성관계에도 문제가 생겼습니다. 선생님께서 비웃을 수 있겠지만 말을 할께요. 며칠 사이에 두 남자 친구가 동시에 저에게 결혼하자고 했어요. 그런데 저는 누구를 선택해야 할지를 모르겠어요. 그래서 선생님께 특별히 찾아와 조언을 구하는 것이니 팔자를 살펴보고 저에게 알려 주셨으면 좋겠어요."

"만약 남자 친구와 당신과의 인연을 정확하게 알기 위해서는 반드시 그들의 출생년도와 월이 필요합니다. 여기에 허진둔법(虛辰遁法)으로 시간까지 대입을 하여 오주괘로 풀어간다면 그들 두 사람의 성격, 직업, 운세 등은 물론이고 당신과의 인연까지 살펴볼 수 있습니다."

"A군은 72년 壬子생이고, B군은 75년 乙卯생입니다."

壬子생은 당연히 북쪽에 거주하고 있다. 그는 책임감도 있고 고집스러운 성격에 외향적이며 체면을 중시하고 남에게 굴복할 줄도 모른다. 키는 대략 175cm 정도 되는 것 같고, 말도 잘하고 현실에 당면하는 문제에서도 슬기롭게 대처할 줄 안다. 그러나 하나의 단점이 있다면 지나치게 놀기를 좋아하는 것과 금적적인 부분에 대한 개념이 좀 떨어진다는 것이다.

때로는 그녀와 만나서 자기 생각을 갖고 싸우느라고 쉴 틈이 없다. 그렇지만 결국에는 그녀에게 예의를 갖추고 양보를 하게 된다. 만약 필자의 판단이 정확하다면 이 사람은 그녀의 마음속 깊은 곳에서 차지하는 비중이 B군 보다 훨씬 높다는 것이다.

乙卯생은 대중사람으로 올해 2월에 알게 되었고, 4월에 사랑에 빠졌다. 지금의 감정은 이제 겨우 사랑이 싹트기 시작된 것이라고 할 수 있다. 그는 책임감이 강하고, 순박하며 보수적인 사람이다. 키는 중간은 되는 것 같고 일도 안정적이며 수입도 제법 많은데다가 또 저축을 많이하고 재물에 대한 관념도 매우 뛰어난 사람이다.

서로 같이 만날 때에는 그가 비교적 당신이 급하게 서두르는 부분과 고집을 부리는 것에 대해서 묵인해 주는 편이고 당신도 그 사람에게 의지하는 마음이 있으나 친밀도는 조금 떨어진다고 할 수 있다.

종합적으로 A군과 B군에 대해서 설명을 드린다면,

"만약 당신과 함께하는 생활에 충실하기를 원하면서 화려하고 멋지며 혹 도전적인 성향을 원한다면 A군과 함께하는 것이 적당할 것입니다. 상대적으로 경제적인 면을 더 생각하고 계시다면, B군과 A군은 많은 차이가 납니다. 가령 당신이 남편을 내조하면서 자녀를 가르치고 안정적인 생활을 원한다면 B군을 선택하시는 것이 좋습니다. 다만 생활이 너무 평온하다 보니 재미와 유머는 찾기 어려울 것입니다."

진 소저가 필자의 이야기를 듣고 놀라운 듯 말하였다.

"도저히 믿을 수가 없어요. 저는 그들 두 사람의 나이만 알려드렸을 뿐인데 선생님께서 이러한 부분까지 모두 자세하고 정확하게 설명을 해주시네요. 혹시 선생님 신 받으신 건 아니시죠?"

"나는 순수하게 음양오행의 생극제화에 대한 원리만 사용할 뿐이고 다만 형상에서 나오는 원리대로 추론하여 해석한 것입니다. 신을 받은 것이 다 뭡니까? 사실 그렇게 놀랄 일은 아닙니다."

"선생님께서 보기에는 제가 그냥 되는대로 살아가는 사람 같아 보이지요?"

"운명에서는 사람이 타향살이에서 느끼는 외로움과 아무도 도움을 주지 않는 상황에서 밖에서 보호해 줄 사람을 찾게 되는 것은 당연한 이치이고 이것을 또한 인연이라고 합니다. 이러한 마음은 충분히 이해가 됩니다. 사람은 원래 나약한 존재이고 길을 잘 잃어버릴 수 있는 감정을 가지고 있는데 이 감정에 대해서 뭐라고 할 수 있겠습니까?
그렇지만 당신이 중요한 점 하나는 알았으면 좋겠습니다. 세상 사람들에게 예사롭지 않은 눈빛으로 상처를 주고 있다는 것입니다. 당신이 고개를 몇 번 끄덕이고 눈웃음을 지을 때 뺨에는 보조개가 예쁘게 나타납니다. 이로 인하여 두 남자는 당신에게 정신을 빼앗기지 않을 수가 없습니다."

진 소저가 고개를 숙이고 있다가 부끄러운 듯 어색한 표정으로 필자에게 물었다.

"저는 누구를 선택해야 될지 모르겠습니다. 수고스럽겠지만 선생님께서 좀 더 정확한 의견을 주셨으면 좋겠어요."

"당신의 마음속에는 이미 대안이 마련되어 있는데, 지금은 사랑에 빠져 있는 상황이라서 방향을 정하기가 어려울 뿐입니다. 괘가 보여 주는 바로 판단을 한다면, 이 삼각관계는 10월인 亥月에 바로 해결이 될 것입니다."

남편궁에 있는 申金은 亥水와 천해(穿害)가 되므로 마음에 상처를 입는다는 뜻이 된다. 그리고 하나의 길을 선택한다는 의미로, 되돌아가는 형상이 된다. 더구나 亥水는 甲木의 장생(長生)이면서 인성이 되니 이 시기가 되면 그녀는 생각이 명확해져서 누군가를 선택하게 될 것이다.

◆ 뒷이야기

甲申년 말에 그녀의 乙卯생 남자 친구가 필자의 연구실로 찾아와서 동업관계에 대해서 물었다.

그를 통해 그녀가 子월에 대북으로 돌아갔다는 것을 알게 되었고, 그렇게 삼각관계는 끝나버렸다. 우리가 항상 말하기를 '한 생각을 깨우치면 번뇌는 지혜로 변한다.'고 하는데, 많고 많은 일들은 모두 한 생각으로 변하는 것이니 항상 다른 사람의 장점에 대해서 좋게 생각하면서도 그 장점에 대한 주의도 필요하다. 이는 이 세상을 생각하는 관념이 서로 다르기 때문이다.

23
嬰靈作祟惹的禍
영영작수야적화

태아의 영혼이 재앙을 가져온다.

 요즘 몇 년 사이에 대만의 텔레비전에서는 영혼에 대한 프로그램이 큰 인기를 끌고 있는데, 그 가운데에서도 어린 아기의 영혼에 대한 전설적인 이야기들이 주목을 받고 있다. 여기에서 말하는 어린 아기의 영혼이란 태어나지 못한 채 뱃속에서 사산되거나 인공유산, 중절수술로 죽은 영혼을 말한다.
 사람들은 종종 영혼들이 갖가지 방법으로 그들과 가까운 사람들에게 위협을 가한다고 생각하여 이러한 영혼들을 위해 도교에서는 전통적으로 천도법회를 하기도 한다. 그들은 이러한 영혼들로 인하여 가정이 불안하고 갈팡질팡하면서 두려움에 휩싸이게 되는 것이라고 생각을 한다.
 이러한 일들이 발생하는 이유는 안전한 성교육과 혼전임신에 대해 교육을 받지 못했거나 혹은 혼외임신을 하는 사회풍조 때문이다. 이로 인하여 가정마다 여러 고민들이 넘쳐나고 있으며, 심리적인 면에서 본다면 온갖 영적인 특이현상들이 일어나 또 정신적인 부담감으로도 크게 작용한다.
 어느 날, 오래 전부터 알고 지내던 젊은 여성인 진 소저가 친구인 아연(阿娟)과 함께 상담을 하러 와서는 입을 열자마자 하는 말이,
 "요즈음 모든 일들이 순조롭지 못합니다. 혹시 이것이 유산 후유증과 무

슨 관계가 있는지 궁금합니다."
라고 물었다.

양력 2006년 6월 7일 19시 X분					
分柱	時柱	日柱	月柱	年柱	十星
正財	正財	我	正印	劫財	十星
庚辰	庚戌	丁卯	甲午	丙戌	干支
傷官	傷官	偏印	比肩	傷官	十星

괘상에 나타난 조짐을 살펴보면, 일지와 시지는 卯戌合이고, 시지와 분지는 辰戌沖이며, 다시 남편궁의 卯木과 연지의 戌土와 合하여 甲午월의 상황으로 이끌어 내었다.

이러한 부분들에 대해서는《八字神機妙卦(팔자신기묘괘)》를 참고한다면 도움이 될 것이다. 이 괘국은 팔자명리를 연구하는 사람에게 필요한 대목이다. 여기에서 낙태 혹은 유산이 두 차례나 있었다는 것은 격위법(隔位法)을 이용하여 알 수 있다.

"괘국에 나타난 바로는 당시 19세의 庚辰년과 21세의 壬午년에 유산을 하고, 다음 해인 癸未년에 다시 임신한 상태에서 결혼을 하였군요. 어쩌면 서로 간에 너무 어려서 결혼에 대해서나 혹은 자녀계획 문제에 대해서 서로 의견 충돌이 있었던 것 같습니다. 그리고 乙酉년 24세에는 결혼생활의 위기가 있을 암시가 나타나는데, 여기에서 당사자의 사주 辛酉년 丙申월 乙酉일 壬午시를 오주괘에 대입시켜 풀이하게 되면 의외의 수확을 얻을 수도 있습니다."

"정말 대단합니다. 너무 신기해요. 신을 받은 무속인들 보다도 더 잘 맞추시는걸요. 작년 乙酉년에 임신 6개월인 상태에서 이혼 했어요."

이혼한 이유가 궁금해 그녀에게 물었다.

"어쩌다가 이혼한 건지 설명해 줄 수 있습니까?"

진 소저는 천천히 말했다.

"제 성격이 강하고 남이 뭐라고 하더라고 굴하지 않는 성격에 승부욕이 강한 편입니다. 그런데 남편이 밖에서 다른 여자를 만난다는 것을 알게 되었고 그 일로 인하여 남편과 싸우고 매번 의심하다 보니 결국엔 이혼하게 되었어요."

그녀의 성격을 살펴보면 일간 丁火가 편인 卯木 위에 앉아 있으니 이는 부부가 비교적 냉소적이라고 해석을 할 수 있으며 한번 싸우면 끝장을 봐야 할 정도로 쉬지 않고 다투게 된다. 또 火土가 조열하니 강열한 성품이라고 할 수 있다. 정서가 불안정하고 고민이 많아서 항상 머릿속에서 생각들이 떠나지 않다보니 뱃속의 태아에게까지 영향을 끼쳐서 아이의 발육에 문제가 있음을 걱정하다가 서로 협의이혼 하였을 것이다.

괘국에서 沖과 合이 나타나 있는 것을 살피고 나서 진 소저에게 말했다.

"당신은 작년 乙酉년 8월에 이혼하고 같은 해 10월에 다시 재결합 했지만 지난주에 남편에게 다른 여자가 있는 것을 알게 되어 싸웠는데, 당신이 질 것 같은 분위기가 되어서 가출을 하였군요. 맞습니까?"

일지의 卯木은 남편궁으로 남편을 대표하는데 이 卯木이 도화성이 되고 시지의 戌土와 合을 한다. 그런데 戌土 속에는 丁火의 비견이 들어있으니 이것이 상징하는 것은 남편이 밖에 있는 丁火에 해당하는 한 여자와 合을 하고 있는 것으로 해석할 수 있다.

이렇게 해석할 수 있는 이유는 일지가 시지와 합(合)하면서 정관이 없어서 인성을 제어하지 못하고 그냥 밖을 향해 나가서 合이 되므로 이를 장외도화(牆外桃花)라고 한다. 재성이나 관살과 암합(暗合)을 하면 모두 외부의 이성과 인연이 되기 쉽거나 삼각관계에 해당하는 형상이 되므로 이러한 경우에는 밖에 정을 주는 사람이 생길 수 있다고 해석하게 된다.

밖에 이성 인연을 두는 것에 대해 판단하는데 있어서 필자의 경험법칙들에 비추어보면 일률적으로 이성인연을 설명할 적에 사주에 도화가 있다고 해서 무조건 밖에서 정을 통하는 이성이 있다고 해석해서는 안된다. 그래야 나중에 상대 배우자가 찾아와서 당신에게 대질하였을 경우 남세스러운 일을 면하게 될 것이다.

사실 지난주에 발생한 다툼도 분지와 시지가 辰戌沖이 되고 비겁인 丁火와 편관인 癸水가 튀어 나왔기 때문에 바람을 피운다고 해석한 것이다. 다시 辰戌의 六沖은 또 여명(女命)과 관계 되는데 고서에서 나오는 '상관이 관살을 보면 재앙이 많다.'는 말처럼 괘국에서 상관이 왕(旺)하고 제어를 할 수가 없으니 위와 같이 풀이를 하게 되는 것이다.

진 소저가 큰 눈을 더 크게 뜨면서 놀라 말하기를,

"선생님께서는 어쩌면 이렇게 상세하게 알고 계세요? 아연(阿娟)이 미리 선생님께 이야기 한 것은 아니죠?"

옆에 있던 아연(阿娟)이 말하기를,

"내가 너의 동생이 집을 나간 것은 알고 있었지만 네가 이혼하고 다시 재결합 한 것은 몰랐어."

진 소저가 얼굴에 엷은 쓴웃음을 띠는데 눈물이 콧등을 타고 흘러내렸다.

"재결합을 하고 얼마 되지 않아서 같은 일을 겪게 되다니, 그는 애초에 온갖 거짓말로 나를 속였어요. 아이와 완전한 가정을 이룬지 얼마 되지 않아서 남편이 다시 참회하고 반성하길 바라면서 저는 다시 한 번 인내심을 가져보려고 했어요. 그러나 그는 이번에도 또 바람을 피우더라구요. 정말 사주에 도화(桃花)가 있어서 그럴까요? 제 성격에 오랫동안 인내심을 발휘한다는 것은 어려워요. 끝내 인내심이 바닥나버리면 다시 이혼을 하게 될지도 몰라요. 2개월 후에 시어머니가 아이와 함께 남편이 쓴 한 통의 참회각서를 가지고 나를 찾아왔어요. 그리고 저에게 그러더군요.

'나는 이제 나이를 먹어서 어린 아이를 돌 볼 힘이 없다. 그런데 아이는 매일같이 엄마를 찾으면서 울어대고 있는데 어쩌면 좋겠니? 그리고 네 남편도 지금은 아이를 돌보면서 열심히 일하고 있다.' 동시에 시어머니는 이후에 아들을 아주 엄하게 감시하겠다고 이야기를 하면서 다시는 절대로 그러한 일을 하지 않을 것이라고 하였어요. 이러한 정황에서 내가 집에 돌아가지 않을 수 있겠어요? 그리고 그 당시 저는 임신 8개월째였어요."

그녀의 마음에 여유가 생기기를 기다렸다가 덧붙여서 말하였다.

"당신은 당연히 돌아가서 화목한 가정을 이루도록 하십시오."
 진 소저가 계속 말했다.
 "개가 똥을 먹는 버릇을 고칠 수 없듯이 그는 또 일을 저질렀어요. 저는 아무리 생각해도 도무지 이해할 수가 없어요. 그의 직업은 선반공으로 그리 잘생기지도 않았어요. 그런데 어떻게 이성 인연들은 그리도 좋은지 정말 알다가도 모르겠어요."
 오주괘를 살펴보면 남편성이 辰土의 고(庫)에 들어갔으므로 남편의 기술은 그냥 보통 수준이라고 하겠다. 남편궁에 있는 卯木은 도화(桃花)이면서 멀리 연지에 있는 戌土와 合하였는데, 다시 시지에도 戌土가 있다. 그러므로 이 사람은 낭만적인 사람으로 정이 많아서 合한다고 해석을 할 수 있다.
 진 소저가 이야기를 계속 했다.
 "마음속으로 의혹이 생겨 그것을 해결하기 위해 점치시는 도사님을 찾거나 신(神) 내린 사람의 도움도 받았습니다. 그런데 이상한 것은 그러한 사람들은 꼭 유산된 태중의 영혼들이 화(禍)를 끼치고 있다고 하더라구요. 그들의 말을 빌리면 만약에 천도제(遷度祭)를 하지 않는다면 앞으로 살아가는 내내 모든 일들이 편안하지 않을거라고 했어요. 선생님께서는 이 일에 대해서 어떻게 생각하세요?"
 "태아의 영혼에 대한 말은 엉뚱한 이야기로 그럴싸하게 하는 것일 뿐입니다. 《茅山術(모산술)》에 근거하여 말하자면 능히 부적으로 태아영혼들을 제도하고 훈련도 시키고 군인도 만들고 장수도 만들어서 다른 사람의 은밀한 사사로움도 다 알아 낼 수가 있다고 합니다. 그 결과물을 이보법(耳報法: 귀로 귀신의 소리를 듣는 기술)을 발휘해서 다 알아 낼 수가 있으며, 심지어는 능히 부적과 주문으로 태아영혼에게 명령하여 천리 밖에 있는 사람을 죽이고 실낱같은 흔적도 남기지 않는다고 하면서 많은 태아영혼의 이야기들이 신비의 탈을 쓰고 각색되어 있습니다.
 요즈음 텔레비전의 프로그램에서도 영혼들의 세계를 담는 것이 성행하고 있는데, 어떤 도사는 장수경(長壽經)을 인용하여 증명하기도 합니다. 그러면서 태아영혼들을 천도한다는 광고도 하고, 그들의 저주를 해결한다는 이야기도 하여 사람들을 곤혹스럽게 하는데 이러한 것에 대해서 재물을 소중히 생각하는 사람들은 절대로 믿지 않습니다. 불교의 상식적인 의식으로 본다면 태아영(胎兒靈)이든 성인영(成人靈)이든 구분하지 않고 모든 죽은 사람은 가족이 망자의 복을 빌어주면서 삼보전(三寶前)에 공양을 한 공덕으로 극락세계로 가서 좋게 태어난다고 합니다."[이후의 불교에 대한 내용은 일부 생략하였음]

진 소저가 말하기를,

"선생님의 말씀을 들으니 저의 태아영(胎兒靈)에 대한 두려움이 갑자기 사라졌어요. 사실 내심으로는 미래에 대해서 잘 모르다보니 불안한 마음도 있었어요. 이번에 그가 나에게 다시 합치기를 요구하는데 아마도 그 사람은 나에게 아이를 돌보라고 한 후에 그 시간을 이용해서 더 많이 나가서 놀려고 하는 것 같거든요."

"사람마다 그 마음속에는 줄곧 두려움이 어느 정도는 있기 마련인데 내가 당신에게 말해 주고 싶은 것은 지나간 일들에 대해서는 모두 잊어버리라는 것입니다. 괘상의 모습을 보면 丁火 일간이 연월의 지지에 合이 많아서 화염토조(火焰土燥)에다가 다시 연간에 丙火가 투출되었으니 겁재가 왕성한 괘국입니다. 이러한 괘상으로는 돈을 벌기에도 무척 힘들고 수입은 들쑥날쑥한데 당신은 모아 놓은 돈도 없잖아요. 저축을 한 것도 없으니 시간의 庚金은 고(庫)에 앉아 있으면서 일지의 卯木과 합이 되어 있고, 또 분지의 辰土와는 충파(沖破)가 되었습니다. 그러므로 모아 놓은 재물이 없는 형상으로 판단하는 것입니다.

현재 나타난 상황이 이러한데 어떻게 독립적인 생활을 할 수 있겠습니까? 그리고 당신은 활발하고 활동적인데다가 똑똑합니다. 아이를 사랑하는 마음이 크고 아이들에 대한 생각 또한 많기 때문에 내가 당신에게 조언해 줄 수 있는 것은 한번 만 더 바보가 되어 가정으로 돌아가서 아이들을 잘 보살피면서 따뜻한 가정을 이루십시오. 그렇게 하면서 취업에 대한 생각을 하고 먼저 자기개발을 하는 겁니다. 책을 많이 읽고, 견문도 넓히고 자신의 내면을 변화시키면서 외면적인 부분도 개선시려고 하다 보면 가정은 화목해질 것입니다. 그러는 가운데 당신은 지식도 풍부해지고 보는 시각도 달라질 것이며 겉으로는 아름다워지고 성격도 좋아질 것입니다. 그렇게 된다면 일을 찾지 못할까봐 걱정할 일은 없어지지 않겠어요?"

"선생님의 가르침에 감사드려요. 저로 하여금 사주풀이에 대해서 또 다른 관점을 이해할 수 있도록 해주셨습니다."

사실상 달콤한 말을 많이 한다고 하더라도 진심이 담긴 말 한 마디만은 못하다. 너그러운 마음으로 이해하고 수용하는 것이 자기 자신과 당신의 주변 사람들을 다치지 않게 하는 것이지만 이것은 매우 어려운 일이기도 하다. 이렇게 변화를 하기 위해서는 대단한 용기가 필요하다. 그러나 마음속에 사랑만 있다면 감정적인 것을 이기고 어두운 안개 속에서 벗어나서 밝은 빛을 기쁘게 볼 수가 있을 것이다.

24
別把自己當做神
별파자기당주신

스스로 신을 만들지 마라.

 인류는 미래에 대해 호기심과 동경하는 마음이 크고, 미래가 불확실하다는 이유로 불안함도 가득하다. 그러다보니 모두 종교적인 도움을 받아서 정신적으로 편안해지면서 삶이 안정되기를 바란다. 만약에 하는 일이 순조롭지 못하고 의욕이 상실되었거나 혹은 가난을 면치 못할 적에는 바로 명리선생을 찾아가서 운명을 물어보는데, 이는 자신에 대해서 스스로 합리화를 시키거나 자기 자신을 장악하기 위해서이다.
 그래서 매우 많은 사람들이 신에게 점을 치고 영매자(靈媒者)를 찾아가 기도 하거나 신전에 향을 태우면서 기도를 하는 등의 다양한 방법들로 자기 자신의 미래를 알고자 한다. 이러한 사람들을 보면 항상 자신이 상당한 지식을 가지고 있음에도 불구하고 자신의 능력을 무용지물로 만들어버린다. 그리고 이러한 행위를 하면서 내심으로 모순과 충돌은 하지만 불안을 줄이면서 스스로 마음의 안정과 편안함을 얻는다.
 비가 부슬부슬 내리는 어느 날 오후에 유(劉)씨 성을 가진 퇴임한 선생부부가 근심이 가득한 모습으로 나를 찾아와 이야기를 나누었다. 그들과 이야기를 한바탕 나누다 보니 비로소 수명에 관해서 궁금증을 가지고 있다는 것을 알게 되었다.
 이 사례는 심리적인 측면에서의 명리학을 대입하는 방법과 해석하는 방법에 대해서 활용할 수 있도록 적어둔 것이다.

음력 2006년 8월 22일 未時				
時柱	日柱	月柱	年柱	
偏印	我	正財	傷官	十星
癸	乙	戊	丙	干
未	亥	戌	戌	支
偏財	正印	正財	正財	十星

　괘국을 살펴보면 乙木이 사(死), 묘(墓), 절(絶)에 앉아 있다. 원신은 쇠약하지만 亥水 인성의 생조를 받고 있으니 행운이다. 다만 안타까운 것은 왕성한 土가 가까이에서 인성이 생조하는 것을 무력하게 만들고 있다는 것이다. 본래는 천간의 癸水가 용신이 된다. 그러나 癸水는 멀리 있는 戊土와 합을 하고 있다. 고서에서는 이러한 경우에 '합하는 것을 탐(貪)하느라 생(生)해 주는 것을 잊어버린다.'라고 하였는데 이러한 상황들은 정년퇴임을 한 노년에게는 모두 불리한 조짐이 된다.

　괘국의 형상과 조짐을 자세히 살피고 판단한 후에 그에게 말했다.

　"당신은 바람 속의 촛불이니 건강에 대해 많은 주의가 필요합니다. 더구나 심장질환에 대해서는 특별한 주의가 필요합니다."

　유 선생의 부인이 공손한 말투로,

　"예전부터 대가님께서는 명리에 대한 조예가 깊으시고, 비범하시다는 말을 익히 들어왔는데, 오늘 특별히 궁금한 점이 있어서 이를 해결하기 위한 조언을 듣고자 찾아뵙게 되었습니다."

　라고 말하면서 부인은 다시 말을 이었다.

　"학문을 많이 연마하셔서 그렇게 빛이 나는가 봅니다."

　"책을 읽는 것과 사람에게 설명을 해 주는 것은 서로 같지 않습니다. 부인께서는 너무 겸손하십니다. 저는 다만 명리서적을 약간 봤을 뿐이므로 대가라고까지 할 정도는 물론 아닙니다."

　부인께서 바로 말했다.

"어느 무속인이 말하기를 저의 남편은 이미 타고난 수명이 다했다면서 단시법(壇施法: 기도단을 쌓고 스님들이나 도사를 청하여 독경을 하고 음식을 베풂)을 열어서 정성을 들이지 않으면 올해 겨울을 넘기지 못할 것이라고 하네요. 저는 다시 다른 명리 선생님을 찾아가서 상담을 하였는데 그 분께서는 무슨 문창성(文昌星)이 나쁘게 변하였다고 하시면서 장생(長生)이 沖을 만나 나쁘다고 하고, 또 다른 점술사를 찾아갔더니 거기에서는 유혼괘(遊魂卦)가 나온다고 하네요. 이러한 무더기의 이야기들 속에서 생명이 위험하다는 것은 명백하게 알았습니다."

"병의 고통이 있으면 의사에게 진단을 받을 일이지 어찌하여 무속인이나 명리사에게 답을 구하려고 하십니까?"

하고 필자가 물었다.

"의사가 말하기를 오래된 심장병이 다시 발작을 하게 되면 간과 신장에게도 부담을 주게 될 가능성이 많답니다. 최근 두어 달 동안 각지의 용하다는 의사는 다 찾아다니면서 치료도 했습니다만 별로 좋아지는 것 같지가 않네요.

돌이켜 생각해보니 어느 명리 선생님께서 저에게 말하기를 올해는 남편의 건강을 주의하라고 일깨워 주셨고, 혹은 재물이 손상될 수도 있겠다고 하셨어요. 이러한 상황에 처하게 되니 특별히 뾰족한 해답이 없어서 종교와 명리철학만을 의지하게 되었습니다. 이전에 친구가 특별히 선생님을 추천을 해주었기 때문에 이렇게 선생님을 찾아뵙게 되었습니다."

괘국을 살펴보면, 火土가 왕성하여 조열(燥熱)하고, 극설(剋洩)도 너무 심하다. 이렇게 되면 신체도 허약하다는 것을 의미한다. 일지의 亥水 인성은 일간을 보호하는 용신이 된다. 그렇지만 왕한 土가 가까이에서 극(剋)을 하고 있으니 인성이 나를 도와주는 힘은 더욱 부족하다.

만약에 질병의 상황이 겨울이 되면 인성이 힘을 얻어서 개선될 수 있고 반드시 회복할 수 있을 것이다.

"수명에 대한 의심은 크게 하지 않으셔도 될 것입니다. 광흠대사(廣欽大師)께서는 입적하시면서 하신 말씀이 '원래 인생은 온 곳이 없이 왔고, 떠

날 때에도 가는 곳 없이 가는 것이니라.'라고 하였으니, 사람은 마땅히 올 때가 되면 왔다가 또 마땅히 떠날 때가 되면 머물러 있을 수가 없으니 인생의 생사(生死)에 대해서는 사람에게 있는 것이 아닙니다."

"이렇게 시간을 두고 치료를 하였음에도 불구하고 어찌하여 별로 좋아진 것이 없을까요?"

《心內運天經(심내운천경)》에 이르길 '사람 몸의 장부(臟腑)는 다 신(神)들이 관리를 하고 있다. 신(神)이란 심장을 말한다. 마음과 신(神)이 일체가 되니 이것이 바로 마음이 신(神)이 된 것이다. 마음에 근심이 없고 신(神)이 어지럽지 않으면 그것을 고요하다고 한다. 즉 고요하면 신(神)이 안정되니 지혜가 모이고, 마음이 한번 움직이면 신(神) 또한 움직인다. 오장육부(五臟六腑)의 능력은 스스로 자연스럽게 이루어진 것이고 이와 같은 것이 마음이다. 그러므로 정신이 산란해지고 지혜가 혼미하게 되면, 몸과 마음은 자연히 약해지는 것이다.'라고 하였다.

"운명을 풀이하는 사람이나 접신자들이 올해 겨울을 넘기지 못한다고 확신을 하였더라도 그가 심리적으로도 충격을 받고 정서적으로 혼란스럽기도 하여 괴로워하고 있는 것을 당신은 알고 있을 것입니다. 속담에 '마음의 병은 마음이 약이고 의사이다.'라고 하였듯이 지금의 병은 심장병이 아닙니다. 방황과 우울증과 사망에 대해 두려움으로 인하여 가지게 된 마음의 병입니다.

다행히 제가 관상학에 대해 약간의 지식이 있는데 당신의 두 눈썹 사이에는 현재 푸른빛이 도는 황색이 나타나 있으니 이런 기색은 부인의 마음은 우울한데 도움을 받을 수가 없다는 의미입니다. 만약 인당(印堂)에 검붉은 기색이 보인다면 이것은 혈압이 높거나 심혈관의 질병이 됩니다. 또한 고민이 있지만 밖으로 드러낼 수가 없으니 고통은 말로 다하기 어렵겠습니다. 백색이 나타난다면 상복을 입을 수가 있거나 혹 음험한 일이 있을 조짐이 됩니다. 검은 기운이 인당(印堂)이나 명문(命門) 부위에 있다면 그 사람은 보통 60일 후나 120일 정도에 죽음을 맞이 할 수 있다는 의미도 됩니다.

고서에 이르길 관상에서 수명을 보려면 반드시 눈썹을 보아야 하고 30세에 털이 새로 나면 빨리 죽고 40에 나면 오래 산다고 하였으며 또한 귀의 털과 목의 주름을 살펴서 그 색이 밝고 광택이 있어야 비로소 잘 맞는다고 합니다.

그리고 다시 당신의 얼굴 부위 기색을 자세히 살펴보면 푸른빛을 띤 황색에 하얀 기색이 나타나고 있습니다. 청색과 백색의 기운이 나타나는 경우에는 간기능이 떨어진 것이고, 황색과 백색의 기운이 나타나는 것은 주로 영양이 불균형하다거나 빈혈의 조짐이 될 수 있습니다. 짐작하건데 단기간에 약물을 너무 많이 복용하고 운동을 하지 않았기 때문일 것입니다.

제가 당신께 부탁드리고 싶은 것은 당신의 마음상태를 개선시켜야 합니다. 주변생활에 대해서 느슨한 마음을 가지고 의사의 치료도 받으십시오. 모든 일을 강압적으로 하지 말고, 계획을 많이 세우지도 말고, 운동은 많이 하고 햇볕도 많이 쬐어 음기를 몰아 내십시오. 그리하면 내년 봄날에는 다시 그 영매자(靈媒者)를 만나 차를 마시면서 맞고 틀린 것에 대해서 이야기를 나눌 수 있을 것입니다."

필자의 설명에 부인이 덧붙여서 말하길,

"그는 정말로 빈혈증이 있어요. 그리고 또 영양상태도 불량하다고 의사가 말하며 며칠 경과를 지켜본 후에 수혈을 하여 저항력을 강화시키자고 하더군요."

그때까지 이야기만 듣고 있던 유 선생이 입을 열었다.

"요즈음 아내가 여기저기 다니면서 신점(神占)을 봤는데 생각해 보면 생사(生死)의 인과(因果)는 참으로 오묘해서 헤매면 헤맬수록 더욱 더 빠져 들더군요. 그런데 오늘 다행히 당신과 함께 앉아서 이야기를 나누고 나니 다시 태어난 기분이 듭니다. 다만 내가 회의심이 들게 되는 것은 명리하시는 분들이나 무속인들이 개운을 시키고 기도를 하는 것이 과연 효과가 있는가 하는 것입니다. 만약 사람을 속이는 것이라면 인과응보(因果應報)에 따른 과보(果報)를 받지 않겠습니까?"

"개운(改運)을 한다거나, 팔자를 만든다거나, 수명을 연장하는 것은 학문적으로 물어볼 수는 있습니다. 그러나 도를 닦아 사람의 능력을 초월하신 분이라고 한다면 인과(因果)의 순환(循環)에 대한 도리 또한 잊지 않고 있으므로 당연히 자연의 이치를 어기려고 하지도 않습니다."

며칠 전에 텔레비전에서 뉴스를 보니 어느 부인이 2년 동안 어느 법사에게 개운기도를 하는데 600만 위안을 썼지만 지금도 나쁜 운은 끊이지 않고 개선된 것은 전혀 없었고, 결국에는 개선이 어렵다는 것을 깨닫고 법원에 고소를 하였다는 보도가 나오기도 하였다. 지금 많은 명리사들 중에 어리석은 자는 돈을 거두어들이기 위해서 입으로 악담과 저주에 대해서 망설임없이 말하고 있다. 차사고가 나서 피를 뿌리고 생명이 위태로운 징조라고 한다거나, 남편에게 도화(桃花)의 기운이 있어서 바람을 피운다고 하거나, 이혼하게 될 거라고 한다거나, 가정생활에 변고가 발생할거라고 한다거나, 언제 죽는다거나, 태아의 귀신이 고통을 준다거나, 암에 걸린다거나 등등의 이루 헤아릴 수도 없는 말들로 밥벌이를 하고 있다.

명리학으로 해석하는 것은 다만 음양오행과 그 변화적인 이론의 통계를 바탕으로 삼아서 덩굴을 따라가면 순(筍)이 보이듯이 추론해 가는 것이다. 음양의 조화를 이루는 것에 대한 도리는 중요하게 여기고 그것을 바탕으로 자세하고 구체적인 것으로 판단을 확장해 나가는 것이 억부(抑扶)의 학술이다.

자기가 스스로 신령의 대변인이 되어 생사의 중요한 문제를 틀림없다고 주장하기도 하는데, 태아의 영혼이 보복을 한다는 말을 하면서 부부의 사이에 불화를 조장하여 이혼에 이르기까지도 하는 등의 부작용을 만들고 있는데 그들은 어찌하여 보이지 않는 일로 지은 업보(業報)가 자신을 해치게 된다는 것을 모른단 말인가. 필자가 때로는 자신을 비웃으면서 하는 말이 밥벌이로 먹고 사는 직업 중에서 명리사는 가장 책임감이 적은 일이니 맞추면 대가라고 일컫고 못 맞추면? 대개 별 볼일이 없다는 정도이다. 그렇다고 해서 상담료를 환불해 달라고는 하지 않으니 다행이라고 해야 하는지도 모르겠다.

그래서 필자는 항상 연구하는 학생들에게 '선악(善惡)의 과보(果報)는 그림자처럼 따라다녀서 삼생(三生)을 순환하여 그침이 없다.'는 것을 알고 운명을 연구하는 사람은 인과에 대해서 생각을 하면서 재물을 구하는 것에 탐내지 말고 답을 구하는 이에게 명확한 안내를 하는 것으로 목표를 삼아야 한고 말하고 있다.

답을 해야 할 문제라고 한다면 중요한 핵심을 잘 판단하여 음양오행의 충극(沖剋)에 대한 이치로 이해를 시켜야 한다. 혹은 답을 구하는 자의 마음을 파악해서 중요한 문제를 잘 인도하고 안내하며 말을 함에 있어서도 특별히 격려해 주고 수용을 할 수 있도록 해주어야 한다.

부인이 필자의 긴 이야기를 다 들은 후에 말하기를,

"마지막으로 한 가지 질문이 있습니다. 무속인들이 말하기를 신단(神壇)을 쌓고 굿을 하면 남편의 수명이 6년은 늘어나게 될 것이라고 했는데, 믿어도 될까요?"

"무속인이 한 말에 대해서 당신이 집착할 필요 없습니다. 콜린 매컬로(Colleen McCullough)의 책 《가시나무새》 속에는 콘티니 추기경과 랄프 신부의 대화가 있는데 세상을 깨우는데 의의(意義)가 있어서 들려드려 봅니다."

신부 : 각하, 제가 참회를 하러 왔습니다.
추기경 : 랄프 우리는 모두 성직자라네. 단 이전에 우리는 모두 평범한 사람들이었지만 과거의 경력으로 인해서 우리는 비로소 신의 부름을 받은 신부가 되었다네. 우리는 모두 범인들이며 모두 약점이 있는 사람들이지만 당신이 나에게 무슨 고백을 하더라도 내가 자네에게 갖고 있는 인상은 변하지 않을 것이네. 랄프, 자네가 일생동안 잊지 않아야 될 일이 하나 있다면 그들처럼 성직자의 길을 가는 동안에는 하나님을 대표한다는 것이라네. 이것을 제외하고는 그들과 일반인은 모두 같다네. 더구나 자네가 이해를 해야 할 것이 있다면 그들은 신이 와서 용서를 해주기를 바라지만, 참회를 듣고 판단을 하는 것 또한 자신들이라는 것이지.

"마지막으로 제가 당신에게 좋은 소식을 하나 들려드리겠습니다. 관상학으로 놓고 본다면, 남편의 와잠(臥蠶: 눈 아래의 두둑한 부분) 부위에 실 가닥과 같은 황색의 기운이 나타나는데 이 황색은 공덕을 쌓은 이에게 나타나는 것입니다. 이러한 기색이 나타나는 것은 대단히 귀한 조짐이라고 봅니다. 고서에 말하기를 '와잠에 황색 기운이 나타나는 사람은 수명을 다시 보태게 된다.'고 했기 때문이지요."

공자는 막강한 힘을 갖고 있는 신(神)들에 대해서는 말을 하지 않았다. 교육이라는 것은 일생의 운명에 정말 많은 영향을 미치기도 한다. 다만 주의를 해야 할 것은 마음속으로 수양을 하는 것이며, 지식이 늘어나면서 지혜도 함께 열리는 것이니 이렇게 되면 본래의 운명에 변화가 시작된다는 것이다. 그래서 운명을 바꾸는 것은 쉽지 않지만, 관상의 이치는 때에 따라서도 변하고 마음에 따라서도 변하니 이로 인해서 상은 고정되지 않은 것이고 운명도 고정된 것이 아니니 오직 자기 스스로 운명을 만드는 것이다.

25

失而復得
실이복득

잃어버린 것을 다시 갖게 되다.

 세상에서 가장 아름다운 물건은 두 가지가 있다.
 그 중에 하나는 당신이 생각하는 것을 얻었을 때이다. 다만 지금 단계에서도 혹은 영원히 얻을 수가 없는 물건도 있다. 그것은 바로 잃어버린 것으로 인해서 머릿속이 괴롭고 고통스러워 눈물을 흘리는 것이다. 이러한 것들은 시간이 경과하게 되더라도 다시 잃어버린 것을 얻고자 한다.
 많은 생각들은 오랜 시간이 지나도 얻을 수 없는 물건이다. 그것은 신비한 꿈속에서 조차도 당신과 일정한 거리를 두고 바라보게 만든다. 당신이 일찍이 접해 보지도 못하고 느껴보지 않은 것이라면 그것이 아름답다고 하더라도 가치가 없다는 것에 대해서는 의심할 여지가 없다.
 잃어버렸던 물건을 찾게 되었다면 그것은 당신에게 더욱 큰 기쁨과 흥분을 어느 정도 가져다 줄 것이다. 기쁨의 정도는 당신이 그 물건을 잃어버린 시간과 비례해서 나타날 것이다. 그리고 그것을 찾기 위해서 얼마나 많은 시간을 허비했느냐에 따라서 비로소 물건을 발견하게 된 경우라면 더욱 기쁨이 클 것이다. 그러나 그러한 과정에서 우여곡절이 많았을 것이며 그래서 더욱 아름답게 변하게 되는 것일지도 모른다.
 이 두 가지 물건은 모두 시간과 거리하고 관련이 있다.
 8월 초에 싱가포르에서 강의를 할 적에 갑자기 어떤 사건이 일어났는데,

이 사건의 정황이 상당히 강한 느낌으로 남아 있다. 그 당시 임시로 오주괘에 대한 강의를 하고 있을 때였다.

사건의 정황과 경과된 내용은 다음과 같다.

싱가포르의 학생 수균(殊均)과 에이륜(A倫)이 수균의 집에 강의 준비를 해놓은 상태라고 하면서 호텔로 나를 데리러 왔다. 세 사람은 택시를 타고 가면서 공부에 대한 이야기를 나누기도 하고 이런저런 잡담도 하는 사이에 목적지에 도착을 하였다. 택시비를 계산하고 세 사람은 즐겁게 집에 들어가서 휴식을 취하려고 하는데 갑자기 에이륜이 큰 소리로 부르짖었다.

"아~! 끝장났어요. 선생님의 행장을 깜빡하고 그냥 택시에 두고 내렸습니다. 이걸 어쩌죠?"

그들의 얼굴을 바라보니 놀라서 벌어진 입이 다물어지지 않고 말도 못하는 모습이었다. 얼굴에는 초조한 빛이 역력하였다. 수균이 나에게 묻기를,

"여권과 강의 자료가 모두 그 안에 있었나요?"

필자는 그들의 마음을 안정시키고 답을 했다.

"그렇다네. 또 상당히 좋은 책 몇 권도 당신들에게 선물하려고 가지고 왔는데 거기에 같이 있네."

수균이 다급하게 말하길,

"어떻게 하죠? 그렇게 중요한 문서들까지 다 들어있는데."

"서두르지 말게. 내가 방금 머릿속으로 오주괘를 그려보았는데 괘상에 재성이 투출되어서 일주와 合을 했더군. 더구나 인성은 귀인으로 일주와 가까이에서 제강(提綱)으로 연결이 되어 있었네. 이러한 괘상의 모습들과 귀인이 가까이 있는 것을 살펴본다면 잃어버린 것이 아니니까 우선 숨을 좀 돌리고 안정하고 차라도 마시면서 천천히 어떻게 해결을 해야 할지를 생각해 보면 되지. 파리가 목적 없이 날아다니는 것처럼 왱왱댈 필요가 뭘 있겠나."

수균이 말하기를,

"선생님은 괜히 우리를 위로해 주실 필요 없습니다. 모두 제가 조심성이 없는 탓이에요. 깜빡하고 챙기지 못한 것이 원인입니다."

"내가 자네들을 안심시키려고 그러는 것이 아니네. 우리 앉아서 괘를 풀

면서 공부나 하세. 오주괘가 당신들에게 큰 깨달음을 얻게해 줄 것이니."

음력 2005년 7월 2일 11시 X분				
時柱	日柱	月柱	年柱	
偏財	我	劫財	傷官	十星
丙午	壬戌	癸未	乙酉	干支
正財	偏官	正官	正印	十星

"원인이 있으면 결과가 있는 법이니 자네들은 오늘 이 괘를 좀 살펴보게. 겁재성인 癸水가 未土에 앉아 있으니 이는 사절(死絶)의 지지가 되고 연간에는 乙木이 癸水를 설기시키고 있으니 무력하여 재물을 빼앗을 힘이 없지 않은가? 다시 일간 壬水는 관대(冠帶)에 앉아 있는데 이는 묘고(墓庫)가 되고, 戌土 속에는 辛金 정인이 있고 戌土가 편관이 되어 오히려 그 여력으로 재성을 보호하고 있네.

시주의 丙午를 보면 편재가 투출된 것을 알 수 있는데 이것은 유동성(流動性)이 있는 재물을 의미하지. 지지의 午火는 戌土와 합하여 고(庫)에 들어 갔군. 이렇게 일지와 지지가 합을 하는 것은 나의 것이라는 의미가 되고 우리는 가방을 재성으로 볼 수 있으니 이 가방은 다시 돌아 올 것이야. 그래서 자네들이 너무 부담을 가질 필요가 없다는 것이네."

이전에 필자가 그들에게 형충회합(刑沖會合)을 활용하여 판단할 때에 기술로 삼으라고 늘 말했듯이 지금 이 괘국을 통해서 합에 대한 응용법을 실제로 활용해 보도록 하겠다.

합의 설명법은 비교적 복잡한데 초학자는 한 번은 이 속에 들어가서 혼란을 겪게 된다. 사실 괘에서는 대략 세 종류의 해석이 가능하다. 첫째는 천간의 五合이고, 둘째는 지지의 三合이며, 셋째는 지지의 六合이다.

① 천간의 五合은 甲己合土, 乙庚合金, 丙辛合水, 丁壬合木, 戊癸合火를 말한다. 여기에서 중요한 것은 어떻게 오주괘에서 五合을 활용하느냐는

점이다. 많은 명리학자들은 合을 하면 화(化)를 하였는지의 여부를 살피게 되지만 화(化)가 되었다고 하여도 화기격(化氣格)은 아니다.

五合은 괘에서 응용할 때에는 가까운 合, 멀리 떨어진 合, 合으로 기반이 된 것, 合하여 화(化)한 것에 따라서 해석하는 방법이 다르다. 이러한 부분에 대해 요점만 간단히 이야기 하도록 하겠다.

五合은 합화(合化)하여 화기격(化氣格)이 되는 것을 제외하고 엄격하게 구분하면 단 두 가지 종류로 나눌 수가 있으니 그 하나는 정관과 合하는 것이고 또 하나는 정재와 合하는 것이다. 독자들은 다만 팔자든 오주괘이든 그 안에 천간합(天干合)이 있으면 주의해서 살펴야 한다는 점이다.

정관과 合한 것은 성품이 정직하고 책임감이 있으며 법을 준수하고 하는 일들은 비교적 보수적이다. 만약 신강하여 용신이 될 수 있다면 직장에서 필히 권력을 장악한 사람이 된다. 정관과 合했다는 것은 다시 하나의 뚜렷하고 재미있는 해석이 가능한데 남녀친구관계나 부부를 막론하고 모두 같이 다니고, 또 들어와서도 마주 대하니 속칭 '끈끈한 사이'의 관계이다.

정재와 合한 사람은 물욕이 강하면서 세밀하게 계산하는 유형에 속하며 물질적인 행복을 추구한다. 이름이 알려지는 것을 좋아하며, 사물을 감상하는 것에 비중을 두고 때로는 작은 것을 탐하려다 큰 것을 잃게 되거나 좋은 기회를 놓치기도 한다. 이러한 상황에서 희용신이 된다면 생활이 부유할 것이다.

그 밖에도 몇 가지의 생각해 볼 부분이 있지만 여기에서 더 길게 이야기 하지는 않을 것이다.

② 지지의 三合은 申子辰合水局, 寅午戌合火局, 巳酉丑合金局, 亥卯未合木局을 말한다.

三合은 장생(長生)과 제왕(帝王)과 묘고(墓庫)가 모여서 이뤄지는 것으로 단결을 상징한다. 일찍이 필자는 이와 같은 三合에 대해 수강생들에게 가르치던 중에 그들이 '三合에서 가운데 글자가 없어도 三合이 됩니까?'라고 질문을 하였다. 가령 寅戌에 午火가 없으면 합이 되어 화국(火局)이 되지 않는다고 하지만, 이러한 이론은 잘못된 관념이다. 인술합화국(寅戌合火局)이 되면 단지 역량만 비교적 적다는 것이고 모두 모이면 가득차서 완전한 국(局)이 된다는 것이다.

삼합국(三合局)은 지지의 성분이 한 덩어리가 되어 힘이 강해지는 것이고, 우리는 괘국에 그 힘이 얼마나 영향을 주는지를 살펴야 하는 것이다. 이렇게 삼합화국(三合化局)의 영향에 따라 일간의 성패여부가 결정되어질 수 있다.

음력 2003년 11월 20일 辰시				
時柱	日柱	月柱	年柱	
比肩	我	偏財	傷官	十星
庚辰	庚申	甲子	癸未	干支
偏印	比肩	傷官	正印	十星

예를 들어 이 괘국을 살펴보면 庚申 일주로 강한데 지지는 申子辰은 수국(水局)이 되었다. 申金이 水를 생(生)해 주니 설기되고 있는 상황에서 金이 천간에 투출되어 있으니 지장간의 역량은 감소되고, 申金은 合으로 인하여 화(化)하지 않을 수 없다. 辰土는 본래 습토라서 진흙 덩어리와 같은데 申子辰이 합국(合局)을 이루면서 변화된다. 만약에 괘에서 辰土의 원신(元神)인 火나 戌土가 투출되지 않았다면, 辰土는 土의 본질을 잃게 된다. 비유컨대 산골에서 비가 끊임없이 쏟아져서 빗물이 흙 속에 스며들어 호수의 바닥에는 진흙이 쌓이는 것처럼 영원히 태양을 볼 수 없게 되는 것이다.

이 괘국을 살펴보면, 庚金이 子月에 났으니 금수상관격국(金水傷官格局)이다. 전통적인 방법으로 풀이를 할 적에 금수상관은 관살인 火를 만나는 것을 좋아한다고 해석하는데 괘국에서는 오히려 그 반대가 되는 것이 좋다.

괘국의 주인은 중년부인으로 남녀의 애정문제로 나에게 답을 구하고자 하였다. 그녀의 사연은 壬午년 여름에 작업실을 만들었는데, 그해 亥월에 애인이 생겨서 애욕의 늪으로 빠져들었고, 癸未년 巳월에 남편에게 발각되었고 두 사람은 냉전을 하면서 함께 기거를 하다가 乙酉년 乙酉월이 되어서 이혼을 하였다고 한다.

본 괘국의 申子辰三合하여 수국(水局)이 되었으니 만약 火土를 하나라도 만났더라면 왕(旺)하여 재앙이 발생했을 것이고, 사업도 불리하고 가정생활도 어려웠을 것이다. 그런데 부인에게 애인이 생긴 것은 어떻게 된 것일까? 그것은 괘국의 子未가 천해(穿害)가 되어 유일한 관살과 인성이 손상을 받게 된다. 그래서 결속력이 떨어지게 된 것이다.

《金玉賦(금옥부)》에서 말하기를 '合이 많으면 은밀하게 만나기를 약속하지만 오행이 왕성하면 예의를 따르지 않는다.' 라고 하였다. 다시 살펴보면 三合으로 수국(水局)이 되어 상관이 왕성하니 이 사람은 아름다운 외모를 가지고 있으며 총명하나 방탕함을 막을 수가 없으며 오만하기조차 하여 모든 것을 잃게 된다.

신체의 건강 방면으로 본다면 위(胃)를 주의하고 비뇨기과 계통에 대해서도 신경을 써야 한다.

③ 지지의 六合은 나와 合하거나, 合하여 나오거나, 合하여 머물러 있거나, 合으로 묶이거나, 투합(妒合)되거나, 멀리 바라보고 있는 合을 말한다. 월령에 투출되었거나 일주와 合하는 것은 제외하고 종화(從化)에 대해서도 논하지 않아야 명리학의 본질을 훼손하지 않는 것이 된다.

나와 合하는 괘국이라는 것은 재성이 일지와 合이 되거나 혹은 월지의 지지로 들어오는 것을 말한다. 合해서 나온다는 것은 시주나 분주에 合이 나오는 경우이다. 合하여 묶인다는 것은 두 사람이 서로 감싸고 있는 것을 말한다. 이 때 묶여서 머무르는 것이 희신이라면 흉(凶)하지만 기신이라면 도리어 길(吉)하게 된다.

그 밖에도 合하여 머무르는 것과 질투하는 合과, 바라보는 合 등등은 다음에 관련된 괘국을 만나게 되면 다시 상세하게 설명을 하도록 하겠다.

수균이 이야기를 다 듣고나서 묻기를

"선생님께서는 가방을 잃어버렸다가 다시 찾게 된다고 하셨는데 언제 그 가방이 우리에게 도착하게 될 것인지는 알 수 있습니까? 우리는 지금 어떻게 해야할지 도무지 방향을 잡을 수가 없어서, 어떠한 방법으로 찾아야 할지 모르겠습니다."

"자네가 중요한 점을 물었네. 만약 확실하게 방향과 목표를 정하려면 우리 문파의 심법인 허진둔법(虛辰遁法)과 분주를 쓰지 않고서는 알 수가 없으니 이제 이 방법을 사용하여 좀 더 자세하게 살펴보고 판단을 해보도록 하세."

음력 2005년 7월 2일 11시 X분						
分柱	時柱	日柱	月柱	年柱	十星
比肩	偏財	我	劫財	傷官	十星
壬辰	丙午	壬戌	癸未	乙酉	干支
偏官	正財	偏官	正官	正印	十星

분주의 壬辰을 괘에 넣어서 해석을 하면 바로 뚜렷한 변화가 나타나게 된다. 분주의 壬辰과 壬戌 일주는 서로 재를 두고 다투는 형태가 된다.

《四言獨步(사언독보)》에서는 '시에 편재는 형제를 만나는 것이 두렵다.'라고 하였다. 이 괘국에서는 일지의 戌土와 분지의 辰土가 멀리서 沖하고자 하는데 이는 움직임을 대표하지만, 시지의 午火가 일지의 戌土와 합화(合化)하므로 엄중한 손실이 일어나는 것을 방지하고 있으니 다행히 놀랄 일이 있다고 하더라도 위험한 지경까지 이어지지 않는다고 해석할 수 있다.

이러한 해석을 할 수 있으므로 내가 재성에 해당하는 가방을 놓고 판단을 하기에 다시 돌아온다고 보는 것이다. 다시 살펴보아도 辰戌이 요충(遙沖)하고 있는데 이것은 동(動)한다는 것을 의미한다. 그 의미를 좀 더 자세히 살펴보면 壬水 비견이 편재를 가지고 있고, 辰戌은 넓은 도로를 의미하기도 하니 그 가방은 도로를 분주하게 돌아다니고 있을 것이다. 만약에 다시 확대하여 해석한다면 거리는 대략 현재 3km 정도에 있는데 이것은 지지의 거리로 환산한 것이다. 만약에 택시기사를 찾으려고 한다면 三合과 六合을 살피고, 여기에서는 沖이 풀리면 해결이 될 것이므로 분주의 壬辰을 넣어서 관찰하게 된다.

 현재 필자가 기준하고 있는 현재의 시간에서 허진둔법(虛辰遁法)으로 대입을 하게 되면 앞으로 酉金이 필요한데 이 酉金이 오는 시간은 12시 30분이 된다. 그렇게 되면 壬辰의 분주와 辰酉합이 되므로 만약 판단하는 것이 틀리지 않는다면 당연히 그 시간에 우리는 좋은 소식을 전달받게 될 것이다. 다만 실제로 가방을 받는 시간은 대략 13시 10분 정도가 될 것이다. 이러한 풀이방법에 대해서는 오주괘 강의시간에 상세하게 풀이를 해주도록 하겠다.

 내일은 7월 3일 酉시에 입추(立秋)로 바뀐다. 팔자에서는 절기가 바뀌는 시간을 기준 월을 삼고, 자미두수는 음력으로 월이 바뀌는 것을 기준으로 삼으니 오주괘는 필자의 개인적인 경험을 참고하여 배합하게 되었다. 조자시(朝子時)나 야자시(夜子時) 혹은 동지기준으로 연주를 바꾼다는 등의 문제는 옛날부터 있던 방법이므로 원칙적으로 참고를 하겠지만 만약 고법이 맞지 않는다면 다시 버리고 다른 각도로 풀이를 하는 것도 좋은 방법이므로 너무 보수적으로만 고집을 할 필요는 없다.

 괘에서 이렇게 연지 酉金와 일지 戌土가 반합(半合)하여 申金을 불러들이고 인성을 끌어들이는 힘에 의하여 역량은 이미 충분하다. 지지는 점차 申酉戌의 금국(金局)으로 형성이 되고 金은 이 괘에서 인성에 해당하니 귀인이 된다. 그러한 점들을 대입하여 풀이하면 보호성의 의미는 또한 방(房)으로도 풀이를 할 수 있으므로 방안에서 보호해 준다고 해석할 수 있다.

 수균이 말했다.
 "그렇다면 수위아저씨!"
 이것도 한 방법이 되겠지만 다시 또 다른 관점도 있다. 삼회(三會)는 합보다 괘국에서의 힘이 더욱 크다. 金으로 삼회(三會)가 이루어져서 본 괘에서는 인성에 해당하므로 만약 그것을 집으로 비유한다면 이것은 무엇이 되겠는가? 바로 호텔이다. 이 안에서 해석하는 방법이 하나 더 있는데, 일간이 어느 달과 연을 거쳐서 왔는지를 기억해야 하고, 또 시주를 바라보면서 미래에 대해서 생각해야 한다.

에이륜이 흥분하여 말했다.

"오주괘에서 십성을 배합하여 이렇게 귀신같이 나올 수 있다니 참 신기하고도 대단히 오묘합니다. 제가 지금 생각하기에 수위실에 보관되어 있을 것 같습니다."

몇 분이 지난 다음에 에이륜이 들뜬 마음으로 뛰어 나갔다 오더니만 근심스러우면서도 기쁜 말투로,

"선생님께서는 하나만 맞추셨습니다. 호텔의 수위아저씨가 우리가 타고 나간 택시의 회사와 차량번호를 적어 두셔서, 그 곳으로 제가 전화를 했더니 그 회사 직원이 '오늘은 토요일이라 무선연락이 이미 꺼져 있어서 달리 택시기사에게 연락할 방법은 없고, 월요일까지 기다리셔야 합니다.' 라고 했습니다."

"자네 너무 허둥거릴 필요가 없네. 모든 일에는 근거를 가지고 연구하려는 정신이 필요하다네. 호텔로 전화해 보면 아마도 다시 연결할 수 있는 방법이 있을 것이네."

전화를 걸던 에이륜이 유쾌하게 말했다.

"호텔에서 우리에게 전화번호를 두개 알려줬는데 제가 방금 전화를 해서 물어보니까 상대방이 오히려 저에게 조급해 하지 말라고 하면서 그가 일을 잘 처리해 주겠다고 했습니다. 그리고 저를 안심시키면서 좋은 소식을 전해 주겠다고 합니다."

기다리는 시간은 원래 느리게 가는 법인데 수균은 어느 정도 기다리는 듯 하다가 필자에게 집안의 배치를 보는 방법에 대해서 가르쳐 달라고 하였다.

"이것은 구성학의 배치방법인데 내가 이 부분에 대해서는 깊이 알지 못하고 다만 인테리어 방법에 대해서 깊은 토론을 해 본다면 자네가 주의해야 할 것은 기운이 들어오는 입구와 기가 동하는 방향이네. 개인적으로 알기에

는 집에서는 광선이 들어오는 방향과 기운을 받아들여서 모으는 것이 가장 중요하지. 집안의 인테리어를 할 때에는 움직이는 형태를 고려하여 양택의 방법에서 꺼리지 않는 방법으로 하는 것이 옳지. 지리학 역시 사람의 마음과 다르지 않아서 지리적인 배합을 할 적에도 실내의 인테리어에 대해서 고려하는 것과 다르게 생각할 필요가 없네."

이야기를 나누고 있는데 갑자기 휴대폰의 음악이 울리는 소리가 들렸다. 이 아름다운 소리가 가져다 준 소식은 한바탕 헛일을 했다는 결과를 가져다 주었다.

수균이 계속 물었다.

"응접실에 있던 신(神)을 모신 신단(神壇)을 보니 대단히 높던데요. 선생님도 아셨습니까?"

"대만에서는 일반적으로 신단의 높이를 대략 4척(尺)[약130cm] 되는 것으로 이것은 기성품으로 판매되는 단(壇)이네. 길이는 12척 8부[약420cm] 혹은 12척 9부[약430cm] 정도가 되는데 이것은 문공(文公)잣대를 기준으로 하는 것이라네. 일반적으로 문공자는 7촌[약23cm]이 되므로 1척 4부가 되거나 2척 4부……등 모두 문공으로 길이를 측정하는 방법이네."

라고 하는데 다시 전화벨이 울렸다.

에이륜이 기뻐하면서 말하기를,

"택시기사가 전화를 해서 말하는데 '조금만 기다리시면 시간이 납니다. 시간이 생기는대로 당신들에게 물건을 돌려 드리겠습니다.'라고 하였어요."

그렇게 이야기를 하면서 그의 눈은 손목시계로 향하였다. 그는 또 말하길,

"지금 시간은 12시 28분입니다."

라고 하면서 엄지손가락을 세워 보였다.

저녁 강의시간에 특별히 시간을 내어서 에이륜이 오늘 물건을 잃어버렸다가 다시 찾은 괘의 내용에 대해서 여러 사람들에게 설명해 주었으면 하는

부탁을 했기에 다시 공부하는 사람들에게 괘에서 나타나는 이론적인 부분까지 함께 풀이해 준다면 더욱 깊은 믿음이 생길 것 같아서 그렇게 하기로 하였다.

이야기를 다 듣고 진씨 성을 가진 학생이 말하기를,

"당신의 오주괘 풀이에 대해서 공력이 얼마나 깊은지는 헤아릴 수도 없을 지경인데 잃어버렸던 물건이 다시 돌아오는 시간까지도 이렇게 정확히 파악하다니 대단하십니다. 정말 명리의 깊은 이치로 배운다면 영혼의 힘을 빌리지 않고서도 이와 같은 경지에 도달할 수가 있을 것 같습니다.
여러 사람들의 운명을 해석할 적에 질문에 따라 판단하면서 자주 실제적인 상황과 자주 맞지 않았었는데 나의 능력이 부족한 줄은 모르고 스스로 상심만 많이 했었습니다. 또 원만하게 설명을 하는 방법도 몰랐던 것 같습니다. 어떻게 하면 완전하게 활용할 수 있는지 좋은 방법을 알고 싶습니다."

《卜筮格言(복서격언)》에서 말하기를 '복(卜)은 신명을 얻어 도통하여야 하며 길흉을 판단하여 머뭇거리지 말고 결정하고, 괘효(卦爻)에서 나타나는 음양의 이치로서 넓고도 오묘한 그 깊은 조짐까지 살펴야 한다.' 라고 하였는데 괘를 해석하기 위해서는 음양오행의 변화를 살피고, 그러한 임상사례를 많이 모으고 경험이 추가되면서 약간의 영감이 포함된다면 신기하게도 털끝 만큼의 오차도 발생하지 않는다. 다만 중요한 것은 괘국에서 나타나는 음양오행과 십성의 합충변화(合沖變化)에 따른 깊은 조짐이다. 즉 귀신이 곡하는 경지는 바로 여기에서 나오게 되는 것이며, 괘를 살피면서 해석함에도 풍부한 학문적인 이치와 지식이 필요하고 더불어서 인생철학이 기초가 되어야 한다.

만약에 정말 괘를 잘못 해석하였는데 전환할 여지가 전혀 없다면 내가 당신에게 빠져나올 수 있는 방편을 하나 알려줄 수 있다. 그것은 바로 당신의 팔자가 잘못되었을 수도 있으니 집에 돌아가서 어머님과 의논해 보라는 것이다.

26
一卦雙占觸靈妙
일괘쌍점촉영묘

괘 하나로 두 가지 점을 치니 더욱 신기하다.

인생살이가 복잡하듯이 운명학의 내용 또한 복잡하다. 우리는 고인들로부터 소중한 명리학 체계를 물려받았으나 그 체계는 매우 광범위하고 유형별로 겹치기도 하여 구체적인 대입에 관계해서는 복잡해질 수밖에 없다.

같은 시간에 동시에 두 사람이 일에 대한 질문을 하였을 때 그 결과는 서로 다르게 판단할 수가 있다. 다음은 여기에 대한 실제적인 사례로 내가 괘를 만들어서 준비를 한 다음에 소방(小芳)의 임신과 관련하여 활용한 것이다. 후자는 오래전부터 알던 사람인 소진(小陳)이 허둥지둥 뛰어 들어와서 갑자기 사촌오빠의 생명에 위험한 조짐이 없는지 살펴봐달라는 내용이었다.

시간을 앞으로 한번 뒤로 한번 움직여서 두 사람 사이에 대한 일을 풀이하는데 불과 3분의 오차밖에 발생하지 않았다. 그래서 필자는 이 괘를 해석한 방법을 공개하여 명리를 하시는 분들과 함께 나누고자 한다.

음력 2006년 6월 12일 亥시					
分柱	時柱	日柱	月柱	年柱	
正官	偏財	我	正印	劫財	十星
壬辰	辛亥	丁酉	甲午	丙戌	干支
傷官	正官	偏財	比肩	傷官	十星

명리학에서 여성이 임신을 확인하는 방법은 다음과 같다.

① 사주에 오행이 중화되어 춥지도 않고 덥지도 않으면 임신이 순조로우며 안정되어 재앙이 발생하지 않는다.
② 사주가 치우쳐서 지나치게 춥고 습하거나 혹은 건조하여 뜨겁다면 임신하기가 쉽지 않고 혹은 유산될 수 있는데, 특히 金水가 지나치게 차갑거나 火土가 지나치게 뜨거운 경우에는 더욱 더 그러하다.
③ 《三命通會(삼명통회)》를 살펴보면 '도화살이 있으면 임신하기가 어렵다.'라고 하였고, 또 '월지가 음습하면 다시 만나는 것을 꺼리게 되는데 음한 사주는 모름지기 몸의 아랫부분에 영향을 미치게 되어 여성의 경우에는 생리가 순조롭지 못하고 남자는 치질이나 탈장이 생길 수 있다.'고 한다. 월지가 도화이면 이름하여 월음(月陰)이라고 하거나 월살(月煞)이라고 하여 하복부에 질병이 발생하기 쉽다.
④ 「유하살(流霞煞)」편을 살펴보면 '남자의 사주에 유하(流霞)가 있으면 타향에서 죽고 여성은 출산이 어렵거나 유산을 하기 쉬우며 심지어는 출산 후에 자신이 사망할 수도 있다.'라고 하였다.
⑤ 시주에 공망(空亡)이 있는 자는 임신에 어려움이 발생한다.
⑥ 여명에 식상성이 合하거나 沖하면 묘고(墓庫)를 만나는 것을 꺼린다.
⑦ 여명에 편인이 식신을 극(剋)하게 되면 자녀에게 문제가 발생한다.

괘국을 살펴보면, 午火가 戌土를 만나 合하고 火로 화(化)하여 투출되었으니 왕상(旺相)하다. 시간의 편재는 관살을 생조하므로 용신이 아름답다. 만약에 사업이나 일에 대해서 물었다면 순조롭고 길(吉)하다고 할 수 있다.

무엇이든 '하나는 좋아도 둘 다 좋기는 어렵다.'고 했는데, 여기에서 임신에 대해 묻는다면 순조롭다고 말하기 어렵다.

괘국에서 火土는 조열(燥熱)하고 金水는 왕상(旺相)한데 일지는 함지(咸池) 즉 도화이다. 丁酉 일주는 辰土가 공망(空亡)인데 분지에 있다. 이러한 징조는 임신과 출산이 순조롭지 못하다는 것을 의미한다.

괘상은 신왕(身旺)하여 재관을 감당할 수 있고, 인성이 투출되어 도와주고 있다. 이러한 상황을 보고 필자가 소방에게 말하기를,

"직장에서는 당신이 모든 일을 장악할 수 있는 사주이므로 회사 내에서는 중책을 맡게 됩니다. 순조롭게 일들이 잘 풀려서 사장의 신임을 받게 되고, 또 능히 능력을 발휘해서 회사에 공헌할 수 있습니다. 그러나 임신에 대해서는 좀 골치 아픈 일이 발생할 수 있는 암시입니다."

소방이 성급하게 필자에게 물었다.

"왜 그렇죠? 만약에 아기를 순조롭게 출산할 수만 있다면 저는 회사의 사장직도 연연하지 않고 고향에서 남편을 도와주면서 아이를 키우는 현모양처(賢母良妻)가 되고 싶어요."

오주괘에 나타난 상징들을 살펴보고 난 후에 실례를 무릅쓰고 물었다.

"당신은 유산을 세 번 정도 하셨을 것입니다."

이러한 해석 방법은 오랜 경험을 살려서 풀이한 것이다. 당연히 자평명리학의 이치로서 해석한 것인데 자녀를 얻고자 하는 갈망을 갖고 찾아온 여인에게 이렇게 말을 한다는 것이 무례하고 어려운 일이라는 것을 알면서도 물을 수밖에 없었다.

오주괘에서 식상성과 午戌합하고 辰戌은 멀리 沖하고 있다. 이러한 조짐은 자녀에게 문제가 발생할 수 있고, 유산 혹은 낙태의 조짐이 된다. 그리고 3이라고 하는 숫자가 나온 것은 나중에 인연의 기회가 된다면 다시 설명을 해 줄 것이다.

소방이 눈을 크게 뜨고 필자를 바라보는데 얼굴에 의혹이 가득한 눈빛이었다.

"세 번 했습니다."

라고 대답하고 혼잣말로 '선생님이 그것을 보셨나? 정말 소름끼치네.' 라고 중얼거렸다.

괘국은 일주부터 분주까지 金水가 왕상(旺相)한데 오주괘를 신체에 대입을 한다면 시지는 자녀궁이 되고 또한 여인의 하복부에도 해당한다. 또한 상관은 공망(空亡)이고 분지의 고(庫)에 들어갔다.

여-음력 1972년 10월 9일 丑시				
時柱	日柱	月柱	年柱	
偏官	我	食神	正財	十星
乙丑	己酉	辛亥	壬子	干支
比肩	食神	正財	偏財	十星

더욱 신중하게 살펴보기 위해서 특별히 소방의 팔자를 적었다. 이 내용은 중국의 광주(廣州)사람이 명리학을 나름대로 정교하고 세밀한 추단의 합리를 더욱 더 이해할 수 있도록 해주었다.

이 사주는 광주의 소북로에 있는 ○○결혼사진전문회사에서 실제로 상담한 사례이다.

팔자의 구성을 보면 己土가 뿌리가 없고 金水는 한냉(寒冷)한데 따뜻한 火의 기운이 일간을 도와주지 못하고 있다. 그렇다고 종격(從格)이라고 논하지는 않는다. 우리는 여기에서 순수하게 언제 임신을 할 수 있을 것인지에 대해서만 토론을 하도록 하자.

《窮通寶鑑(궁통보감)》에서 '己土가 비습(卑濕)한데 壬水가 넘치면 물이 따라서 흘러 넘쳐 차가운 기운이 온몸에 사무친다.' 라고 하였으며, 고서에서도 '사주가 지나치게 한습(寒濕)하거나 조열(燥熱)한자는 임신하기가 쉽지 않고 유산되기 쉽고 金水가 한냉(寒冷)하거나 화염토조(火焰土燥)의 경우에는 더욱 그러하다.' 라고 하였다.

팔자는 자세히 살펴 본 다음에 더욱 확고히 그녀에게 말했다.
"당신의 풍만한 외모는 명리학의 깊은 이치로서 해석이 가능합니다. 당신은 추운 것을 싫어하는 체질이고 몸이 허약하여 임신하기가 어려우며 유산되기도 쉽습니다. 한의원에서 하는 말로 '허한증(虛寒症)'입니다."

"맞아요. 저는 추운 것을 너무 싫어합니다. 또 에어컨이 켜진 곳에서는 손발이 시릴 정도예요. 그러면 저는 어떻게 하면 좋을까요?"

"명리학자는 음양오행의 학설을 근거로 삼고 있기 때문에 대략적으로 질병의 근원 정도는 살펴볼 수 있습니다. 명리 선생으로서 한의학과 현대의학의 지식에 대해서 어느 정도 알고는 있지만 치료를 할 수 있는 단계는 아닙니다. 질병에 대해서는 의사에게 물어보는 것이 옳으니 한의사에게 가서 맥을 짚어보고 몸에 대해서 의견을 들어보는 것을 권해드립니다. 만약에 몸의 건강상태가 좋아진다면, 올해[丙戌] 9월[戊戌]이나 늦어도 내년[丁亥] 4월[乙巳]에는 좋은 소식을 들을 수 있을 것 같습니다."

괘국에서는 또 분주의 자녀성이 동(動)하지 않고 있으니, 戊戌월은 식상이 가장 왕성한 월이 되어 임신을 할 수 있는 징조가 된다.

같은 시간에 소진이 사촌오빠의 생명이 위태로운 것에 대해서 물어 온 것이 있는데 그 질문에 대한 답을 살펴보도록 하자.

마음이 동(動)하는 것을 계기(契機)라고 하는데 이것은 역리의 이치이기도 하다. 이 계기(契機)로서 미래의 길흉화복(吉凶禍福)에 대한 근원을 삼으니 대자연이 알려 주는 이치라고 할 수 있다. 바람이 불어 풀이 움직이는 것을 우리는 느낌으로 알 수 있다.

송나라 때부터 전해 내려오는 이야기 한토막이 있다. 산속에서 소강절(邵康節) 선생이 은거하던 중에 있었던 일인데, 어느 날 매화나무에서 참새가 싸우는 것을 보고 괘를 얻어 저녁에 이웃에 사는 여인이 꽃을 꺾다가 떨어져 다리를 다치는 것을 미리 알았다고 한다. 이렇게 점(占)이 시작이 되어서 후세에 전해졌는데, 이 점이 바로 '매화역수(梅花易數)'라고 불리는 것이다.

같은 이치로서 오주괘 또한 조짐을 보고 마음이 움직이는 것을 우선한다. 그 다음에 십성과 궁(宮)을 살펴서 예측하는 것을 바탕으로 괘상의 형상을 점차로 확대해 보면서 해석하게 되는 것이다.

여기에서는 같은 시간에 두 가지의 서로 다른 문제를 해석해야 한다. 우선은 질문에 대한 그 때의 계기(契機)를 살피고 활용한 다음에 괘국에서 궁의 위치와 정위법(定位法)으로 풀이해 나가면 된다.

소진이 물었던 사촌오빠의 생명이 위험한 것에 대해 중점적으로 살펴 볼 때 분주의 壬辰을 우선적으로 사용하게 된다. 그리고 나서 괘국의 형충회합(刑沖會合)을 살핀 후 이론적으로 판단하게 되는데 서로 비교를 하면서 운용한다면 정확한 결과를 얻게 될 것이다.

오주괘를 살펴보면, 분주인 壬辰과 연주의 丙戌이 천극지충(天剋地沖)이므로 이는 흉(凶)한 작용을 한다. 그 외에 묘고(墓庫)도 沖을 만났다. 이러한 경우에 고서에서는 '묘고(墓庫)가 沖을 만났을 때 질병에 대해 물으면 매우 흉(凶)한 조짐이다.'라고 하였으니 그 뜻은 우리가 알 수 없는 상황에서도 저승사자가 사람을 데려가니 수명이 다했음을 의미한다.

다시 하나의 차반(借盤)으로 해석하는 방식이 있다. 소진과 소방의 위치에 해당하는 丁酉 일주를 살피는 것이다. 사촌오빠는 연주의 丙戌이 되어 간지독립분석법(干支獨立分析法)으로 해석을 하면 丙火가 戌土의 고(庫)에 앉아 있고 월지는 다시 午火로 양인(羊刃)과 합이 된다.

책을 살펴보면 '양인(羊刃)은 沖이나 合을 만나는 것을 꺼린다.'고 하였는데 지금 필자가 가장 간단한 방법으로 설명을 한다면 이 괘를 차반(借盤)하여 해석하는 것이다. 丙戌과 壬辰을 살펴보면 水火가 서로 싸우고 있다. 이러한 경우에 고서에서는 '水火가 싸우는 것은 창과 방패가 움직이는 것과 같으므로 피를 보는 재앙이 일어나게 된다.'라고 하였다. 여기에서는 양인(羊刃)이 合도 되고 묘고(墓庫)에 沖도 만났으니 이러한 징조는 흉(凶)한 조짐이라고 봐야 하겠다.

필자는 목소리를 가라앉혀서 무겁게 그녀에게 말했다.

"사촌오빠는 심혈관계통의 질병으로 무조건 바로 수술을 해야 합니다. 그렇지 않으면 3일 이내에 생명이 위태로운 지경에 처할 수도 있습니다."

라고 하였는데 이것은 지지간의 격위법(隔位法)과 묘고(墓庫)가 沖된 것을 함께 판단한 것이다.

"사촌오빠는 심근경색으로 병원에 입원을 했어요. 의사는 지금 바로 수술을 하자고 하는데, 오빠의 어머니가 큰 병원으로 가겠다고 하시면서 지금은 안정시켜 달라고만 했어요. 그리고 큰 병원으로 가서 자세히 검사하고 치료한다고 했어요."

"어떻게 그럴 수 있습니까? 시간을 끌면 안됩니다. 지금 상황은 불 속에 있는 사람을 구하는 것만큼 다급합니다. 당신이 빨리가서 오빠의 어머니께 빨리 수술하지 않으면 나중에 후회를 할 일이 생길 것이라고 하세요. 지금 매우 위험한 상태입니다."

소진이 어쩔 줄을 몰라 하면서 말하기를,

"오빠의 어머니는 병원의 설비에 대해서 믿을 수가 없다고 하고 지금은 기적이 일어날 수도 있다고 생각하시는데 어떤 방법으로 그녀의 생각을 바꿀 수 있을까요?"

필자는 내심 침통했다. 멍하니 창밖을 바라보니 멀리 이지러진 달이 보였다. 문득 정판교(鄭板橋)가 이름을 얻고 난 다음에 쓴 이야기가 생각이 났다. '명예와 이로움은 다 무엇이란 말인가? 세월이 흘러가면서 맑은 날은 며칠 되지 않고, 그저 물과 바람을 근심하느라 세월을 다 흘려보내고 나니 그저 꿈을 꾼 것처럼 덧없구나.'

◆ 뒷이야기

辛丑일에 사촌오빠가 세상을 떠났다고 소진이 후에 알려 주었다.

戊戌월에 소방이 기쁨을 한가득 안고와서 이야기를 하기를 영원히 필자의 말을 기억할 것이라고 했다. 당연히 한 개인이 하나의 목표를 위해서 도박하듯이 모든 위험을 감수하고 열심히 노력한다면 반드시 성공할 것이다. 그녀는 매우 흥분하면서 말하기를 '드디어 임신했어요.'라고 하면서 필자에게 고마움을 전하였다.

27
命卦合參基礎認知
명괘합참기초인지

오주괘는 사주의 기본지식을 바탕으로 한다.

인생은 고통과 기쁨이 계속 반복된다. 어려서는 그 이치를 잘 모르지만 나이가 들면서 서서히 운명이라는 존재에 대해서 알게 된다. 그러한 가운데 어떤 사람들은 미지(未知)의 세계를 향해 진리를 추구하면서 운명학의 이치를 연구하고 익히는 가운데 상당한 수준에 도달하게 된다.

최근에는 하루하루 새롭게 변화하는 사회의 구조와 요구조건에서 운명학에 대한 분야도 학술로써 열띤 관심을 불러일으키고 있다. 더군다나 방송채널 등에서 신비스러운 분야에 대해서도 다루기 시작하여 명리학에도 새로운 변화가 찾아왔다. 그러나 애석하게도 좋은 점과 나쁜 점들이 뒤섞여 있다 보니, 명리학도 나날이 신비적인 색채가 짙어지고 상대적으로 학술적인 친근감은 오히려 감소되는 상황이다.

사주명리학을 익히는데 사주와 운(運)풀이 이외에도 먼저 자기 자신이 복잡한 사회 속에서 어떠한 위치에 서 있는지를 아는 것이다. 그리고 지금은 과거와 미래에 대해서는 논하지 말고 바로 지금 자신이 무엇을 하고 싶고, 사회와 대중을 위하여 얼마나 많은 노력을 기울여야 할지 생각해 보자.

나이든 사람들이 자주 쓰는 대만의 속담으로 '겨우 야채 세 번 먹고 극락세계 가기를 바란다.'라고 하였는데 이는 말만 많이 하고 일은 적게 한다는 뜻이다.

우리가 명리학을 연구하는데 있어서 전문적인 지식 이외에도 인간관계가 원만하여야 하고, 사회적으로 살펴볼 수 있는 풍부한 경력과 사주를 풀이하는 기술이 필요하다. 어떠한 사주를 살피든지 최대한 객관적으로 깊이 생각하고 현실적인 면을 고려하고, 모든 방면으로 생각을 한다면 능히 진리를 찾을 수가 있으며 인생의 방향도 알게 될 것이다.

오주괘와 자평명리학은 같은 분야의 학술인데 만약에 사주의 기본지식을 갖추지 못했다면 해석 할 방법이 없다. 가령 당신이 자평명리학의 상당한 경지에 도달한 학자이고 오주괘의 기초적인 이론이 있다면 바로 오주괘를 풀이하여 대입을 할 수가 있다. 또 실제로 사주를 풀이할 적에 오주괘에 사주의 희용신을 이끌어 내어 찾아온 사람에게 정확한 답을 줄 수가 있다.

사주와 오주괘를 함께 참고하여 풀이하는 방법은 원칙적으론 대부분 비슷하다. 그래도 풀이를 하기 위해서는 먼저 아래와 같은 기초적인 분류법을 알아야 한다.

① 음양오행과 같지 않은 절기의 특성을 잘 알아 둘 것.
② 천간에 대한 특성.
③ 지지에서 형충파해합천(刑冲破害合穿)의 변화.
④ 십성의 의미와 특징을 명확하게 알 것.
⑤ 육친과 사주의 관계는 서로 호응한다는 것을 알아 둘 것.

이렇게 오행의 논리로 우주와 음양의 관계를 풀이하게 된다.

우주는 시간, 공간, 물질, 가능성의 4대 요소로 구성된다. 그 가운데 시공(時空)은 '음허(陰虛)'가 되고, 물능(物能)은 '양실(陽實)'이 된다. 이렇게 음양은 서로 밀접한 관계로 얽혀서 잠깐이라도 떨어질 수가 없다.《易學太極論(역학태극론)》에서 말하길 '태극은 음을 지니고 양을 포용한다.'라고 하였는데 이것은 양중에도 음이 있고 음중에도 양이 있으니 생(生)하고 또 생(生)하니 쉼이 없음을 의미한다.

고대의 선현들이 음양과 태극을 세분하여 비유할 적에 지구의 본체를 土로 보고 음양과 태극은 사상(四象)으로 비유하여 지구 내부에 얽혀 있는 오행이라고 하였다. 예를 들어 식물은 木으로, 액체는 水로, 광물은 金으로 본 것이다. 이 사상(四象)에다가 태극을 넣어서 구성을 완료하니 木火土金水의 오행이 쉼 없이 생(生)하게 되는 것이다.

'더욱 간단하고 분명한 이치가 가끔은 숨어 있어서 어렵고 복잡해진다.' 는 말은 항상 하는 말이지만, 비록 오행이 金木水火土의 다섯 글자이지만 만약 그들이 변화하는 것을 사람, 사건, 사물에 대입한다면 천만가지로 변화하여 깊은 이치를 표현하게 된다.

木의 형상을 예로 살펴보면, 방위로는 동방을 대표하고, 얼굴에서는 청록색을 의미한다. 물질로 대입을 할 적에는 수목(樹木)이 되는데 여기에서 甲木은 나무, 乙木은 넝쿨나무 혹은 분재로 심어진 식물로 본다. 만약에 木을 가지고 사주에서 살필 적에 환경에 대입을 한다면 거주하는 집 근처에 숲이 있다고 해석할 수 있다.

木을 사람에게 대입할 적에는 甲木은 키가 크고 골격이 우람한 것을 상징한다. 乙木은 비교적 체격이 작다. 木은 또한 터럭으로도 추론할 수 있는데, 만약에 사주에 乙木이 투출되었는데 손상되지 않았다면 이 사람은 긴 머리를 좋아하거나 털이 무성하다고 할 수 있다.

질병으로 살펴보면, 甲木은 쓸개가 되고 乙木은 간장이 된다. 그리고 신경계통의 질병이 되기도 한다. 만약에 사주에서 甲乙木이 극(剋)을 받았다면 간담(肝膽)에 질병이 있음을 상징하며 신경통과 같은 고질병이 있다고 할 수 있다.

성격에 대해서 살펴보면 인자하고 정직하며, 동정심이 많은 반면에 고집이 세다. 일을 함에 있어서는 보수적이고 융통성이 부족하다고 할 수 있다.

직업에 대해서 논한다면 문서·가구·의류·인쇄·문화교육·화훼·분재·원예설계 등과 관련이 있다. 취미는 서예나 철학에 관심이 많으며, 시를 짓거나 수공예도에 관심이 많다. 이제는 오주괘를 예를 들어 인사물(人事物)에 대해서 살펴보고 육친을 차반(借盤)하여 설명해 보고자 한다.

[사례] 여(余) 소저의 일과 건강상태에 대한 질문

양력 2004년 10월 17일 11시 X분						
分柱	時柱	日柱	月柱	年柱	
比肩	傷官	我	正官	正官	十星
己卯	庚午	己巳	甲戌	甲申	干支
偏官	偏印	正印	劫財	傷官	十星

괘상을 해석해 보면 다음과 같다.

① 일간 己土는 두 개의 甲木 정관과 合이 되었으므로 결혼을 두 번 할 수 있다.
② 시간에 상관 庚金이 투출한 것은 유동성을 의미하므로 직업에 대해서는 움직임이 많은 영업사원이라고 할 수 있다.
③ 일간 己土는 득령하였고, 甲木이 옆에 있다. 괘에서 戊己土를 살펴보면 甲戌은 개두(蓋頭)되고 己卯는 절각(折脚)이다. 이러한 경우에는 소화기 질환이 있음을 의미한다.

필자는 괘국을 살펴보고 곧바로 말했다.
"괘에 의거해서 판단을 한다면 당신이 거주하는 집 앞쪽으로 약 100m 정도 떨어진 곳에 토지신의 사당이 있고, 집의 좌향은 서좌동향(西坐東向)이 되겠습니다."
그녀가 필자의 말을 듣고 멍하게 있더니만 얼굴 가득히 의혹에 찬 표정으로 눈을 커다랗게 뜨고 필자를 바로 바라보았다. 그래도 필자는 말을 계속 이었다.
"괘국에서 일간 己土가 정관과 투합(妒合)을 하고 있으니 결혼생활에 문제가 있을 수 있습니다. 내 판단이 틀리지 않았다면 당신은 이미 이혼하셨을 것입니다."

"네, 맞아요. 이혼한 적이 있어요."

이것은 성격과 연관된 문제이다. 그녀는 사랑을 하는데 있어서도 체면을 중시하고 또 그러면서 집착도 한다. 이것은 일간이 인성에 앉아 있으면서 비겁은 왕상(旺相)하기 때문이다. 또한 약속한 것에 대해서는 책임감을 많이 느끼며, 마음은 온화하고 정직하지만 표현을 할 때에는 매섭고 날카롭다. 거기에다 사람들에게 입바른 말도 잘하고 화도 잘내면서 스스로는 자신이 그러하다는 것을 알지 못하는데, 이는 火土가 왕성하였을 때 상관의 특징이라고 할 수 있다.

작년[癸未]에 알게 된 남자 친구와 감정관계가 좋아 보인다. 이는 일간 己土가 정관인 甲木과 合하고 분주 卯木에게 뿌리를 두기 때문이다. 하지만 연간에 있는 정관 甲木은 멀리서 일간과 合하고자 하므로 이것이 상징하는 것은 다른 남자가 한 명 더 있다는 것을 의미한다.

이 속에서 우리는 甲木이 편관 申金의 절지(絶地)에 앉아 있는 것에 대해서도 해석을 할 수가 있다. 더구나 申金은 일간에게 상관성이 되니 자녀에 해당이 된다. 일지의 巳火와 申金 역시 멀리서 合하고자 하니 이러한 상징은 자녀문제 때문에 전 남편과 왕래하고 있는 것을 의미한다.

직업을 살펴보면 영업사원일 가능성이 크며, 일은 안정적이고 월급은 대략 5만 위안 정도가 되지만 통장에 남아 있는 돈은 얼마 되지 않는다. 이는 괘국 안에 재성에 해당하는 水가 드러나지 않았고, 고(庫)에 해당하는 戌土는 반합(半合)이 되었으니 이는 남은 돈이 없는 것으로 해석할 수 있다.

정관 甲木이 재고(財庫)에 앉아 있으므로 이는 금전적인 부분으로 해석할 수 있다. 또 일간 己土와 合하였으므로 수입은 안정적이다. 사업성에 해당하는 상관 庚金이 투출된 것은 유동성이 있는 직업을 의미하므로 돌아다니면서 밥을 사먹으며 일한다고 해석할 수 있다.

그리고 다른 해석방법이 있는데 이것은 서로 대화하면서 상담의뢰자의 옷차림을 살펴서 참고하는 것이다. 그러한 부분까지 살피게 되면 영업사원이라는 것도 우리는 알 수 있다.

사주팔자와 오주괘에서 남편과 직업을 추단하는 이론은 관살을 인용하여 판단하게 된다. 모두 관살로 해석하게 되니 중복이 될 수밖에 없고, 이는 자평법의 맹점이기도 하다. 여기에서 정확하게 관살의 상황을 구별하여 범위를 나눌 방법이 있는데 이때에는 남편의 띠를 넣어서 판단하면 도움이 된다.

몸의 겉으로 드러난 것을 보고도 건강상태를 알 수 있기 때문에 얼굴의 기색을 괘국과 함께 판단한 후에 유 소저에게 말했다.

"당신의 건강상태를 살펴보니 겉만 번지르르하지 속은 엉망입니다. 간단히 말해 '병주머니'나 다름없습니다. 그러니 앞으로는 비뇨계통에 주의를 하십시오."

이는 괘국에서 火土가 왕상(旺相)한데 촉촉한 수(水)가 없기 때문이다. 또한 己土는 甲木에게 극제(剋制)되었으니, 다시 관상이나 기색을 참고하여 판단하게 되면 소화 기능에 대해서도 관리가 필요하다고 할 수 있다.

"소름끼치네요. 선생님께서 자세히 살펴 설명해 주시니 마치 투명 인간이 되어버린 것 같아요. 조금도 숨길 수가 없겠어요. 선생님께 한 가지 더 여쭙고 싶은 것은 제가 늦게라도 결혼을 할 수가 있을까요?"

여-음력 1969년 10월 27일 戌시 출생				
時柱	日柱	月柱	年柱	十星
傷官	我	比肩	傷官	十星
丙戌	乙卯	乙亥	己酉	干支
正財	比肩	正印	偏官	十星
71	61	51	41	31	21	11	01	大運
癸未	壬午	辛巳	庚辰	己卯	戊寅	丁丑	丙子	

오주괘로 판단하는데 있어서 필자는 일평생에 대한 해석방법을 아직까지 찾지 못하였다. '늦게라도 결혼을 할 수가 있을까?'라는 질문에 대해서는

사주의 도움을 받아서 풀이하면 해석하는 범위가 더욱 넓어질 수 있다.

여 소저에게 이혼이 단 한 번에 그치지 못할 것이라고 하였는데, 우리는 여기에서 사주와 오주괘를 함께 참고하여 더욱더 정확한 이혼의 시기까지 살필 수 있다.

乙木이 亥月에 태어났으니 나뭇가지의 잎은 다 떨어지고 기운만 저장하고 있는 상황이므로 봄이 와야 그 자태를 뽐낼 수가 있을 것이다. 乙木은 화초(花草)이므로 그렇게 기운이 동(動)한다고 해도 형상은 불안정하고 따스한 햇볕을 좋아하므로 우리는 한목향양(寒木向陽)이라고 하여 차가운 木은 따스해지기를 기다린다고 한다.

《窮通寶鑑(궁통보감)》에서는 '壬水가 월령을 잡으면 丙火로서 조후용신을 삼는다.'라고 하였으니 여기에서도 丙火가 조후용신이 절실한 상황이고, 그 외에는 명국을 제어해 줄 약(藥)을 용신으로 삼는다.

사주의 특성을 살펴보자.

① 《繼善篇(계선편)》에서는 '연간에서 일간을 손상시키면 기본적으로 合을 하지 못한다.'라고 하였으니 이러한 경우에는 부자(父子)간의 화합이 좋지 않다.
② 어려서 관살을 만나고 지지에 合이 많으면 이는 이성인연이 아름답고 일찍 결혼을 할 수 있다.
③ 비견이 월간에 투출되고 가까이에서 편재를 극(剋)하면 이 사람은 32세가 되기 전에는 돈이 모이지 않는다. 운에서도 역시 관살이 재성을 보호하지 못하면 남성의 경우에는 32세 이전에 결혼하기 어려운 것으로도 해석이 가능하다.

사주에서 연주의 己酉와 일주의 乙卯는 천극지충(天剋地沖)이므로 부녀의 관계도 좋지 않고 일찍이 관살을 만났다. 16세에서 20세 사이의 운에서는 재성인 丑土를 만나 관살인 酉金과 합을 하였는데 이러한 경우에는 운에서 남편성이나 자녀성을 만나게 되면 일찍 결혼하는 것으로 해석을 할 수 있다.

20세의 丁卯년에는 식상이 투출하니 남편궁이 겹쳐서 보이며 다시 자녀궁인 시지에 戌土가 있으니 임신하게 된다. 이로 말미암아 젊은 시절에 아버지의 뜻을 거역하고 임산부의 몸으로 가정을 떠나 버린다. 그래서 결국에는 부모의 반대에도 불구하고 亥월에 임신한 상태로 결혼하게 되는 것이다.

23세의 庚午년에는 정관이 투출하여 비견이 남편을 두고 다투는 형상이다. 이러한 경우에는 남편이 바람을 피울 수 있는 조짐이다.

필자가 이상의 몇 가지 조짐을 살펴보고 그녀에 말했다.

"당신은 처음 결혼한 남자와 癸酉년에 협의 이혼을 하였습니다. 이는 丙火 조후용신이 극(剋)을 받고, 남편궁이 沖이 되어서 이혼을 하게 된 것으로 판단됩니다."

"스물다섯에 이혼했어요."

라고 여 소저가 담담하게 말했는데, 당시는 너무 어렸었던 것 같다.

31세가 되는 己卯년은 남편궁이 시간의 戌土와 또 合이 되므로 이는 남자 친구와의 동거를 의미하고, 같은 연도 亥월에 다시 결혼을 하게 된다. 필자의 경험으로 판단을 한다면, 남편궁이 복음(伏吟)으로 겹쳐서 나타나거나 대운, 세운에서 合이 많으면 결혼으로 이어지게 되는데 만약에 이미 결혼을 했다면 결혼생활에 위기가 올 수 있다.

한 해를 건너서 庚辰년에 또 세운과 合이 되니 다른 이야기가 전개되었을 것이다. 여기에서 그녀에게 묻기를,

"辛巳년 되는 33세에 다시 이혼하지 않으셨습니까?"

"과거의 일은 이미 지나갔으니 별로 중요하지 않습니다. 저는 다만 앞으로 다시 결혼을 할 수가 있는지에 대해서 정확하게 알고 싶어요."

앞으로 좋은 인연이 있을 것인지 필자가 운을 자세히 살펴보니 51세부터 60세 사이에 좋은 운에 해당하는 辛巳 대운 된다. 하지만 辛巳년은 여 소저가 이혼하는 해가 되기도 한다. 이에 필자가 그녀에게 당부하여 말하기를,

"행복하고 만족스러운 결혼은 하늘이 만들어 주는 것이 아니라 두 사람이 노력하고 가꾸어가면서 얻어지는 것이니 서로 주도권을 양보하고 다투지도 말고 대립하지도 말며 서로 존중하고 의지하십시오. 그리고 속마음을 시원

하게 털어놓으면 바로 좋은 가정이 유지되어 말년의 결혼생활은 행복하게 될 것입니다."
라고 해줬다.

◆ 생각해 볼 문제

독자께서 본 사주의 건강상태와 성격과 직업의 분야에 대해 사주와 오주괘를 같이 살펴보았을 때 결과가 서로 연관이 있다는 것을 느낄 수 있습니까?

28

我要離婚
아요이혼

남편과 이혼하려고 합니다.

   결혼은 인생에서 가장 큰 일이다.
   인류가 진화한 역사를 살펴보면 원시적인 집단생활에서부터 일처다부제(一妻多夫制)와 일부다처제(一夫多妻制)의 형태로 다양한 남녀의 관계가 있었다. 근래에는 애정과 혼인이 서로 노력하고 신뢰와 정조로 유지되면서 21세기에 와서는 마침내 일부일처제(一夫一妻制)로 정립이 되었으니 이러한 변화과정은 전 세계의 인류 역사에 의해서 고증(考證)된 후에 공통적으로 얻은 성과라고 할 수 있다.
   우리가 살고 있는 이 지구는 시간이 흘러가면서 지구도 계속 돌아가고 있다. 그와 발맞추어 시대도 쉼 없이 계속 변화하고 있다.
   아름답고 원만한 결혼생활은 모든 사회가 공통으로 추구하는 목표이나 안정된 결혼생활을 위한 방법에서는 오히려 사회마다 변화하고 발전되는 정도에 따라서 다르다. 지금 우리가 살고 있는 사회는 물질만능주의 시대로 변화되고 있는 것을 누구도 부인할 수는 없을 것이다. 서방세계의 새로운 사상들이 결혼에 대한 새로운 유행을 만들어 내었는데, 이러한 사상들이 바로 결혼생활에 위기를 가져왔다.
   사회가 자유주의로 진일보 하면서 전통적인 결혼제도에도 변화가 발생하였다. 전통적인 결혼생활의 속박에 대해서 인내심을 갖지 못하고, 새로운 사상의 흐름을 따라 가고 있다. 그들은 나름대로 신선함으로 가득한 삶을 찾고 자극적이면서 개방적인 자유연애를 추구하고 있다.

'오랫동안 떨어져 있을 때에는 습을 하고자 하고, 오랫동안 함께하면 반드시 떨어지고자 한다.'는 요즘 나오는 이야기 속에서도 사회의 한 단면을 보는 것 같다. 대만 사람들의 이혼율은 날이 갈수록 늘어나고 있는 추세이고, 결혼하는 사람들은 날이 갈수록 적어지고 있으며 결손 가정도 급속도로 늘어나고 있는 실정이다.

2005년 통계청의 자료를 근거하면 대만에서는 64,540쌍의 부부가 이혼을 했으니 평균 매일 177쌍이 이혼을 하며, 최근 3년 동안은 매년 신기록을 갱신하고 있다. 매년 6만여 쌍의 이혼가정이 늘어나는 것을 계산한다면 앞으로 10년 후에는 대만에서 이혼문제가 다시 걱정되는 단계가 될 것이다.

어느 진씨 성을 가진 부인이 친구의 소개로 필자를 찾아왔는데, 입을 열자마자 하는 말이 자신은 이혼을 하려고 한다는 것이다. 아울러서 필자가 그들의 부부관계의 인연이 다 했는지를 살펴보았다.

음력 2006년 12월 18일 20시 X분					
分柱	時柱	日柱	月柱	年柱	
偏印	偏官	我	食神	正官	十星
戊戌	丙戌	庚午	壬寅	丁亥	干支
偏印	偏印	正官	偏財	食神	十星

오주괘를 살펴보도록 하자.

① 괘국의 연주 丁亥와 월주 壬寅은 합하여 재성의 기운이 되었으니《千里馬(천리마)》에 이르기를 '여자 사주에서 재성이 왕(旺)하여 관살을 생조하면 남편의 권한을 반드시 빼앗는다.'라고 하였다.
② 지지에 寅午戌이 火로 합화(合化)하여 丙火가 투출되었으니 이는 성격이 본래 강경하고 독립적이며 주체도 강하고 남에게 굴복할 줄 모르는

성격이다.
③ 괘국에서 정관과 合하여 편관이 되었을 경우에 직장을 살펴본다면 이 여성은 사장이거나 지위가 높은 것으로 해석한다.
④ 분주의 戊戌은 재고(財庫)를 깨뜨리고 식신은 편관의 기운을 설기 시키므로 이러한 경우에 차반(借盤)을 한다면 남편은 매우 나약한 사람이라고 할 수 있다.

이야기를 듣고 있던 진 소저가 강경한 어조로 말했다.
"저는 꼭 이혼하고 싶습니다."
라고 하였는데, 필자는 분명 결혼생활이 불행하다고 하지는 않았다. 진 소저의 이러한 반응에 다시 한 번 괘를 살펴보니 괘에서 충극(沖剋)은 보이지 않았다. 그러나 편관이 왕상(旺相)한 괘국이었다. 이에 필자는 문득 스치고 지나가는 생각이 있어서 진 소저에게 물었다.
"그가 당신을 때렸습니까?"
"아니요. 때리지 않았어요."
"남편이 월급 받아서 당신에게 생활비를 주지 않았습니까?"
"생활비는 받았어요. 그렇지만 얼마 되지 않아요."
필자는 도대체 이해가 되지 않아 계속 물었다.
"그럼 남편이 바람을 피웁니까? 혹시 밖에서 술 마시고 노름하면서 가정에는 무책임한가요?"
"그는 감히 그러지도 못해요. 또한 밖에서 마작을 할 정도의 자금도 없어요."
"그렇다면 양가부모님을 존중하지 않거나 불손합니까?"
"그는 부모에 대해서 효성이 지극합니다. 매주 정기적으로 부모님을 찾아뵙니다. 아마도 그 사람이 가장 잘하는 부분일 거예요."
"옛사람이 말하기를 100가지 선행(善行) 중에서 효도가 으뜸이라고 하였습니다. 책임감이 있고 불손하지 않으며 부모에게 효도한다면 지금의 사회에서는 규범에 어긋나지 않는 모범적인 사람이라고 할 수 있습니다. 비록 그가 뛰어나지 않더라도 무슨 흉악한 일을 범하지 않았다면 도대체 당신이 이렇게까지 이혼을 하고자 하는 이유가 뭡니까?"

"그 사람이 하는 일들은 모두 용두사미(龍頭蛇尾)에 책임감도 없고, 술 마시는 것을 좋아하며 자신의 몸은 전혀 돌보지 않아요. 마땅히 하는 일도 없고 그냥 사람만 좋아요. 항상 가정의 경제에는 좁쌀 하나도 보태지 못해요. 매번 제가 뒤치다꺼리를 해야 하니 만약에 서둘러서 이혼을 하지 않으면 제가 파산의 위기를 맞거나 그 사람의 빚으로 인하여 평생 힘들게 살아야 할 거예요."

괘국에 나타난 것을 살펴보면, 남편궁은 寅午戌로 화국(火局)이 되고 편관인 丙火가 투출되었다. 분주의 戊戌은 투출되어 火의 기운을 설기하니 화염토조(火炎土燥)의 형세이다. 괘국에 삼각관계를 대입하여 해석한다면 이러한 형상은 남편이 술을 좋아한다고 할 수 있다.

그러나 괘의 연주는 丁亥가 되고 월주는 壬寅이니 丁壬合하여 木으로 화(化)하니 이는 일지의 입장에서 인성이 된다. 이 木은 火를 생(生)해 주고 土를 제어하는 기능을 하므로 이 의미는 남편은 못된 성격이고 주색(酒色)에 빠져서 방탕한 생활을 하는 사람이 된다.

이러한 부분을 살펴보고 필자는 의혹이 가득차서 그녀에게 물었다.

"남편에게 고약한 버릇이 있습니까? 당신이 이렇게까지 싫어하고 심지어는 이혼을 해야겠다는 진짜 이유가 무엇입니까?"

"남편은 원주민인데 노래를 잘 불러요. 과거에 같이 술마시러 가면 남편은 스스로 노래도 부르고 사람들을 즐겁게 하고 분위기를 좋게 만들면서 즐거운 시간을 함께 보냈어요. 그러나 지금은 그에게 아주 나쁜 습관이 하나 생겼는데, 잠자기 전에 반드시 녹용주(鹿茸酒)를 한 병 마신 후에 코를 드르렁대며 잠에 곯아떨어집니다. 완전히 저를 미치게해요. 남편이 코를 고는 소리 때문에 저는 도저히 잠을 잘 수가 없어요."

라고 하면서 진 소저는 매우 분개했다.

"원주민의 성향이 원래가 낙관적이고 욕심이 없으며 술 마시기를 좋아합니다. 이미 결혼 전에 남편은 그러한 것들이 습관이 되어버렸을 텐데 이제 와서 그것이 나쁜 습관이라고 하면 될 일인가요? 생활이 힘들고 좌절을 겪으면서 흥미를 잃게 되고 서로 시기하고 원망하다 보면 후회를 하게 되고 혼자 사는 것보다 못하다고 생각할 수도 있습니다. 이러한 생각은 우리가 처음의 사랑했던 마음을 잊어버렸기 때문입니다. 부부가 서로 사랑을 하게 되면 상대방이 찾아와서 사랑을 고백합니다. 그리고 결혼생활은 서로 다른 두 사람이 함께 살아가는 것이기에 자신의 성향에 맞지 않는 것은 오히려 정상이라고 할 수 있습니다.

그리고 당신이 이혼이 가능한지를 물었는데 먼저 괘국을 살펴봅시다. 이 괘국을 살펴보니 정관과는 슴이 되고, 편관은 투출되어 있으니 당신의 책임감은 더욱 커지고, 사업은 어려워지게 될 것입니다. 성격은 독립심이 강해서 일도 잘 밀어 붙이게 됩니다. 우선 일을 느긋하게 하면서 남편을 격려해 주고 일을 할 수 있도록 도와주고 믿어보십시오. 너무 지나친 요구는 하지 말고 그의 장점을 칭찬해 주고 부족한 점은 조금만 생각한다면 이렇게 강력하게 이혼을 해야겠다는 생각은 하지 않게 될 것입니다."

진 소저가 필자의 해석을 다 듣고 나서 묻기를,

"예전에 만났던 명리 선생님께서 말씀하시길 제 사주에는 도화살이 있고, 남편도 둘이나 있어서 두 번 결혼할 징조라고 했는데 선생님께서는 어떻게 보이시나요."

"손오공이 나오는 서유기(西遊記)를 보면 과거 500년과 미래 500년의 인과를 모두 알았다고 하는 이야기가 있는데, 필자는 능력이 부족하고 학문조차 깊지 못해서 괘로써 풀이를 하게 되면 과거로 8년, 미래로 8년 정도의 인과에 대해서만 살펴 볼 수가 있습니다. 두 번 결혼한다는 것과 도화살에 대해서 풀이를 할 때에는 사주와 함께 오주괘를 살펴서 풀이를 하면 좀 더 정확한 판단을 할 수 있습니다."

이 말이 끝나자마자 진 소저는 바로 부부의 생일을 알려줬다.

8월의 癸水가 당령을 했다. 이러한 내용이 있는 책을 살펴보면 '癸水가 酉金을 만나면 金은 더욱 희게 되고 물은 맑아지며, 丙火를 만나면 金水는 따뜻해진다. 丙辛이 천간에 투출되거나 지지에 있을 때에는 슴하여 水의 성분으로 화(化)하게 되면 재성과 인성이 쓸모가 있다. 그러나 사주에서 土를 만나는 것은 흉하므로 戊己土는 모두 꺼리게 되고 만약에 土가 왕(旺)하여 水를 극(剋)하게 되면 金은 묻히고 水는 차가워지니 이는 그저 장사치에 불과하다.' 라고 하였다.

여-음력 1978년 8월 16일 午시 출생				
時柱	日柱	月柱	年柱	
正官	我	偏印	正官	十星
戊午	癸未	辛酉	戊午	干支
偏財	偏官	偏印	偏財	十星
73 癸丑	63 甲寅	53 乙卯	43 丙辰	33 丁巳	23 戊午	13 己未	03 庚申	大運

이 사주에서 용신인 辛金은 득령을 하였지만, 아쉽게도 戊土가 가까이에 있으니 土에 묻힐까 염려스럽다. 사주에서 왕(旺)한 火는 재성이 정관을 생(生)해 주는 세력이 된다. 그리고 운을 살펴보니 23세부터 32세까지 戊午 대운이어서 戊土 정관과 합을 하니 기쁘다. 그러나 안타깝게도 연주와 시주의 戊午와 투합(妬合)을 하는데다가 또 복음이 되어서 화염토조(火炎土燥)의 격국이 되었으니 癸水는 고갈되어서 크게 꺼리게 된다.

이러한 형상이 드리워지게 되면 회사에서 하는 일이 불안정하거나 혹은 이동을 의미한다. 연애의 감정에 대한 것을 살펴본다면 도화가 넘치고 부부간의 의견충돌이 발생하니 차반으로 추론한다면 戊土의 남편성이 복음이 되어서 남편은 뜻이 있어도 이루기 어렵고 그래서 기를 펴기 어려운 상황이다.

사주의 특성을 살펴보면 다음 4가지가 있다.

① 午未合火되고 정관 戊土가 투출되었으니 이는 왕성한 재성이 정관을 생(生)하여 남편의 권위를 빼앗는 형상이다.

② 일간 癸水가 편관인 未土에 앉아 있고, 사주는 화염토조(火炎土燥)의 형국이라 이 사람의 성격은 독립심이 강하고 열정적이다.
③ 정관이 인성을 생(生)하는 구조에서 왕성한 재성이 정관을 생(生)하고 다시 정관과 合하니 이러한 경우에는 직장 속에서 책임자 역할을 하는 것으로 해석할 수 있다.
④ 일간 癸水는 연간과 시간의 戊土와 투합(妬合)을 하고 대운은 戊土 정관이다. 지지에는 왕지(旺地)가 셋이나 있는데 다시 午未가 반합(半合)을 하니 이러한 사람은 도화의 기운이 매우 왕성하다고 할 수 있다.[이것은 괘국에서 寅午戌合이 되어 편관 丙火가 투출된 것과 같은 이치이다.]

이상과 같이 살펴보니 사주에 대한 특성과 오주괘에 나타난 상징들이 매우 부합이 되지 않는가? 독자들도 신경써서 자세히 살펴본다면 자연히 알게 될 것이다.

다음의 이야기부터는 필자가 오주괘와 사주를 함께 참고하여 풀이한 것이다.
이 사주는 戊土 정관이 연간에 투출하였으므로 남편을 일찍 만나서 결혼을 하게 된다. 그리고 13세부터 22세까지 己未 대운으로 이미 관살혼잡(官殺混雜)이 되어 조숙한 형상도 된다. 고서에 이르기를 '여명에 도화를 만나게 되면 이성인연이 아름답다는 특성이 있다. 만약에 운에서 관살을 만나거나 일간과 合하는 글자를 만나면 순결을 잃게 될 수 있다. 운(運)에서 들어온 글자가 사주의 자녀성이나 자녀궁을 沖合하게 되면 유산이나 낙태의 조짐이 된다.'고 하였다.
이러한 부분을 살핀 후에 바로 진 소저에게 말했다.
"당신은 未土 대운이 들어오는 18세에서 22세 사이에 임신한 상태에서 결혼을 했거나 아니면 유산이나 낙태의 경험이 있을 것입니다."
진 소저가 낙태라는 말을 들은 후에 필자에게 말하기를,
"저는 기독교를 믿으므로 낙태를 생각할 수는 없어요. 당시에 임신한 상태에서 결혼을 했어요. 지금 돌이켜 생각해 보면 그 당시에는 너무 무지하

고 충동적이어서 오늘의 나쁜 결과를 가져온 것이라고 생각하고 있어요. 만약에 제게 다시 그러한 기회가 주어진다면 눈을 크게 뜨고 심사숙고(深思熟考)하여 절대로 이러한 오류를 범하지 않을 거예요."

　사주를 풀이해 온 경험으로 필자가 말한다면, 아직 어린 여자아이가 18세에서 24세의 나이에는 가장 순진한 감정을 갖고 있는 시기이므로 순애보의 희생양으로 바치게 되지만 원망도 후회도 없다. 그래서 필자는 운명을 풀이하는 과정에서 일찍 혼인을 하는 것에 대해서 늘 말리곤 하는데 한 젊은 소저가 순진하고 재미있는 말을 했던 것이 인상적이어서 아직도 기억에 남아 있다.

　당시의 대화내용 중에서 남아 있는 기억을 더듬어 적어보면 다음과 같다.
필자 : 가령 부모나 친척이 일찍 결혼하는 것을 반대한다면 어떡하겠니?
소저 : 우리는 법원으로 가서 결혼을 했다는 공증(公證)을 받고, 그 다음에 양가부모님께 이해를 해달라고 할거예요.
필자 : 자네들이 학교를 졸업하자마자 결혼을 하게 되면 아이를 낳은 다음에 생활이나 경제적으로 어려움이 닥칠 터인데. 그러면 어쩌지?
소저 : 문제없어요. 우린 서로 사랑하니까 함께 노력해서 돈을 모을 거예요. 우린 무슨 일이든 함께 할 수 있다는 것을 믿거든요. 함께 노력해서 아름다운 미래를 만들 거예요.
필자 : 사주를 보니 시부모님과 좋은 사이가 되기는 어려워 보이는데 이러한 부분은 어떻게 해결할건데?
소저 : 그것도 문제없어요. 우리가 이사하면 되죠. 그럼 시부모님 눈치 안 보고 더욱 자유롭고 즐겁지 않겠어요?

"선생님께서 지금 우리의 마음에 대해서 풀이를 해주셨으면 좋겠습니다. 나이가 들어가면서 아마도 필요한 것들은 더욱 많아지겠죠. 먼저 건강에 대해서 살펴봐주시고, 하는 일이 안정적인지, 금전적인 상황은 어떠한지를 봐주세요. 집과 자가용과 월급과 가정적인 배경 등등이요. 지금 단계에서 가장 중요한 것은 우리 부부가 한평생을 같이 할 수 있을지의 여부와 나중에 라도 재혼의 암시가 있는가 하는 거예요."
라고 진 소저가 말했다.

편관은 숨어 있고 정관이 두 글자인데 천간에 투출되었으니 이론적으로 살펴본다면 이는 두 번 결혼할 수 있는 형상으로 해석할 수 있다. 그러나 두 번 결혼한다는 것은 매우 광범위하다고 할 수 있고, 가장 기본적으로 판단을 한다면 사주의 조짐과 운의 상황을 대입하여 형극(刑剋)등을 자세히 살펴야 하고 더불어 신살과 사주의 특성을 참고하여 판단해야 할 것이다.

※ 신살 부분에 대한 참고사항

고서에 이르기를 '금돼지[辛亥]가 어찌 신랑이 있으며, 나무호랑이(甲寅)는 청상과부(靑霜寡婦)가 되고, 水火(癸巳, 丁巳)는 짝 없는 뱀이고, 흙 원숭이(戊申)는 항상 홀로 누워 있다네.'라고 하였다.

《星平會海(성평회해)》에 또 이르길 '水火는 짝 없는 뱀이고, 금돼지와 나무호랑이는 배우자가 상(傷)하고, 붉은 말과 누런 말은 홀로 누워 있으며, 검은 쥐와 흙 원숭이는 서리를 맞는다.'라고 하였으니, 그 뜻은 癸巳·丁巳·辛亥·甲寅·戊午·丙午·壬子·戊申이 일주와 시주에 거듭 보이면 남자는 재혼하고, 여자는 남편이 죽어서 다시 시집간다는 뜻이다.

옛날의 가결(歌訣)에 이르길 「亡劫孤刑寡隔雙(망겁고형과격쌍), 平頭華蓋一般詳(평두화개일반상), 寶香薰被成孤宿(보향훈피성고숙), 忍對珠簾月半床(인대주렴월반상).」이라 하였으니 그 뜻은 망신(亡神)·겁살(劫煞)·고신(孤辰)·과숙(寡宿)·격각(隔角)·평두(平頭)·쌍신(雙辰)·화개(華蓋)·육해(六害)·삼형(三刑) 등의 신살(神煞)은 여명에서는 좋지 않다고 하였다. 이상의 고서에서 논하기를 남편이 죽거나 자녀가 죽거나 하여 크게 흉(凶)하다고 하였다.

사주에서 두 번 결혼을 한다는 것에 대한 검토

① 부부궁이 복음반음(伏吟反吟)이고 운에서 형극(刑尅)이 되면 바로 이혼을 하거나 배우자가 사망할 수 있다.
② 상관이 득령하고 투출되었는데, 인성이 상관을 잡아주지 않으면 남편을 속이거나 다른 곳으로 떠나가게 된다.
③ 관살이 혼잡하거나, 지지의 글자와 운에서 들어오는 글자와 合이 많으면 관살을 꺼리거나 비견이 정관과 투합(妬合)하면 정이 너무 많아서 바람을 피우게 된다.
④ 일간이 앉은자리가 편관이거나 혹은 도화(桃花)나 목욕(沐浴)인데, 운에서 형극(刑尅)을 만나게 되면 결혼생활에 위기가 발생한다.
⑤ 천간에서 꺼리는 비견이 정관과 다투어 合을 하면 결혼생활이 파경에 이르게 된다.
⑥ 고서에서는 '천간이 한글자로 줄을 서면 외롭고, 재앙이 끊임없이 이어지고, 지지가 한 글자로 이루어지면 두 곳에서 결혼식을 올린다.' 라고 하였듯이, 사주에 비겁이 많거나 남자의 경우에 비겁이 왕상(旺相)하면 아내를 극(尅)하고 다시 결혼하는 팔자이다. 여자의 경우에는 일간의 강약을 논할 필요 없이 비겁이 많으면 남편을 두고 자매들과 다투게 되고 제 3자의 개입으로 결혼생활이 파경에 이르게 된다.

  필자가 자평명리학의 원리 중에 결혼과 연관된 부분에 대해서 그 깊은 의미까지 자세히 살핀 후에 진 소저에게 말했다.
  "같은 배를 타고 바다를 건너는 인연은 백 년 동안 같이 수행한 인연이며, 같은 베개를 베고 자는 부부인연은 천 년 동안 닦은 인연으로 만나게 되는 것입니다. 부부의 화합은 모두 전생의 인연으로 정해지는 것이므로 경솔하게 이혼하지 마십시오. 이혼을 하더라도 전생의 인연이라면 계속 이어지게 될터이니, 당신이 책임감을 가지고 마음을 돌리셔야 합니다.
사주에 정관 戊土가 쌍으로 천간에 투출되어 두 번 결혼한다는 말은 일반적으로 운명을 풀이하는 사람들이 하는 말일 뿐입니다. 그러니 당신도 너무 마음에 둘 필요는 없습니다. 정말로 두 번 결혼한다고 해석할 수 있는 경우는 부부궁과 부부성을 장악하고 십성의 의미와 지지의 형충합해(刑沖合害)까지 살핀 후에 다시 운의 길흉까지 모두 종합하여 판단을 해야 합니다. 그저 사주의 천간에 정관성 두 글자가 있다는 것만으로 두 번 결혼한다고 하는 것은 잘못된 해석이라고 할 수 있습니다.

운명을 풀이한 경험으로 살펴보면 당신의 사주에 있는 정관 戊土 중에 연간에 있는 것은 조숙하다는 것을 의미합니다. 그래서 당신은 일찍이 학교에 다니면서 남자 친구와 사귀게 된 것입니다. 이 사랑은 아마도 丙子년에 일어났을 것인데 바로 戊寅년이 되는 21세에는 戊土의 정관이 일간 癸水와 합을 하고 대운에서는 未土의 편관을 만나게 되면서 관살혼잡(官殺混雜)의 구성이 됩니다. 이러한 인연으로 이성의 인연을 만나게 되었고, 정이 넘치게 되어 넘지 말아야할 선을 넘게 된 것입니다.

여기에서 중요하게 살펴보아야 할 부분이 있는데 그것은 세운에서 자녀성에 해당하는 寅木과 자녀궁의 午火가 三合을 하면서 저절로 끌리게 되는 것입니다. 이러한 이유로 임신을 하게 되는데, 이때에 유산을 하지 않았다면 임신한 상태로 결혼을 하게 되는 것입니다."

"네 맞아요. 제가 스물한 살에 임신한 상태에서 결혼했어요."

이 사주에서 戊癸合이 나타나는 것을 보니 '癸水일에 태어난 사람이 戊土 정관이 용신이면 어려서 나이 많은 사람에게 시집을 간다. 여성이 癸水 일간인 경우에는 나이 많은 남자에게 시집을 가고 남성이 戊土 일간인 경우에는 나이 어린 신부와 결혼하게 된다.'는 옛날의 시 한 구절이 떠올랐다. 그리고 다시 계속 말을 이었다.

"한 사람이 두 번 결혼할 수 있는 부분에 대해서는 사주에 그 특성이 나타나게 됩니다."

그녀는 관인상생(官印相生)의 사주로서 인성이 득령하고 천간에 투출되고 지지에도 있으니 이러한 사람은 예의를 따르고 법률도 중히 여기며 인자하고 책임감도 있다. 시간의 정관 戊土와 戊癸合이 되고 연간에 戊土가 머물러 있는 경우에 태극점으로 해석한다면 두 번 결혼을 한다고 하겠으나 연간의 戊土는 관인상생으로 일간을 돕고 주운(柱運)으로 살피면 연주는 17세 이후에는 영향력이 약해지니, 세운에서 형충(刑沖)으로 사주에 영향을 미치게 되는 정도이다.

그리고 정관이 두 글자가 투출되었다고 해서 두 번 결혼한다는 판단은 아래의 사주들과 같이 일주 가까이에 있을 적에 성립이 된다.

여(음) 1978년 5월 25일 卯시				
時柱	日柱	月柱	年柱	十星
食神	我	正官	正官	干
乙卯	癸亥	戊午	戊午	支
食神	劫財	偏財	偏財	十星

여(음) 1956년 9월 20일 午시				
時柱	日柱	月柱	年柱	十星
正官	我	正官	正財	干
戊午	癸亥	戊戌	丙申	支
偏財	劫財	正官	正印	十星

"고서를 살펴보면 '두 개의 戊土가 하나의 癸水와 合하면 다시 혼인한다.'고 하였는데 당신의 사주에서는 인성인 辛酉가 중간에서 가로막고 상생을 하여 재혼(再婚)의 형상이 없습니다. 최근 들어 이혼율이 매우 높아지고 있는 가장 큰 원인은 여성의 독립성이 강화되고 의식수준도 높아져 사고방식도 달라졌고, 사주가 결혼에 미치는 영향력도 조금은 작용한다고 할 수 있습니다.

사주를 살펴보았을 때, 당신의 성격은 매우 강해서 고치기가 어렵습니다. 화염토조(火炎土燥)의 상황에서 재성이 정관을 생(生)해 주고 있으므로 남편의 권력을 빼앗는다고도 할 수 있습니다. 그렇게 된다면 다시 좋은 인연으로 계속 유지되기는 어려울 것입니다. 심지어는 남편과 서로 도와가면서 한평생 함께 하기도 어렵다고 할 수 있으니, 남편의 사주를 참고해 살펴보도록 합시다."

남편 사주를 살펴보면 일간 辛金이 寅월에 태어났으니 힘을 얻지 못하였으나 다행히 연지와 일지의 녹(祿)을 얻었다. 그리고 己土 인성이 돕고 있으니 오히려 약한 사주가 강하게 되어 용신으로 水를 사용하여 金水가 매우 맑아지게 되는 구성이다.

"사주에서 운(運)의 흐름이 金水의 흐름으로 흘러가고 재성과 관살이 당령하고 인성이 투출되었습니다. 일간 辛金이 녹(祿)에 앉아서 정관과 합이 되어 있는 경우에는 성품이 좋은 사람입니다. 정관과 합하는 사람은 어른을 잘 모시고 법을 잘 지키며 정의를 추구한다고 할 수 있습니다. 또한 辛金이 두개의 녹(祿)을 얻었으니 이러한 경우에는 자신의 아내에게 정성을 기울이는 것보다 친구들과 어울리는 것을 좋아하고 온 정성을 쏟아 붓게 됩니다. 사주에 정인이 투출하면 세심하고 인자하다고 할 수 있으나 안타깝게도 편인이 투출되었고 비견도 合을 하였으니 이것은 놀기 좋아하고 일도 많이 하지만 성공하기는 어렵다고 해석하게 됩니다."

남-음력 1968년 12월 29일 丑시 출생								
時柱		日柱		月柱		年柱		
偏印		我		正官		偏印		十星
己 丑		辛 酉		丙 寅		己 酉		干 支
偏印		比肩		正財		比肩		十星
74	64	54	44	34	24	14	04	大運
戊 午	己 未	庚 申	辛 酉	壬 戌	癸 亥	甲 子	乙 丑	

필자의 설명이 끝나자마자 진 소저가 재빠르게 말했다.

"그는 다른 사람들에게는 참 좋은 사람이지만 항상 저에게는 냉랭(冷冷)해요. 그러다 보니 이제는 한계에 도달해서 더 이상 참을 수가 없어요."

전통적인 결혼의 궁합은 두 사람의 띠를 살피고 일간 대 일간의 생(生)의 관계와 合의 관계도 살피고, 극(剋)의 관계까지 살펴서 판단하지만, 이렇게 보는 것은 별로 신빙성이 없다.

필자의 문파에서 연구하는 《合婚心法(합혼심법)》으로 해석하면 부부 관계는 전생과 금생의 인과관계로 물려 있으며 사업에 대해서도 서로 협력을 한다고 할 수 있고, 더불어 자녀의 교육에 대해서도 누가 더 관심을 가지고 있는지 살펴 볼 수도 있다.

"두 사람의 사주를 서로 비교하여 종합해 보면 집안에서는 당신이 절대적인 주도권(主導權)을 잡고 있습니다. 일을 할 때에 남편은 당신의 결정을 매우 잘 따라줍니다. 자녀의 교육방법에서도 당신과 남편의 교육에 대한 이념이 서로 다르니 교육방법에 대해서 기준을 세워 둘 필요가 있습니다. 지금 이시점에서는 모든 것을 당신이 책임지고 있으니 겉으로는 당신이 가정에서의 지위가 절대적으로 우세한 것 같아 보입니다. 하지만 부부의 인과관계로서 논한다면 당신은 빚을 갚아야 할 사람이 너무 많습니다. 내가 당신에게 해줄 수 있는 말은 남편을 원망하지 마시고 용기를 잃지 마십시오.

사실 두 분의 사주를 살펴보았을 때, 당신은 막중한 책임감을 가지고 있는 좋은 어머니입니다. 아이가 태어난 다음부터 부부의 감정이 나빠지기 시작했지만 모든 부분에서 아이를 먼저 생각하신 분입니다. 사주에서 戊癸가 合이 되어 지금까지 이혼에 대해서도 말로만 불평한 정도였습니다. 그런데 이혼을 강력하게 하고자 한 것은 丙戌년에 투자한 것이 실패하여 2백만 위안 정도 손실을 보고 나서 결심한 것 같습니다."

그녀의 사주에서 辛金 용신은 丙火와 合이 되었고, 남편의 사주에서는 이미 丙火와 合을 하고 있는데 丙戌년에 다시 丙火가 들어와 투합(妬合)이 되고, 세운의 丙戌과 괘의 시주 丙戌이 복음이고, 시지와는 형(刑)으로 묘고(墓庫)가 깨어져 버린다. 그리하여 이 사람이 재물을 잃게 되는 것이다.

그리고 위에서 2백만 위안이라고 한 금액은 괘에서 위서법(位序法)으로 얻어낸 것이다.

필자는 그녀를 위로하면서 말하기를,

"올해는 丁亥년이므로 당신부부에게 희용신이 됩니다. 당신의 사주에서 癸水는 뿌리를 얻고, 남편의 사주에서는 일간 辛金이 壬水를 만나서 재성과 관살을 감당할 수 있으니 이는 좋은 조짐이 됩니다. 아마도 잃었던 재물을 다시 모을 수 있을 것입니다."

진 소저가 좋은 조짐이 있다는 말을 듣고서는 매우 흥분하면서 말하였다.

"우리 회사가 중국에 공장을 설립하게 되었는데 사장이 저에게 그 업무를 맡아 보라고 했어요. 만약에 남편이 대륙에 간다면 좋은 일이 생길 수 있을까요?"

필자는 대만에서 사업을 하시는 분들에게 '조금 떨어져 있게 되면, 신혼 때처럼 좋고 오랫동안 떨어져 있게 되면 이혼할 수 있습니다.'라고 항상 이야기를 하는데 이 말을 그녀도 참고하라고 들려주고 한마디 덧붙였다.

"부부감정에서 최대의 적은 시간과 거리가 될 수 있습니다. 만약에 정말 국외로 나가서 가정이 회복 될 수 있다면 두 분이 함께 가서 좋은 내일을 만드시길 바랍니다."

운명을 풀이하는 사람은 항상 결혼생활의 어려움과 고통에 대해서 상담을 하게 되는데, 만약에 사주에서 이혼의 인연이 없다면 그 부부에게는 가정을 유지하라고 권해야지 마음대로 부부를 헤어지게 해서는 안된다. 절대로 잊지 말아야 할 것은 당신의 한 마디 말이 한 가정의 좋은 인연에 영향을 미치게 되니 판단을 잘하고 설명해 줄 적에는 신중해야 할 것이다.

29
我好想結婚
아호상결혼

저는 좋은 사람을 만나 결혼하고 싶어요.

 '천리(千里)에 떨어져 있어도 혼인의 연분이 이어져서 그대와 함께 이번 생에 인연을 맺게 된다.'고 하듯이 모든 사람은 다 자신의 인연이 있으므로 다른 사람을 부러워할 필요는 없다.
 만나면 그것이 인연이고 헤어지면 그것은 인연이 다한 것이다. 행복한 사람은 이것을 받아들일 줄도 안다. 이러한 것을 거부하지도 않고, 집착하지도 않으며, 애써 강요하는 짓은 더더욱 하지 않는다. 그저 자신들이 짊어져야만 하는 일종의 책임이라고 생각하고 적당히 자신의 희생을 감수한다. 이것이 남녀관계나 가정의 행복을 유지하는 이상적인 방식이다.
 이러한 부분에 대해서 서양의 근대 철학자인 소크라테스와 학생의 재미있는 대화를 문득 생각해 본다.

 어느 날 한 학생이 소크라테스에게 물었다.
 학생: 결혼은 하는 것이 좋습니까? 아니면 하지 않는 것이 좋습니까?
 소크라테스: 너는 둘 중 어느 것을 선택하든 모두 후회하게 될 것이다. 계속해서, 그는 자신이 결혼생활 속에서 얻은 하나의 흥미로운 결론을 말해 주었다.
 소크라테스: 어쨌든 결혼은 해야 한다. 만약 좋은 아내를 얻는다면 너는

매우 행복할 것이고, 나쁜 아내를 얻는다면 너는 철학가가 될 것이다.

어찌 되었든 간에, 결혼이란 결국 자세히 음미해 볼 가치가 있는 연습문제이다. 남자가 좋아해서든, 여자가 좋아해서든 두 사람이 부부로 맺어진 이상, 반드시 두 사람은 행복을 추구하면서 영원히 변치 않는 사랑을 해야 한다.

당신은 이미 자신이 사랑한 사람을 선택했기 때문에, 그 상대가 자신이 생각했던 것과 다르더라도 당신은 처음 그 마음을 변치 말아야 한다. 결혼이라는 것은 뿌리가 있는 식물과도 같다. 계속 자라나게 하려면 당신이 인내와 사랑을 베풀고 정성을 다해 돌봐야 꽃을 피우고 열매를 맺을 수 있다.

필자의 평소 상담내용 중에는 결혼과 애정에 대해 묻는 사례가 매우 큰 비중을 차지하는데 그 중에는 여성이 찾아오는 경우가 대다수를 차지한다.

음력 2005년 12월 19일 13시 X분					
分柱	時柱	日柱	月柱	年柱	
偏官	比肩	我	傷官	偏印	十星
癸卯	丁未	丁丑	戊子	乙酉	干支
偏印	食神	食神	偏官	偏財	十星

乙酉년 겨울 어느 날, 아름다운 외모를 가진 한 여인이 언제쯤 좋은 인연을 만날 수 있는지에 대해서 물은 적이 있다.

괘상을 살펴보도록 하자.

① 상관이 편인을 바라보고 분간에 편관이 투출되었으니, 이 사람은 총명하고 능력이 있으며 말재주도 좋고 표현능력이 뛰어나다.
② 남편을 두고 비견이 다투고 있다.
- 편관을 두고 비견이 서로 다투는 것은 일주가 다른 사람의 가정에 개입 한 것을 의미한다.

- 비견이 서로 정관과 合하려고 하면 다른 사람이 일주의 가정에 개입하는 것을 의미한다.
③ 일지의 子丑合과 丑未沖은 정해진 짝이 있지만 어떠한 원인으로 인하여 결혼하지 못함을 의미한다.
④ 분간에 투출된 편관이 시간의 丁火와 가까이에 있고 지지의 卯未가 서로 合이 된 것은 바깥으로 일어난 合으로 남자 친구가 유부남이라는 것을 상징한다.

이러한 부분들을 살펴본 후에 소저에게 말했다.
"괘상을 살펴보니, 일지 식상은 沖이 되고 또 관살성과 合이 되므로, 마음속으로 사모하는 사람이 있지만 결혼을 할 수는 없습니다. 소저에게 아주 친한 남자 친구가 있지만, 안타깝게도 어떠한 이유 때문에 결혼이 불가능하다고 해석할 수 있습니다."
"지금 좋아하는 사람이나 가깝게 지내는 남자 친구는 없어요."
라고 소저가 대답했지만 필자는 조금 의심스럽기는 하지만 계속 설명을 했다.
"소저는 승부욕이 매우 강한 성격이며, 총명하고, 능력도 많고 말재주도 뛰어납니다. 하지만 지는 것은 절대도 용납 못하고 체면을 아주 중시하는 성격이기도 한데 이러한 것을 개선하지 않으면 아무리 좋은 인연이라고 해서 붙잡을 수 없습니다. 남자 친구가 있는지의 여부에 대해서 제가 정확하게 알 수 있는 방법은 없습니다. 이상의 해석들은 단지 오주괘에서 나타나는 것에 근거해서 합리적으로 추단해 낸 것일 뿐입니다. 만일 괘상의 해석이 실제와 부합하지 않는다면 점기(占機)가 동하지 않은 것이므로 더 이상 이야기를 나누는 것은 아무런 의미가 없습니다. 소저와 저의 소중한 시간만 낭비할 뿐입니다."

소저는 필자가 상담을 끝내고 싶어 한다는 것을 알아차리고, 고개를 떨어뜨리면서 작은 목소리로 말했다.
"사실 이야기하고 싶지 않았어요. 그저 앞으로의 결혼에 대해서만 알고 싶었거든요. 사실 체면을 따지다 보니 친한 남자 친구가 없다고 얘기하고 말았습니다. 죄송해요. 사실 가까운 남자 친구가 있어요. 그런데 그 사람이 가정이 있는 남자라는 것을 일부러 속이려고 한 것은 아니고 그냥 제 자신을 속였을 뿐이예요. 저는 그 사람이 이혼하고 저와 결혼해 줄거라는 환상까지 가지고 있었거든요."

"子丑슴이 되는 것은 소저의 마음속에 이미 남자가 있다는 것을 의미합니다. 지금 당신에게 사랑한다고 말하는 남자가 있더라도 당신이 꼭 받아들일 수 있는 것은 아닙니다. 게다가 이렇게 애매한 상황에서 허물없는 친구를 사귀고자 한들 말처럼 쉽겠습니까? 남자 친구가 이혼 한 후에 소저와 결혼할 지의 여부에 대해서 일반적인 관점으로 판단한다면 확률은 매우 낮습니다. 너무 큰 기대는 하지 마십시오. 만약에 명리학적인 관점에서 살펴보고 싶다면 남자 친구의 띠나 생년월일시를 가지고 함께 참고해 볼 수 있다면 더욱 명확한 답을 얻을 수 있습니다."

"남자 친구는 甲辰년생 입니다."

필자의 말이 끝나자마자 소저가 바로 남자 친구의 출생년도를 알려 주었다.

"남자 친구의 辰土와 월지의 子水가 슴하여 분간에 투출된 것은 남자 친구의 태극점이라고 할 수 있습니다. 오주괘에 대입을 하여 해석하면 소저는 베풀어주는 한쪽에 해당합니다. 만일 두 사람이 부부라고 해도 반드시 행복하지는 않을 것입니다. 혹시 의문스러운 부분이 있다면 괘상을 자세히 살펴보도록 할 터이니 참고하십시오."

① 그는 재능이 뛰어나고, 회사 일을 위해서 항상 바쁘게 돌아다닌다.
② 두 사람이 함께 하는 시간 보다 떨어져 있는 시간이 많다. 오주괘에 나타나기로는 1개월 혹은 3개월 만에 서로 만난다.
③ 그는 언변이 뛰어나고 이성운도 많다. 게다가 눈치가 빠르며 사업가 특유의 기질을 갖추고 있다.
④ 그는 아들과 딸 한 명씩을 키우고 있다.

소저는 필자가 괘상에 대한 해석을 다 듣고 나서 말했다.

"남자 친구의 아버지가 외교부에서 근무하시는 관계로 어린 시절을 모두 외국에서 보냈어요. 미국식 교육의 영향을 받아서인지 스스로 대단히 고상하다고 여기면서 감정적인 부분에서는 늘 순조롭지 않아서 고민이 많아요. 옛말에 끊고 싶어도 끊을 수도 없고 정리를 하면 할수록 더욱 어려워진다고 하죠! 저는 종종 얻지 못한 물건에 대해서는, 더욱 그것을 정복하고 싶은 충동이 생겨요. 도덕적 관념에서는 포기하라고 경고하지만 속마음은 극도로 발버둥쳐요. 이런 때에는 이 불륜의 사랑을 어떻게 해서든지 결혼까지 가고 싶기도 해요. 원래는 그 사람과 함께 좋은 인연을 맺는 행복한 꿈을 꿨는데, 선생님 말씀을 듣고 나니 이제 꿈에서 깨어난 것 같아요. 외람된 질문이지만 저한테 직업 변동의 징조가 있나요?"

괘상을 살펴보면 子丑合, 丑未沖, 卯未合이 되어 있고 卯酉는 멀리 沖하며 가까이에서 극(剋)하기도 한다.

월지와 일지는 子丑合이 되었는데 子水의 편관성인 癸水가 분간에 투출되었으니 이 사람은 직업에 만족하는 사람이다.

일지와 시지의 사업궁은 丑未沖이 되었다. 식상성의 沖으로 이 사람은 바쁘게 뛰어다니니 많이 움직여 피곤하다고 할 수 있다.

시지와 분지는 다시 卯未合이 인성으로 화(化)하여 안정의 의미를 나타내며 분지와 연지는 멀리서 沖하므로 예전부터 지금까지 변화하고자 하는 마음이 있었던 것으로 해석이 가능하다.

"옛말에 '무슨 일을 하든 원망만 한다.'는 말이 있었습니다. 소저가 직업을 바꾸려는 생각은 올해 초부터 지금까지 계속해 왔지만 정말 깊이 생각을 해본 적은 없는 것 같습니다. 비록 지금의 직업은 바쁘게 뛰어다녀야 하지만 업무의 특성은 안정적입니다. 더욱 좋은 기회가 나타날 때까지 기다렸다가 이직(移職)하는 것을 고려해 보는 것을 권해드립니다."

"정말 신기해요. 제 심리상태와 직업의 특성에 대해 정말 정확하게 말씀해 주셨어요. 전 ○○항공회사에서 승무원으로 일하고 있어요. 남자 친구는 비행기 안에서 알게 되었는데, 그 사람은 대만의 전자회사에 전문직으로 종사하는 사람이고 3개월마다 대만과 외국을 오고가고 있어요. 그리고 저는 정해진 항로 없이 비행기를 타고 돌아다니니 저희는 같이 있는 시간보다 떨어져 있는 시간이 더 많은 연인일 거예요. 최근에 아버지께서 저에게 결혼 적령기가 지났다고 걱정하시면서 빨리 결혼하라고 계속 다그치고 있어요. 어쩌면 비행에 지쳐서 정말로 결혼해서 안정적인 생활을 하고 싶은지도 모르겠어요. 그런데 또 그 사람과 함께 가정을 이룰 수가 없으니 마음이 너무 심란합니다. 저한테 언제쯤 좋은 인연이 생겨날까요? 선생님께서 한번 살펴봐 주세요."

필자는 얼굴에 가벼운 미소를 띠고 어쩔 수 없이 소저에게 말했다.

"한참을 돌아 이제야 정말로 알고 싶었던 문제를 물으시는군요. 괘상을 분석해 보면 소저의 결혼은 2007년[丁亥]까지 기다리면 좋은 소식이 있을 징조가 보입니다. 그러나 괘국의 충합회(沖合會)가 복잡하므로 그 이상의 논단은 저도 확신할 수 없습니다. 만일 더욱 정확하게 살펴보고 싶다면 당신의 생년월일이 필요합니다."

《窮通寶鑑(궁통보감)》에 이르길 '봄의 물은 휴수(休囚)하는 시기이므로 金이 생해 주는 것을 기뻐하고, 木이 당령하였더라도 金이 왕성하면 木을 손상시켜서 수기(秀氣)를 훼손시키고, 丙火를 보면 木의 기운을 통하게 하니 기제(旣濟)의 아름다움을 얻는다. 木火가 많으면 물이 말랐다는 것을 나타내며, 水가 木을 만나니 상관이 되고, 土가 없으면 水의 세력이 범람하는 것을 근심하고, 水木 상관은 재관을 보면 귀(貴)하게 되니 기쁘다.' 라고 하였다.

사주의 특성을 살펴보자.

① 《論命細法(논명세법)》에 이르길 '양간(陽干)인 여성이 식신이 많으면, 창녀(娼女)라고 하며, 성격이 강하고 정이 많다. 음간(陰干)인 여성이 식상이 많으면 기녀(妓女)이며, 유순하고 정이 넘친다. 상관패인(傷官佩印)이면 나쁜 것을 좋은 것으로 삼는다.' 라고 하였다
② 水木이 상관이면 용모가 아름답고 똑똑하고 영리하다. 또한 재능이 많고 출중하며 꼼꼼하게 일한다. 또한 가부장적이며 늦게 결혼한다.
③ 사주에 역마(驛馬)가 한 쌍 있으면 생활이 활발하고 적극적이며 활동

적이어서 바쁘게 뛰어다닌다.
④ 木이 왕(旺)하고 土가 부족하면 경서(經書)에 이르길 '土가 허한 것은 木이 왕(旺)하기 때문이며 이러한 경우에는 비장(脾臟)과 위장(胃腸)이 손상 받는다.' 라고 하였다.

여-음력 1974년 1월 19일 辰시 출생				
時柱	日柱	月柱	年柱	
食神	我	偏財	食神	十星
甲辰	壬午	丙寅	甲寅	干支
偏官	正財	食神	食神	十星
72 戊午	62 己未	52 庚申	42 辛酉	32 壬戌	22 癸亥	12 甲子	02 乙丑	大運

위의 사주에서 壬水는 寅월에 태어났다. 사주에는 인성과 비겁은 보이지 않고 木火의 설기(洩氣)가 지나치므로 일간이 너무 쇠약하다. 이러한 사주를 종식상생재격(從食傷生財格)이라고 할 수 있을까?

《滴天髓(적천수)》에 이르길 '오양(五陽)은 기(氣)를 따르지 세력을 따르지 않으며, 오음(五陰)은 세력을 따르고, 정의가 없다.' 라고 하였으니, 기(氣)를 따라 종하는 것은 재관인수식상(財官印綬食傷)의 흐름을 논하지 않고, 기세(氣勢)가 木火에 있으면 木火의 운이 오면 좋고, 기세(氣勢)가 金水에 있으면 金水의 운이 오면 좋다. 이와 반대이면 매우 흉(凶)한 경우에는 세력을 따라 종(從)하는 것은 일주가 뿌리를 얻지 못하고 사주에는 재관식상(財官食傷)이 너무 왕(旺)하여 강약(強弱)의 구분이 불가능할 때를 말한다. 또는 인성과 비겁이 생조하거나 도와주지 않는 일주는 한 가지 글자를 따라 종(從)하지 못하고 화해(和解)를 해야 한다. 이러한 경우에는 운에서 인성과 비겁이 오더라도 흉(凶)한 것은 마찬가지이므로 의심할 여지가 없다.

 필자의 경험에 비추어 이 사주를 살펴보면 이 구조는 정격(正格)으로 풀이해야 한다.

 水는 申金으로부터 생(生)을 받으므로 녹(祿)에 해당하는 亥子水를 만나면 왕(旺)하고 辰土를 만나면 고(庫)에 들어간다. 이 사주는 시지에 辰土가 있어서 뿌리를 얻었다고 할 수 있다. 초봄의 辰土는 풍부한 자원이 들어 있기 때문이다. 만약에 辰월이었다고 한다면 양기(陽氣)로 가득하였다고 할 수 있으며 여름의 辰土는 저장되어 있는 물이 없다. 사주에서 종격(從格)을 살피는 것이 너무 어렵다면 필자의 두 가지 방법을 참고하여 살펴보기 바란다.

① 찾아오는 손님의 신장과 체형을 사주에 대입하여 풀이를 돕는다.
 사주가 종격(從格)이면 그 사람의 체격은 중간이거나 크다. 만약 신약하다고 한다면 비겁과 인성의 도움이 없으므로 체격이 작다.
② 과거의 지나온 운과 용신이 정확한지 살피기 위해서는 오주괘를 대입해서 참고해야만 확실하게 파악할 수 있다.

 필자가 사주와 오주괘를 자세히 살핀 후 농담으로 소저에게 말했다.
 "일반인들의 승무원에 대한 인상은 외모가 아름답고 얼굴에 미소를 머금고 있으며 승객들에게 세심하게 서비스하며 성실하고 친절하다는 좋은 이미지입니다. 그런데 사주의 특성을 살피면 당신은 성격이 급하고 완강하며 반항적이고 패배를 인정하지 못하는 성격입니다. 아마 감정적인 부분에서도 성격과 매우 연관이 있을 것입니다."
 "제 성격이 나쁘다는 것은 인정할게요. 직업 특성상 좋은 성격은 모두 승객들에게 바쳤기 때문에, 좌절을 겪거나 고통스러울 때에는 집에 돌아가 가까운 사람에게 화풀이 하는 수밖에 없어요."
 라고 소저는 답하였다. 필자는 계속 말했다.
 "감정의 길이 험난한 것은 사주의 운과 관계가 있습니다. 17세에서 26세까지 겁재가 왕상(旺相)하고, 사주의 일지와 沖하고 또 시지와는 子辰合과

子午沖이 되는데 이러한 부분은 감정에 불리합니다. 27세부터 31세까지는 亥水 운으로 일지 午火와 암합(暗合)이 됩니다. 이외에 亥水는 寅木과도 합을 하며 상관인 木으로 화(化)하여 투출하기 때문에 불륜의 사랑이 되는 것입니다. 운이 지나가 버린 후에는 가까이 지낸 시간보다 떨어져 지낸 시간이 더 많은 관계도 이제는 끝을 맺을 것입니다.
언제 결혼할 것인지에 대해서 살펴보니 대략 2007년[丁亥]이 될 것입니다. 책에서 보면 '신왕하면 재관(財官)을 감당하게 된다.'고 하였으니 곧 좋은 소식이 있을 것입니다. 그러나 결혼할 수 있는 확률이 높지는 않습니다. 운에서 들어오는 丁亥와 壬午 일주가 천간지지 원앙(鴛鴦)의 합이므로 애정은 안정적입니다. 하지만 亥水는 연지와 월지의 寅木과 합이 되어 식상성으로 투출하므로 까다롭게 생각하거나 이성에 대해 만족하지 못할 징조가 있습니다.
만약에 丁亥년의 시기를 놓친다면 戊子년 동지때까지 기다려야 합니다. 《二至陰陽相生理(이지음양상생리)》에는 '오행은 1년 동안 음양의 두 무리로 나뉘어서 각각의 생왕(生旺)의 기운이 나타나는데 동지가 되면 하나의 양(陽)이 생하게 된다.'고 하였듯이 戊子년을 지나 己丑년으로 들어가게 될 때 자연스럽게 결혼에 대한 욕망이 생길 것입니다. 이렇게 좋은 시기를 놓치지 말고 꽉 잡았으면 좋겠습니다."

"선생님의 가르침 감사합니다. 마지막으로 저에게 당부하실 말은 없으세요?"

"사주에 식신이 많으면 상관이 되므로 여자는 그릇된 일을 범할 수 있습니다. 오주괘에서도 상관이 왕상(旺相)하고 또 편관이 투출되었으며 지지는 沖합으로 복잡하므로 결혼에는 불리한 징조입니다. 한 마디로 '성질부리면 오던 복(福)도 달아납니다.'라는 말이 있습니다. 가까운 사람일수록 상대방에게 상처를 많이 줄 수 있습니다. 사람이 화가 나면 보통 자신의 감정을 통제하지 못하기 때문에 자신이 무슨 말을 하고 있는지 또는 무슨 짓을 하고 있는지 모르기까지 합니다. 따라서 말다툼을 할 때에는 자기 자신에게 먼저 '냉정(冷靜)하자'라는 말 한 마디를 해 주는 것도 좋습니다. 차분하게 5분 정도 마음을 가라앉힌 후에 다시 이야기를 하십시오. 자신이 즐거워야 옆에 있는 사람도 영원히 행복하다는 것을 명심하셔야 합니다."

역자 후기

안녕하세요. 화인(和印) 홍수민입니다.

이렇게 귀한 자리에서 함께 하게 되어서 매우 기쁩니다. 기간으로 논한다면 자평명리학을 입문한 기간은 겨우 10년 정도 되었습니다. 그럼에도 이렇게 오주괘(五柱卦)라고 하는 대단한 내용이 담긴 책을 번역하여 출판할 수가 있었던 것은 온전히 명리학 스승님이신 낭월(朗月)스님의 열정이 있었기에 가능하다고 생각합니다.

화인의 원래 꿈은 플로리스트였습니다. 꽃꽂이라고 하면 더 잘 아실지도 모르겠습니다. 약 5년여를 꽃꽂이에 빠져서 몰두하다가 급기야는 플로리스트 자격증을 취득하기 위해서 독일까지 다녀왔는데 그 곳에서 건강이 많이 상했습니다. 어쩌면 그 동안에 몸을 홀대하여 일어난 일인지도 모르겠습니다. 이렇게 건강에 무리가 왔다는 것을 생각할 즈음에 오래전에 낭월스님께서 선물로 주셨던 왕초보사주학이 눈에 들어오게 되었습니다. 사실 그 동안에는 재미없는 책, 혹은 어려운 책으로 인지하여 그대로 책장에 전시만 해 놓았었거든요. 이런 것이 바로 인연의 때가 되었다고 하는 거 같습니다.

감로사에서 스님께 온갖 꾸지람을 다 들어가면서 天干과 地支를 익히던 것이 엊그제 같네요. 중간에 그만두려고도 생각을 했습니다만 뭔지 모를 오행의 매력에 자꾸만 빠져들면서 여기까지 오게 되었는데 지금 생각해 보면 참으로 행복한 입문이 아니었나 싶을 정도로 끝없이 이어지는 생극(生剋)의 조화 속에서 즐거운 나날을 보낸 것 같습니다.

더구나 대만으로 스승을 찾아가야 한다면서 중국어 공부도 열심히 해야 한다기에 또 새로운 영역에서 한자와 무한한 씨름을 해야 했습니다. 스님은 뭐든지 스스로 익히지 않으면 다 소용이 없다고 생각하시기 때문에 남의 힘을 빌려 의지하는 것에 대해서는 냉정하게 안된다는 말씀으로 단호하게 끊어버리시거든요.

자립을 하지 않으면 남에게 보여 줄 것이 아무 것도 없다는 말이지요. 그래서 힘은 들어도 열심히 따라갔습니다만 그 결과는 이렇게 곽목량 선생님과의 인연으로 이어지고 또 귀한 오주괘까지 얻게 되었으니 이제와 돌이켜 보면 참으로 바빴지만 그 만큼 가치가 충만한 나날의 지난 몇 해가 아니었나 싶습니다.

아직도 배워야 할 것은 바다와 같고, 알아야 할 것은 태산 같은데 이렇게 부족한 능력으로 번역이라는 작업에 착수할 엄두를 내었던 것은 곽 선생님의 격려와 낭월 스님의 우격다짐으로 가능했습니다. 사실 '번역을 하면 그 사이에 공부가 많이 된다.'는 꼬드김에 시작을 할 마음을 내었습니다만 이제 마무리를 하고 역자의 후기를 쓰는 단계에서 돌이켜보니 과연 그 말씀이 옳았다는 것을 알게 되었습니다.

앞으로도 계속해서 연구하고 정진하여 끝없는 오행의 세계에서 자신의 길을 잃지 말아야 한다는 것을 알고 있습니다. 지금 같아서는 바쁜 일정을 좀 접어 놓고 대만으로 곽 선생님을 다시 찾아가서 1년 정도만 오주괘의 심오한 세계에 푹 젖고 싶습니다만 그저 마음만 가득할 뿐입니다.

그러기 위해서는 자신의 내공부터 연마해야 한다는 낭월 스님의 가르침을 의지하여 오늘도 깊은 변화의 세계를 주시하는데 게을리하지 않고 있습니다. 다음에는 스님을 따라다니면서 배운 어쭙잖은 사진 기술을 발휘하여 사진으로 공부하는 사주 책을 써서 젊은 세대들의 길잡이가 되도록 했으면 좋겠다는 당찬 꿈을 꾸고 있는 화인이기도 합니다.

모쪼록 이렇게 한국에서는 처음으로 오주괘에 대한 소개의 말씀을 드리게 되어서 무한히 기쁘고 행복합니다. 화인의 작은 노력이 헛되지 않기를 바라면서 이 책의 내용이 독자분들께 도움이 되어 자유롭게 干支를 활용하는데 도움이 되시길 바랍니다. 끝으로 이 책이 다듬어 지도록 도움주신 강현민, 강민혁, 조성희, 박금휘님께 고마움을 전합니다.

더욱 소중한 수학(修學)의 인연들이 항상 함께하셔서 큰 성취가 있으시기를 두 손 모아 기원 드립니다. 고맙습니다.

2009년 7월 10일 화인 홍수민 올림

곽목량 선생님께 강의를 듣고 있는 장면입니다. 오른쪽은 곽 선생님이시고, 왼쪽에는 필자입니다.